复变函数

纪友清　曹　阳
侯秉喆　张　敏　编

科学出版社
北京

内 容 简 介

本书内容主要包括：复数的基本性质、解析函数、复函数的积分理论、级数展开、留数、保形映照、调和函数等基本内容. 除此之外，对解析开拓、无穷乘积、解析函数的边界行为做了较为初步的介绍.

本书可供普通高等综合类大学院校数学、统计专业以及师范院校数学专业的学生作为教材使用.

图书在版编目(CIP)数据

复变函数/纪友清等编. —北京：科学出版社，2015.1

ISBN 978-7-03-043103-5

Ⅰ. ①复… Ⅱ. ①纪… Ⅲ. ①复变函数-高等学校-教材 Ⅳ. ①O174.5

中国版本图书馆 CIP 数据核字(2015) 第 016055 号

责任编辑：张中兴／责任校对：邹慧卿
责任印制：张 伟／封面设计：迷底书装

科学出版社出版
北京东黄城根北街 16 号
邮政编码：100717
http://www.sciencep.com

北京市金木堂数码科技有限公司印刷

科学出版社发行 各地新华书店经销

*

2015 年 1 月第 一 版 开本：720 × 1000 1/16
2024 年 8 月第九次印刷 印张：10
字数：201 000

定价：39.00 元

(如有印装质量问题，我社负责调换)

前　　言

本书是为数学系本科生编写的教材. 教材的主体部分是本书的前六章的内容, 主要介绍单复变函数的基本结果. 部分章节的引入则是考虑到高年级以及研究生阶段后继教学的需要, 挑选的比较具有一般性的教学内容.

本书编写中有两个基本的考虑. 一是考虑到实际教学中其他课程与复变函数课程之间的联系. 近几年来, 研究生阶段和本科生高年级阶段的教学内容更新较快, 对复变函数的教学也提出了进一步的要求. 例如, 计算机图形学的教学中要求学生对共形映射理论有初步的了解; 方程和泛函教学中对 Mentel 定理以及次调和函数的基本性质有初步的理解. 而符号系统的更新, 也要求教学中使用更为现代的记号以帮助学生在后继阶段的学习. 二是适应学生学习习惯以及学习环境的较大变化. 一方面, 网络资源对教学中学生自主寻找相关资料的帮助极大. 但是学生的学习方式也受此影响发生了变化. 例如, 维基百科上的很多资源都有插图. 学生更倾向于(喜爱) 较为直观的表达形式. 为此, 我们尽可能的引入帮助学生理解的插图. 另一方面, 在本科生阶段的学习中, 初步掌握查阅文献、撰写读书报告的能力也变得越来越重要. 同时学生的英文阅读能力也有了很大的提高. 因此对重要的概念和结果, 我们都给出了相关网页的链接. 希望能够进一步帮助学生养成良好的自学习惯.

在实际的教学中, 简单的拓扑观点 (例如, 同伦的概念) 的引入是必需的. 但是按照一般的教学安排, 学生在学习复变函数这门课程的时候, 往往还没有接触过点集拓扑的基本概念. 为此, 参照一些近代教材的处理方法, 我们选择从辐角的定义开始, 就引入过渡的概念 "充分接近的函数", 以期学生能够从直观的理解入手开始学习使用同伦的概念.

由于作者水平有限, 疏漏错误在所难免, 敬请批评指正.

本教材编写过程中, 吉林大学给予了资金的资助. 在近五年的教学中, 同学们也提出了很多的修改意见. 本书的出版也得到科学出版社的大力支持和热情帮助. 在此本书编者致以深深的感谢!

编　者

2014 年 10 月

目　　录

第 1 章　复　　数

1.1　基本知识

1.1.1　复数的表示和运算法则

复数是形若 $z=x+\mathrm{i}y$ 的"数", 其中 x, y 为实数分别称为复数 z 的实部和虚部. $\mathrm{i}=\sqrt{-1}$ 为虚数单位.

复数 $x+\mathrm{i}y$ 和平面上的点可以一一对应, 因此很自然地, 平面上点的表示都可以用来标记复数. 例如, 可以把 x 对应复数的实部, y 对应复数的虚部, 这样就可以把复数表示成坐标 (x, y) 的形式.

称复数 z 对应的复平面上的点到原点的距离为复数的模 (长度), 记作 $|z|$. 显然有 $|z|=\sqrt{x^2+y^2}$; 其与原点连线和 x 轴的夹角为复数的辐角, 记作 $\arg z$. 这样, 每个复数都可以写作

$$z=r\mathrm{e}^{\mathrm{i}\theta}=|z|\mathrm{e}^{\mathrm{i}\arg z}$$

的形式. 记号 $\mathrm{e}^{\mathrm{i}\theta}$ 表示模为 1 的复数 $\cos\theta+\mathrm{i}\sin\theta$.

复数的加法和乘法定义如下. 假设 $z_1=x_1+\mathrm{i}y_1, z_2=x_2+\mathrm{i}y_2$, 令

$$\begin{gathered}z_1+z_2=(x_1+x_2)+\mathrm{i}(y_1+y_2),\\ z_1\cdot z_2=(x_1x_2-y_1y_2)+\mathrm{i}(x_1y_2+x_2y_1).\end{gathered}$$

请读者自行验证如下性质:

1. (交换律) $z_1+z_2=z_2+z_1, z_1z_2=z_2z_1$;
2. (结合律) $(z_1+z_2)+z_3=z_1+(z_2+z_3), (z_1\cdot z_2)\cdot z_3=z_1\cdot(z_2\cdot z_3)$;
3. (分配律) $z_1(z_2+z_3)=z_1z_2+z_1z_3$;
4. (三角不等式) $|z_1+z_2|\leqslant|z_1|+|z_2|$.

1.1.2　开集、闭集和紧集

点 $z_0\in E$ 称为集合 E 的内点, 若存在 $\delta>0$ 使得 $\{z; |z-z_0|<\delta\}\subseteq E$, 即 z_0 附近的一小片全部都是 E 中的点. 集合 E 称为开集, 若其只含有内点. 开集的余集称为是闭集. 点 z_0 称为是集合 E 的聚点 (极限点), 若对任何 ε, 有 $B_{z_0,\varepsilon}\cap E\neq\varnothing$. 集合 E 的闭包, 记作 $\overline{E}$, 定义为 $\overline{E}=E\cup\{E$ 的所有聚点$\}$. 若对任何以 z_0 为心半径为 r 的开圆盘 $B_{z_0,r}$, 其内部总是既有 E 中的点也有不在 E 中的点, 则称 z_0 为

集合 E 的边界点. 对点 $z_0 \in E$, 若存在某个正数 δ, 使得 $B_{z_0,\delta} \cap E = z_0$, 则称 z_0 为集合 E 的孤立点.

定义 1.1.1　平面的点集 E 称为是紧集, 若它的任何开覆盖都有有限的子覆盖.

容易验证以下命题成立.

命题 1.1.1　E 是闭集当且仅当 $E = \overline{E}$.

命题 1.1.2　E 是紧集当且仅当其是有界闭集.

1.1.3　平面集合的复数描述

一般而言, 复数这门新语言会给我们带来很多新的方便. 平面上的集合, 自然也有了新的叙述方式.

例 1.1.1　以点 z_0 为心, 半径为 r 的开圆盘, 此时可以写作

$$\mathbb{D}_{z_0,r} = \{z; |z - z_0| < r\}.$$

以点 z_0 为心, 半径为 r 的圆周, 此时可以写作

$$C_{z_0,r} = \{z; |z - z_0| = r\}.$$

例 1.1.2　椭圆:

$$|z - a| + |z - b| = c.$$

线段 $\overline{ab}$ 垂直平分线:

$$|z - a| = |z - b|.$$

例题 1.1.1　给出平面上直线、射线及线段等点集的复数表示.

1.1.4　平面上的连续曲线

定义 1.1.2　从闭区间 $[a, b]$ 到复平面 $\mathbb{C}$ 中的连续映射 $\gamma : [a, b] \to \mathbb{C}$ 称为是复平面上的连续曲线.

这里所谓的连续性是指对任何 $\gamma(t_0)$ 和 $\varepsilon > 0$, 都存在 ρ 充分小, 使得 $|\gamma(t) - \gamma(t_0)| < \varepsilon$, 当 $|t - t_0| < \rho$.

定义 1.1.3　连续曲线 γ 称为是简单的, 若对任何 $t_0 \neq t_1, t_0, t_1 \in (a, b)$ 有 $\gamma(t_0) \neq \gamma(t_1)$, 即其除了端点以外不自交; 称其为闭曲线, 若它的起点和终点相同, 即 $\gamma(a) = \gamma(b)$.

这里需要强调的是, 曲线和曲线的像集是完全不同的概念.

例 1.1.3　如下两条显然不同的曲线具有相同的像集:

$$\gamma_1 : [0, 1] \to \mathbb{C}, \gamma(t) = \mathrm{e}^{\mathrm{i}2\pi t};$$
$$\gamma_2 : [0, 1] \to \mathbb{C}, \gamma(t) = \mathrm{e}^{\mathrm{i}4\pi t}.$$

1.1.5 区域

定义 1.1.4 平面上连通的开集称为区域.

这里所谓的拓扑空间的连通性, 在一般的点集拓扑书中, 通常称为是道路连通的. 它指的是, 集合中的任意两点, 均可以用一条包含在集合内部的连续曲线连接. 例如, 复平面 $\mathbb{C}$ 以及集合 $\mathbb{C}-\{0\}$ 都是连通集合.

但是, 集合 $\mathbb{C}$ 和集合 $\mathbb{C}-\{0\}$ 比较, 有一个截然不同的性质. 考察平面上不经过 0 点的闭曲线 γ.

(1) 在集合 $\mathbb{C}$ 中, γ 总是可以连续地收缩为一点;

(2) 在集合 $\mathbb{C}-\{0\}$ 中, 有些曲线, 比如单位圆周, 是不能连续地收缩为一点的.

定义 1.1.5 区域 Ω 称为复平面上的单连通区域, 当且仅当其内部的任何连续闭曲线都可以连续地收缩为一点.

稍后将给出更为常用的单连通区域的定义 (虽然没有如上定义那么直观). 随着课程深入, 读者会看到单连通区域以及其上的函数都有很好的性质.

例题 1.1.2 证明上半平面 $\mathbb{H}=\{(x,y)\in\mathbb{R}^2; y>0\}$ 和 $\mathbb{R}^2-\mathbb{R}^+$ 都是单连通区域.

1.1.6 Wada Lake: 平面上的怪异集合*

如果不对它们的边界做严格的要求, 平面上的区域可能非常复杂. 事实上数学家 Takeo Wada 曾经给出过一个有名的例子 (Wada Lake), 平面上的三个不同的区域可以有相同的边界![①] 因此, 在随后很多定理的叙述中, 如下字句经常出现: ······ 假设 Ω 是复平面上区域, 其边界 $\partial\Omega$ 由有限条简单闭曲线构成 ······

1.2 辐角函数

1.2.1 辐角函数的多值性

需要注意的是, 采用复数的模与辐角的记法时, 记号不是唯一的. 例如, 复数 0 的辐角可以是任意的. 一般而言, 假设复数 z 的辐角是 θ, 则对任何整数 k, $2k\pi+\theta$ 也是它的辐角. 这对应用而言, 会带来很多麻烦. 因为在大多数情况之下, 我们只对单值函数感兴趣, 而在复数的这种记号下, 辐角函数却是一个多值函数.

要想得到一个 "单值" 形式的辐角函数, 就需要对函数的定义域或者值域做点手脚. 通常的做法是, 我们 "限制" 它只能取某些值. 例如, 约定辐角函数取值在 $[0,2\pi)$ 的范围里, 就得到了一个单值的辐角函数. 这就是标准的修改值域的办法. 但是这种做法并不是那么让人满意, 注意如此得到函数不是整个复平面 $\mathbb{C}$ 上定义

①有兴趣的读者可以参考 Wiki 词条 Wada Lake.

的连续函数. 所有正实轴上的点, 都是函数的不连续点 (请读者自行验证). 此外, 不论你怎样取值, 0 点总是辐角函数的间断点. 以上的讨论说明, 下面问题并不平凡:

如何得到一个连续的、单值的辐角函数呢?

先考虑最简单的修改辐角函数的定义域的方法. 首先, 0 点没办法处理, 就干脆去掉它. 其次, 造成辐角函数的多值性的原因, 可以归结为环绕 0 点的 "旋转". 因此, 要是把定义域缩小, 能够使得这种情形不再发生, 问题就迎刃而解了.

记区域 $\Omega = \mathbb{C} -$ 正实轴 $\mathbb{R}^+ \cup \{0\}$. 从以上的讨论出发, 考虑新的辐角函数

$$\arg\ : \Omega \to \mathbb{R}.$$

约定 $\arg \mathrm{i} = \dfrac{\pi}{2}$, 而且辐角函数在区域 Ω 内连续变化. 辐角函数沿逆时针变化时增加, 沿顺时针变化时减少, 这样, 我们就得到了一个连续、单值的辐角函数.

例题 1.2.1 1. 证明如上定义的辐角函数是连续的单值函数;

2. 如果约定 $\arg \mathrm{i} = \dfrac{5\pi}{2}$, 得到的辐角函数在各点的取值有什么变化?

3. 复平面 $\mathbb{C}$ 去掉 0 点及以 0 点为起点的任意射线所得区域之上, 能否连续地定义一个单值的辐角函数?

4. 环形区域 $\Omega = \{z; 0 < |z| < 1\}$ 之上, 能否连续地定义一个单值的辐角函数?

1.2.2 辐角函数的定义: 函数 $\mathrm{Arg}_{z_0}\gamma$

在实际的问题中, 我们所遇到的区域 Ω 可能非常地复杂. 两个自然的问题是:

1. Ω 之上能否定义一个单值连续的辐角函数?

2. 给定区域 Ω 内一点 z_0 处辐角函数 Arg 的初值, 当 z_0 沿某条区域 Ω 内的连续曲线 γ 连续运动至点 z_1 时, 如何确定辐角函数在区域内另一点 z_1 处的取值?

稍后会看到, 对数函数、幂函数及三角函数等常见的解析函数的定义都和辐角函数有关 (它们往往也是实际问题中经常出现的函数), 因此解决这两个问题是必要的.

定义 1.2.1 假设 F 是区域 E 上定义的一个多值函数, Ω 是 E 的一个子区域. 若存在 Ω 上定义的单值连续函数 f 使得 $f(z) \in \{F(z)\}, \forall z \in \Omega$, 则称 Ω 是 F 的一个单值连续区域, f 是 F 的一个单值连续分支.

请读者自行证明.

命题 1.2.1 设 $z_0 \neq 0$, 则对任何 $\delta < |z_0|$, 开圆盘 $D_{z_0,\delta}$ 都是辐角函数的一个单值连续区域.

假设 Ω 是复平面 $\mathbb{C}$ 上不含 0 点的区域. z_0 是区域 Ω 中的点并且取定了它的一个辐角初值 $\arg z_0$. 现在试着讨论如何利用它来确定区域 Ω 内其他点处的辐角值. 假设 $\gamma : [a, b] \mapsto \Omega$ 是一条以 z_0 为起点、终点为 z 的分段光滑曲线. 记其像集

为 $\mathrm{Im}\gamma=\{\gamma(t),t\in[a,b]\}$. 令

$$\varepsilon=\inf\{d(z,w);z\in\partial\Omega,w\in\mathrm{Im}\gamma\}.$$

显然 ε 恰是区域 Ω 的边界到 γ 的像集的距离. 现在从 z_0 出发, 每隔 $\frac{\varepsilon}{3}$ 长度选取一个点, 我们得到了有限点列

$$z_0,w_1,w_2,\cdots,w_n=z.$$

以每个点 z_i 为圆心, 作半径为 $\frac{\varepsilon}{2}$ 的圆盘:

$$D_i=\left\{z;|z-w_i|<\frac{\varepsilon}{2}\right\},i=1,2,\cdots,n.$$

这些圆盘都落在区域 Ω 之中, 覆盖了 γ 的像集, 而且相邻的圆盘 D_i 和 D_{i+1} 相交非空. 因此假设我们给定了初始圆盘上 D_0 之上辐角函数的初值, 就可以确定任何一个其他圆盘上辐角函数的取值. 特别地, 对选定的 z_0 的初值 $\arg(z_0)$, 有唯一确定的定义在 D_i 上面的辐角函数 $\arg^i:D_i\to\mathbb{R}$ 与其对应. 现在可以连续地定义辐角函数在 $\mathrm{Im}\gamma$ 之上的取值如下:

1. 对开集 $D_i\cap D_{i+1}$, 选定点 $z_i\in\{\gamma(t),t\in[0,1]\}\cap\in D_i\cap D_{i+1}$.

2. 确定 z_0 的初值 $\arg z_0$.

3. 注意到 $z_i,z_{i+1}\in D_i$, 假设已经给定了 z_i 的初值 $\arg z_i$, 我们就确定了 D_i 上辐角函数的一个单值分支, 记作 $\arg^i$.

4. 定义 $\arg_{z_0}\gamma=\arg^n z$, 即在最后一个圆盘上, 对应的辐角函数在终点 z 处的取值. 这样就给出了 γ 的终点 z 的一个确定辐角值 $\arg_{z_0,\gamma}(z)$, 注意这个取值只依赖于 z_0 处的辐角初值以及曲线 γ 的选取.

以上的讨论说明, 如果考虑所有从点 z_0 出发的曲线集合 Γ_{z_0}, 则对任何取定的辐角初值 $\arg z_0$, 可以得到一个定义在 Γ_{z_0} 之上的以曲线为变量的单值辐角“函数”.

很自然地, 我们希望利用这种办法给出辐角函数的一个更有“数学味道”的定义, 很遗憾的是, 我们由此得到的仍然是一个多值函数. 事实上, 考虑 $z_0=1,\arg z_0=0$, 以及上半圆周 γ^+、下半圆周 γ^- 所对应的曲线, 容易看出, 此时有

$$\arg_{1,\gamma^+}(-1)=\pi,\arg_{1,\gamma^-}(-1)=-\pi.$$

尽管如此, 在 1.3 节中我们将利用这一想法讨论辐角函数的单值连续区域.

命题 1.2.2 假设分段光滑曲线 $\gamma:[a,b]\to D_{z_0,\delta}$ 满足 $\gamma(a)=z_0,\gamma(b)=z$, 其中开圆盘 $D_{z_0,\delta}$ 不包含 0 点. 则有 $\arg_{z_0}(\gamma)=\arg(z)$, 其中 $\arg(z)$ 是由 $\arg(z_0)$ 决定的 $D_{z_0,\delta}$ 上的辐角函数的单值连续分支.

例题 1.2.2 令 $\arg 1 = 0$, 考虑区域 $\mathbb{C} - \{0\}$ 中的两条曲线

$$\gamma_1(t) = \mathrm{e}^{\mathrm{i}2\pi t}, \quad t \in [0,1];$$
$$\gamma_2(t) = \mathrm{e}^{\mathrm{i}4\pi t}, \quad t \in [0,1].$$

试计算 $\mathrm{Arg}_1(\gamma_1)$ 和 $\mathrm{Arg}_1(\gamma_2)$ 的值.

注记 1. 事实上, 我们可以得到 γ 的原像集合区间 $[a,b]$ 上定义的一个单值的连续函数. 首先利用充分细密的分点 $z = t_0 < t_1 < t_2 < \cdots < t_k = b$ 将区间 $I = [a,b]$ 分割为相继的子区间序列 $I_j = [t_j, t_{j+1}], j = 0, \cdots, n-1$ 使得每个子区间 I_j 关于 γ 的像都落在某个“合适”的开圆盘中 (相邻区间的像落在相继的开圆盘或同一个开圆盘中). 然后在 $[0,1]$ 的子区间 I_j 之上, 选取合适的辐角函数分支 $\arg{}^l, l = 1, \cdots, n$. 这样对任何分段光滑曲线 $\gamma : [a,b] \mapsto \mathbb{R}$, 定义了区间 $[a,b]$ 上的单值连续函数

$$\arg \circ \gamma : [a,b] \mapsto \mathbb{R}.$$

但是一般而言, 得不到 $\mathrm{Im}\gamma$ 上连续单值定义的辐角函数, 因为对那些自交的曲线, 某些点可能属于不同的开圆盘. 而在这些开圆盘之上, 取的辐角函数的单值连续分支可能是不一样的.

2. 细心的读者可能已经发现, 上面定义中分点的选取其实并没有必要那样苛刻. 事实上只要能够取到一串落在区域 Ω 中的相继的开圆盘序列, 剩下的讨论几乎都可以类似地成立. 但要紧的是, 此时不同的开圆盘序列的选取, 会不会影响最后得到的辐角值呢? 其实, 可以利用数学分析中的“加细分划”的技巧来克服这个问题, 请读者自己补充证明.

1.3 辐角函数的单值区域

下面回到辐角函数定义的问题. 为了得到一个单值、连续的辐角函数, 0 点必须去掉. 因此, 这类函数的定义域 Ω 应当包含在 $\mathbb{C} - \{0\}$ 里面. 这样就得到了第一个约束条件.

条件 1: $\Omega \subseteq \mathbb{C} - \{0\}$.

接下来, 我们要适当地选取 Ω, 使得 Ω 内的任何连续曲线都不会围绕 0 点旋转. 这等价于如下条件 2.

条件 2: 假设 $z_0 \in \Omega$ 是任意点, γ 是以其为起点和终点的连续闭曲线. 给定 z_0 点的辐角初值, 当 z 自 z_0 出发, 沿 γ 运动一周回到 z_0 时, z 的辐角变化回到 z_0 的辐角初值.

习题: 证明集合 $\mathbb{C} - \{0\}$ 不满足条件 2.

注意条件 2 有如下等价的叙述.

条件 2^*：取定 Ω 中任意点 z_0 及其辐角函数的初值, 对 Ω 中任意点 w 以及连接 z_0 和 w 的曲线 γ, 当 z 自 z_0 出发, 沿 γ 运动至 w 的时候, z 的辐角 $\arg z$ 总是变化到相同的值而与曲线的选择无关.

习题: 证明条件 2 和条件 2^* 等价.

如果复平面上区域 Ω 满足条件 1 和条件 2^*, 习惯上, 称其为辐角函数的一个单值连续区域. 同时满足条件 1 和条件 2 的集合有好多, 下面给出一个基本的事实.

引理 1.3.1 任何一个不包含 0 点的开圆盘 $D_{z_0,r}=\{z;|z-z_0|<r\}$, 都是辐角函数的一个单值区域.

好奇心促使我们寻找所有的辐角函数的单值区域, 这就需要更仔细的观察. 但是, 如上讨论使我们看到了希望: 我们需要做的不外是

适当地选择平面上区域, 使得对具有相同起点和终点的不同曲线, 所得到的辐角函数值相同.

换句话说, 我们所寻找的区域即是所有具有相同起点和终点的曲线都等价的区域.

区域内曲线的分类, 辐角函数的单值区域, 这两件事情通过上面的定义联系在一起. 但是, 曲线之间的关系与我们这门课程的纠葛, 才刚刚开始. 这个想法是如此地重要, 使得它变成了我们理解单复变函数的第一个重要的线索.

例题 1.3.1 试构造平面上的曲线 γ, 使得在如上的定义下, 有

$$\arg{}_{\gamma,1}(1)=2k\pi,\quad \arg{}_{\gamma,1}(2)=2l\pi,\quad \arg{}_{\gamma,1}(\mathrm{i})=2m\pi+\frac{\pi}{2},\quad \arg{}_{\gamma,1}(-1)=2n\pi+\pi.$$

例题 1.3.2 从辐角变化的观点, 我们可以给出复平面上闭曲线的一个分类. 例如, 考察所有以 1 为起点和终点的不经过 0 点的闭曲线集合 Γ. 对 $\gamma_1,\gamma_2\in\Gamma$, 称其等价当且仅当辐角函数自 1 出发回来后, 辐角的变动量相同. 请问这样的等价类有多少? 对点集拓扑有点了解的同学, 请你考虑这个不变量和你知道的 $\mathbb{C}-\{0\}$ 的基本群有什么联系?

1.3.1 充分接近的曲线

现在已经把辐角函数的单值区域问题, 转化为下面问题:

复平面上不含 0 点的区域 D 中具有相同的起点和终点的曲线, 何时定义了相同的辐角函数?

现在取定区域 Ω 内两点 z_0,w, 记所有自 z_0 出发终点为 w 的曲线集合为 Γ. 对曲线 $\gamma\in\Gamma$, 记

$$[\gamma]=\{\rho\in\Gamma;\arg_{z_0}\rho=\arg_{z_0}\gamma\}.$$

称 $[\gamma]$ 为 γ 所在的等价类. 当 $\gamma,\rho\in[\gamma]$ 时, 记 $\rho\sim\gamma$.

例题 1.3.3　证明以下结果:

1. (自反性)$\gamma \sim \gamma$;
2. (对称性)$\gamma \sim \rho$ 则 $\rho \sim \gamma$;
3. (传递性) 若 $\gamma \sim \rho, \rho \sim \theta$ 则 $\gamma \sim \theta$.

一个很直观的事实是, 假设具有相同起点和终点的两条曲线相距很 "接近"②, 则通过 1.2 节中的过程所得到的终点的辐角值相同. 但是, 下面给出的定义更为接近我们所求的曲线分类的标准, 虽然它不是那么显然.

定义 1.3.1③　复平面上区域 Ω 内具有相同起点和终点的两条曲线 (图 1.1) $\gamma_1, \gamma_2 : [a,b] \to \Omega$ 称为是充分接近的, 如果存在 $[a,b]$ 的一个分划 $a = a_0, a_1, \cdots, a_n = b$ 以及一串开圆盘 $D_i, i = 0, 1, \cdots, n$ 满足

1. $\gamma_1(a) = \gamma_2(a) \in D_0, \gamma_1(b) = \gamma_2(b) \in D_n$;
2. $D_i \in \Omega, D_i \cap D_{i+1} \neq \varnothing$;
3. $\gamma_j([a_i, a_{i+1}]) \subset D_i, \forall j = 1, 2, i = 0, 1, \cdots, n-1$.

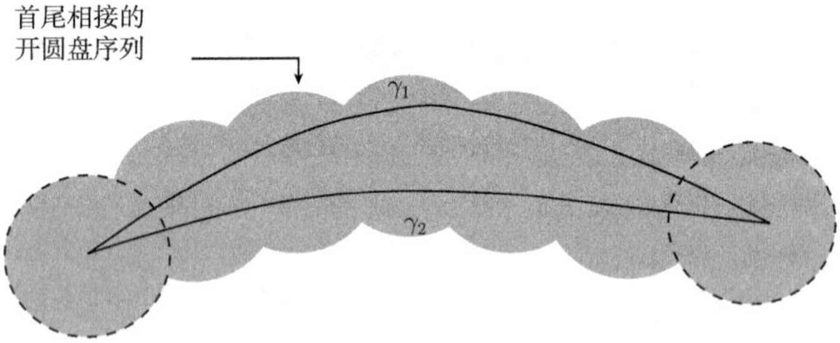

图 1.1　充分接近的曲线

利用如上概念, 对不含 0 点的某个区域中充分接近的曲线而言, 总可以在对应的 D_i 中, 利用相同的辐角函数的单值分支来考虑问题.

引理 1.3.2　假设 γ_1, γ_2 是区域 $\mathbb{C} - \{0\}$ 内充分接近的两条曲线, $\gamma_1(a) = \gamma_2(a) = z_0$, 则有

$$[\gamma_1] = [\gamma_2].$$

证明　首先注意到由 $0 \notin D_i$, 每个 D_i 都是辐角函数的一个单值连续区域. 任意取定圆盘 D_i 上的辐角函数的一个单值连续分支 $\arg^i$. 记

$$\Delta_1^i = \arg{}^i(\gamma_1(a_{i+1})) - \arg{}^i(\gamma_1(a_i)), \quad \Delta_2^i = \arg{}^i(\gamma_2(a_{i+1})) - \arg{}^i(\gamma_2(a_i)).$$

② 这里的所谓接近, 是指对相同的自变量, 函数值相差不大. 举个例子, 从北京到长春, 两个人都坐同一列火车, 他们关于时间的行进曲线是接近的; 但是如果隔天出发, 他们的行进曲线就相差较大了.

③ "充分接近的曲线" 是一个过渡性的概念. 这里引入它是为了更直观地说明后面的同伦定义. 对点集拓扑熟悉的读者完全可以略过它.

显然 Δ_1^i 和 Δ_2^i 分别表示了两条曲线的自变量从 a_i 变化至 a_{i+1} 时辐角函数的"增量". 因此有

$$\arg{}_{z_0}\gamma_1 = \arg z_0 + \sum_{i=0}^{n-1} \Delta_i^{(1)}, \quad \arg{}_{z_0}(\gamma_2) = \arg(z_0) + \sum_{i=0}^{n-1} \Delta_i^{(2)}.$$

进而

$$\begin{aligned}&\arg{}_{z_0}\gamma_1 - \arg{}_{z_0}\gamma_2\\ =&\sum_{i=0}^{n-1} \Delta_i^{(1)} - \sum_{i=0}^{n-1} \Delta_i^{(2)}\\ =&\sum_{i=0}^{n-1}\{\arg{}^i(\gamma_1(a_{i+1})) - \arg{}^i(\gamma_1(a_i))\} - \{\arg{}^i(\gamma_2(a_{i+1})) - \arg{}^i(\gamma_2(a_i))\}.\end{aligned}$$

注意, 由于每个 D_i 上, arg 都是任意取定的, 因此一般地, 有

$$\arg{}^i(\gamma_j(a_{i+1})) \neq \arg{}^{i+1}(\gamma_j(a_{i+1})),$$

对 $i = 0, \cdots, n-1, j = 1, 2$. 但是, 对任意的 D_i 上的单值、连续辐角函数 $\arg : D_i \to \mathbb{R}$, 增量 $\arg(\gamma_1(a_i)) - \arg(\gamma_2(a_i))$ 却是相同的, 即有

$$\arg{}^i(\gamma_1(a_{i+1})) - \arg{}^i(\gamma_2(a_{i+1})) = \arg{}^{i+1}(\gamma_1(a_{i+1})) - \arg{}^{i+1}(\gamma_2(a_{i+1})).$$

因此将上面等式改写作

$$\begin{aligned}&\arg{}_{z_0}\gamma_1 - \arg_{z_0}\gamma_2\\ =&\sum_{i=0}^{n-1}\{\arg{}^i(\gamma_1(a_{i+1})) - \arg{}^i(\gamma_2(a_{i+1}))\} - \{\arg{}^i(\gamma_1(a_i)) - \arg{}^i(\gamma_2(a_i))\},\end{aligned}$$

我们得到

$$\begin{aligned}&\arg{}_{z_0}\gamma_1 - \arg{}_{z_0}\gamma_2\\ =&\{\arg{}^n(\gamma_1(b)) - \arg{}^n(\gamma_2(b))\} - \{\arg{}^0(\gamma_1(a)) - \arg{}^0(\gamma_2(a))\}\\ =&0.\end{aligned}$$

引理证毕.

1.3.2 曲线的同伦

为了进一步讨论复平面区域中曲线的分类问题, 先对复值函数的性质作些讨论.

假设集合 E 是实直线 $\mathbb{R}$ 或实平面 $\mathbb{R}^2$ 中的一个子集. 一个 E 上的函数 $f : E \to \mathbb{C}$ 称为在点 $x_0 \in E$ 处连续, 如果 $\forall \varepsilon > 0$, $\exists \delta > 0$, 使得对任何 $x_1 \in E$, 若

$\mathrm{dist}(x_0, x_1) < \delta$, 则有 $\mathrm{dist}(f(x_0), f(x_1)) < \varepsilon$. 特别地, 如果 $\forall \varepsilon > 0$, $\exists \delta > 0$, 使得对任何 $x_1, x_2 \in E$, 若 $\mathrm{dist}(x_1, x_2) < \delta$, 则有 $\mathrm{dist}(f(x_1), f(x_2)) < \varepsilon$, 则称 f 在 E 上一致连续.

定理 1.3.1 紧集上的连续函数一定是一致连续的.

为了讨论辐角函数的更一般的单值连续区域, 先介绍以下点集拓扑的基本概念 (图 1.2).

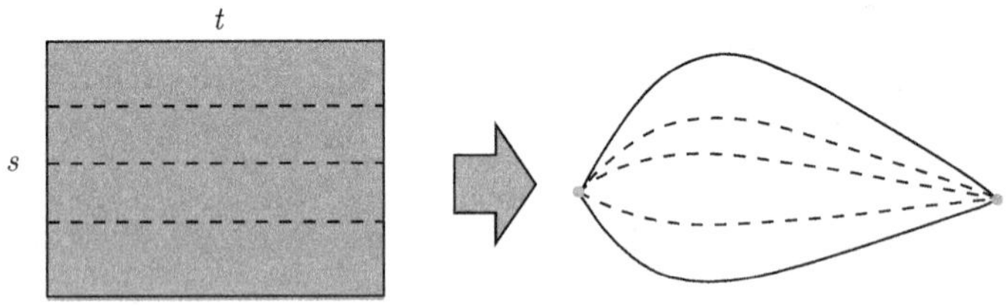

图 1.2　同伦

定义 1.3.2 [④] 区域 Ω 中的两条具有相同起点和终点的连续曲线 $\gamma_0, \gamma_1 : [a, b] \to \Omega$ 称为是同伦的, 如果存在连续映射 $H : [a, b] \times [0, 1] \to \Omega$ 满足

1. $H(t, 0) = \gamma_0(t), H(t, 1) = \gamma_1(t)$,
2. $H(a, s) = H(a, 0) = H(a, 1), H(b, s) = H(b, 0) = H(b, 1), \forall s \in [0, 1]$.

连续映射 H 通常称为连接两条曲线的同伦.

由以上定义显然有以下推论.

推论 1.3.1 对任何 $s \in [0, 1]$, $H(t, s) : [a, b] \to \Omega$ 都是连续曲线.

由定义 1.3.2 可以看出, 同伦映射 H 是 $[a, b] \times [0, 1]$ 上的一致连续函数.

例 1.3.1 试验证:

1. 曲线 $\gamma_1 : t \mapsto \mathrm{e}^{\mathrm{i}\pi t}, t \in [0, 1]$ 和 $\gamma_2 : t \mapsto \mathrm{e}^{-\mathrm{i}\pi t}, t \in [0, 1]$ 在 $\mathbb{C}$ 上是同伦的, 但是在 $\mathbb{C} - \{0\}$ 中, 二者不是同伦的.

2. 闭曲线 $\gamma_1 : t \mapsto \mathrm{e}^{\mathrm{i}2\pi t}, [0, 1]$ 和常值闭曲线 $\gamma_2 : t \mapsto 1, [0, 1]$ 在 $\mathbb{C}$ 中同伦, 但是在区域 $\mathbb{C} - \{0\}$ 中不是同伦的.

定理 1.3.2 假设 γ_1, γ_2 是不含 0 点的区域 Ω 内的两条同伦曲线, 更设

$$\gamma_1(a) = \gamma_2(a) = z_0, \quad \gamma_1(b) = \gamma_2(b) = z,$$

则 $[\gamma_1] = [\gamma_2]$.

---

④关于同伦的定义, 请注意

1. 同伦总是和曲线的像所在的空间紧密相连的.
2. 本书中提到曲线都是性质较好的, 例如, 都是可求长的、分段光滑的. 因此讨论这些曲线的同伦 H 时, 通常也要求其具有相应的性质.

证明 我们的想法很简单, 利用 H 的一致连续性, 把同伦的两条曲线通过一些彼此充分接近的曲线联系起来.

记 H 的像集为 D, 由 D 的紧性有

$$\operatorname{dist}(\partial\Omega, D) = \inf\{|w-z|; w \in \partial\Omega, z \in D\} = \varepsilon > 0.$$

H 在有界闭集 $[a,b]\times[0,1]$ 上面连续, 所以一致连续. 因此存在 $[0,1]$ 的分划

$$0 = c_0, c_1, c_2, \cdots, c_n = 1$$

使得

$$\sup\{|H(t,c_i) - H(t,c_{i+1})|; t \in [a,b]\} < \frac{\varepsilon}{4}, \quad \forall i = 0,1,\cdots,n.$$

在曲线 $H(t,c_i)$ 上面, 依次取分点 $a = t_0, t_1, \cdots, t_k = b$, 使得

$$\operatorname{dist}\{\gamma(t,c_i); t \in [t_j, t_{j+1}]\} < \frac{\varepsilon}{4}.$$

并记

$$z_j = H(t_j, c_i), \quad w_j = H(t_j, c_{i+1}), \quad j = 1,\cdots,n.$$

记 $D_i = \left\{w; |w - z_j| < \dfrac{\varepsilon}{2}\right\}$, 则有以下性质:

1. $D_i \subset \Omega, 0 \notin D_i, \forall i = 0,1,\cdots,n$;
2. $H(t,c_i) \in D_j, \forall t \in [t_j, t_{j+1}]$;
3. $H(t,c_{i+1}) \in D_j, \forall t \in [t_j, t_{j+1}]$.

上面的性质 3 可以由三角不等式得到, 即

$$\begin{aligned}
&|H(t,c_{i+1}) - H(t_i,c_i)| \\
\leqslant &|H(t,c_{i+1}) - H(t,c_i)| + |H(t,c_i) - H(t_j,c_i)| \\
< &\frac{\varepsilon}{2}.
\end{aligned}$$

以上讨论说明, 曲线 $H(t,c_i)$ 和 $H(t,c_{i+1})$ 总是充分接近的, 因此它们所对应的辐角函数值相同. 定理证毕.

定义 1.3.3 复平面上的区域 Ω 称为是单连通的, 当且仅当任何其中具有相同起点和终点的曲线都同伦.

例 1.3.2 请读者自行验证:

1. 复平面 $\mathbb{C}$ 是单连通区域;
2. 第一象限 $\Omega = \{(x,y) \in \mathbb{R}^2; x > 0, y > 0\}$、上半平面 $H = \{(x,y) \in \mathbb{R}^2; y > 0\}$ 都是单连通区域;
3. 开单位圆盘 $B_{z_0,r} = \{z; |z - z_0| < r\}$ 是单连通区域.

命题 1.3.1 任何 $\mathbb{C} - \{0\}$ 上的单连通区域, 都是辐角函数的一个单值连续区域.

推论 1.3.2　任何 $\mathbb{C}-\{0\}$ 上的单连通区域的子区域, 都是辐角函数的一个单值连续区域.

1.3.3　Riemann 的想法

对多值函数的处理, 是 Riemann 在复变函数理论的发展中作出的最重要的工作之一. 同样是为了从多值函数得到某种单值函数, Riemann 提出了 "Riemann 曲面" 的概念. 虽然他是为了处理复解析函数而提出的, 但是, 对我们所考虑的问题, 同样适用.

Riemann 的想法是, 我们可以不去费力气把定义域切割、分解、缩小, 我们可以反过来想这个问题. 拿辐角函数做例子, 既然它是多值的, 每个复平面上的点 z 对应了整数那么多个辐角值 $\arg z+2k\pi$, 我们可以把每个点 z 都复制整数那么多个, 接着适当地把这些复制品一个对一个地分配给整数多个值.

只要定义域中点的复制品足够多, 自然就可以解决 "单值性" 的问题; 此外, 我们把复制品粘合时, 要充分地小心, 使得最后得到的映射是一个连续的映射. 只要我们的方法得当就可以得到新的定义域上的单值、连续的辐角函数.

回到关于辐角函数的讨论. 首先, 要做的是把复平面复制整数多个. 既然刚好有整数多个平面, 不妨把它们按照整数的次序排列起来, 并且按整数的方式给它们命名. 例如, 第 100 个平面刚好排在第 99 个平面的后面, 第 101 个平面的前面. 而且为了得到一个连续函数, 我们需要把它们的零点全部拿掉.

在 "母版" 的复平面 $\mathbb{C}$ 上, 任意选取一条连接 0 和无穷远点 ∞ 的简单曲线 γ. 在每个复制版上, 也照样选取对应的 "复制" 得到的曲线. 把每个复平面都沿曲线 γ 剪开. 最后, 把这些平面按照排列次序一个接一个地沿 γ 粘合在一起. 粘合的办法很简单. 你可以想象在第 k 个平面的 γ 处, 把平面的一部分向上掀起, 而相反的部分向下揭开. 而且仔细地把它们分别标记为 γ_k^+ 和 γ_k^-. 要做的是将 γ_k^+ 和 γ_{k+1}^- 按照原有曲线的位置对应接好. 这样, 我们就得到了一个辐角函数的 Riemann 曲面 S, 现在把 z 在第 k 个平面上的复制品 z^k 对应辐角 $\arg z+2k\pi$, 就得到了从 S 到 $\mathbb{R}$ 上的一个单值连续函数.

我们希望通过这里对最基本的问题的讨论, 帮助大家对 "Riemann 曲面" 的概念有一个初步的了解.

1.4　无穷远点与 Riemann 球面

1.4.1　Riemann 球面

上面讨论的 Riemann 曲面, 一个让人不满意的地方是母版都是复平面, 而复平面不是紧集. 有些时候这会带来很多不便之处. Riemann 另一个要紧的想法是, 给平面补充一个无穷远点 ∞, 借此把复平面变成一个紧集 $\mathbb{C}^*$.

具体的做法是把球面 S 的赤道放置在复平面上, 使得赤道与单位圆周重合. 现在对球面上的任何一点 P, 引球面北极 N 与 P 的连线 NP, 它与复平面交于唯一一点 z. 如此得到的映射

$$\sigma : S \to \mathbb{C},$$
$$\sigma : P \mapsto z,$$

通常称为球极射影 (图 1.3).

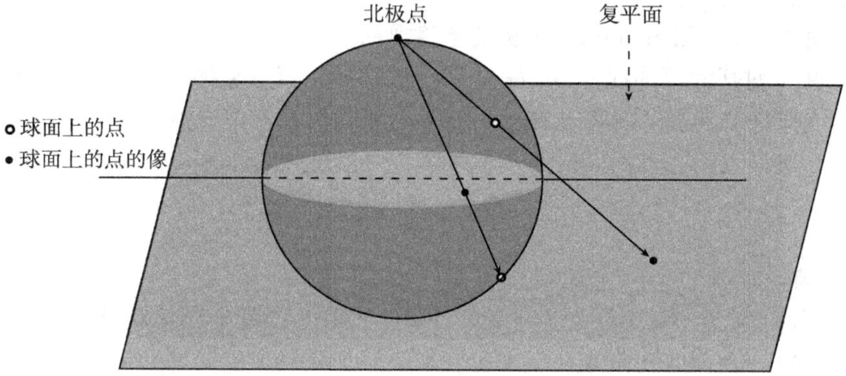

图 1.3 球极射影

另外, 补充规定将北极点 N 对应无穷远点 ∞, 这样就得到了球面上点与增广复平面上点的一一对应 $\sigma : S \to \mathbb{C} \cup \{\infty\}$.

映射 σ 将上半球面上的点映作单位圆外面的点, 把下半球面上的点映作单位圆内部的点. 特别地, 把球心映作 0 点.

下面要做的是把复平面上的开集结构复制到球面上. 球面上的集合 A 称为是其上的开集, 如果 $\sigma(A - \{N\})$ 是复平面上的有界开集.

注意, 北极点 N 没有复平面上的点与其对应.

集合 $\mathbb{C} \cup \infty$ 记作 $\mathbb{C}^*$, 称为增广复平面, 也称为 Riemann 球面.

引入增广复平面 $\mathbb{C}^*$ 的一个直接的好处就是, 以前所作的连接 0 和 ∞ 的割线, 现在是连接南极点和北极点的有限曲线了.

1.4.2 无穷远点的邻域和 $\mathbb{C}^*$ 上的开集

一个需要注意的事情是, 无穷远点的邻域有哪些. 它们按照定义, 应该是包含无穷远点的 Riemann 球面上的开集. 容易看出, 此时, 它应该包含一个纬圆上面的部分. 对应地, 在增广复平面上, 它对应的是一个有界闭集的余集.

例 1.4.1 试讨论如下区域是否为 $\mathbb{C}^*$ 之上 ∞ 的开邻域:

1. $\Omega = \{z; \theta_1 < \arg z < \theta_2, 0 < \theta_1 < \theta_2 < 2\pi\}$.

2.$\Omega = \{z; |z-a|+|z-b|>c>0, a, b \in \mathbb{C}\}$.

利用这个事实, 我们可以证明以下命题.

命题 1.4.1　Riemann 球面是一个紧集.

事实上, 假设 $\{A_\alpha; \alpha \in \Lambda\}$ 是 S 的一族开覆盖, 那么一定存在某个 A_{α_0} 覆盖了 ∞. 此外, 注意由上面的讨论可知, A_{α_0} 的余集 $A_{\alpha_0}^{\mathrm{c}}$ 一定是复平面上的有界闭集, 从而是一个紧集. $\{A_\alpha; \alpha \in \Lambda\}$ 是 S 的一族开覆盖, 当然也是 $A_{\alpha_0}^{\mathrm{c}}$ 的开覆盖, 因此存在有限多个开集 $A_{\alpha_1}, \cdots, A_{\alpha_n}; \alpha_i \in \Lambda$ 覆盖了 $A_{\alpha_0}^{\mathrm{c}}$. 现在, $A_{\alpha_0}, \cdots, A_{\alpha_n}$ 就是一个我们寻找的有限子覆盖.

命题 1.4.2　Riemann 球面 S 是单连通的.

证明　对任何闭曲线 $\gamma: [a,b] \to S$ 任取球面上点 $p \notin \{\gamma(t); t \in [0,1]\}$. $S - \{p\}$ 和开单位圆盘 $\mathbb{D}$ 同胚, 因此 γ 在 $S - \{p\}$ 之上同伦于常值曲线.

习　题

1. 计算:

(1) $\sqrt{\mathrm{i}}$;　(2) $\sqrt[3]{-8}$;　(3) $\sqrt{\sqrt{3}+3\mathrm{i}}$;　(4) $(1+4\mathrm{i})^4$;　(5) $\dfrac{1+\mathrm{i}}{1-\mathrm{i}}$;　(6) i^n.

2. 求下列复数的模和辐角:

(1) $1+\mathrm{i}$;　(2) $2-3\mathrm{i}$;　(3) $1+\cos\theta+\mathrm{i}\sin\theta$.

3. 解方程 $z^2 - 4\mathrm{i}z - (4-9\mathrm{i}) = 0$.

4. 设 $a_k, b_k (k=1,2,\cdots,n)$ 为复数, 证明

$$\left|\sum_{k=1}^n a_k b_k\right|^2 \leqslant \left(\sum_{k=1}^n |a_k|^2\right)\left(\sum_{k=1}^n |b_k|^2\right).$$

5. 证明:

(1) $|1-\overline{z_1}z_2|^2 - |z_1-z_2|^2 = (1-|z_1|^2)(1-|z_2|^2)$;

(2) 当 $|z_1|=1$ 或 $|z_2|=1$ 之一成立时, $\left|\dfrac{z_1-z_2}{1-\overline{z_1}z_2}\right| = 1$;

(3) 当 $|z_1|<1, |z_2|<1$ 时, $\left|\dfrac{z_1-z_2}{1-\overline{z_1}z_2}\right| < 1$;

(4) 当 $|z_1|<1, |z_2|<1$ 时, $\dfrac{||z_1|-|z_2||}{1-|z_1z_2|} \leqslant \left|\dfrac{z_1-z_2}{1-\overline{z_1}z_2}\right| \leqslant \dfrac{|z_1|+|z_2|}{1+|z_1z_2|}$.

6. 设 z_1 和 z_2 是两个复数. 求证:

$$|z_1 \pm z_2|^2 = |z_1|^2 + |z_2|^2 \pm 2\mathrm{Re}(z_1 z_2).$$

进而证明

$$|z_1+z_2| \leqslant |z_1| + |z_2|,$$

$$|z_1-z_2| \geqslant ||z_1|-|z_2||.$$

$$|z_1+z_2|^2+|z_1-z_2|^2=2(|z_1|^2+|z_2|^2).$$

并说明其几何意义.

7. 利用复向量证明三角形的内角和等于 π.

8. 设 $A_1A_2A_3A_4$ 是平面上一个任意给定的四边形, 在每条边上向外分别作一个正方形, 这些正方形相应的中心为 $O_{1,2}$, $O_{2,3}$, $O_{3,4}$ 和 $O_{4,1}$. 证明连接相对正方形中心的线段垂直并等长, 即 $\overrightarrow{O_{1,2}O_{3,4}}\perp\overrightarrow{O_{2,3}O_{4,1}}$ 且 $|\overrightarrow{O_{1,2}O_{3,4}}|=|\overrightarrow{O_{2,3}O_{4,1}}|$.

9. 设 $E\subset\mathbb{R}^2$ 是一个紧致子集, $f:E\to\mathbb{R}$ 是一个连续函数, 证明 f 有界并且能在 E 上取到最大值和最小值. 一般地, 对于连续映射 $g:E\to\mathbb{R}^2$, 证明 $g(E)$ 是紧致的.

10. 设 $\Omega\subseteq\mathbb{C}$ 是一个开集, 证明 Ω 中任意两点存在连续曲线连接等价于 Ω 中任意两点存在折线连接.

11. 设 $\Omega\subseteq\mathbb{C}$ 是一个区域, 证明 Ω 是单连通的当且仅当 Ω 中任意两条具有相同基点的闭路 (即具有相同起点和终点且起点终点重合的两条连续曲线) 同伦.

12. 下列关系式表示的 z 的图形是什么? 是否为区域?

(1) $|z-z_1|=|z-z_2|(z_1\neq z_2)$;

(2) $|z|<|z-4|$;

(3) $0<\arg(z-1)<\dfrac{\pi}{3}$, 且 $2\leqslant \mathrm{Re}z\leqslant 3$;

(4) $\mathrm{Im}z>1$ 且 $|z|<2$;

(5) $\left|z-\dfrac{\mathrm{i}}{2}\right|>\dfrac{1}{2}$ 且 $\left|z-\dfrac{3}{2}\mathrm{i}\right|>\dfrac{1}{2}$;

(6) $0<\arg\dfrac{z-\mathrm{i}}{z+\mathrm{i}}<\dfrac{\pi}{4}$.

13. 作出过复平面上不同两点 z_1 和 z_2 的直线及过不共线的三点 z_1, z_2 和 z_3 的圆周的表达式, 进而讨论直线的一侧及圆周的内侧和外侧的表达式.

14. 令 $d(z_1,z_2)$ 表示 $\mathbb{C}$ 中两点 z_1, z_2 对应的 Riemann 球面上两点 P_1, P_2 之间的球面距离, 证明

$$d(z_1,z_2)=\frac{2|z_1-z_2|}{\sqrt{(1+|z_1|^2)(1+|z_2|^2)}},\quad z_1,z_2\in\mathbb{C};$$

$$d(z_1,\infty)=\frac{2}{\sqrt{(1+|z_1|^2)}},\quad z_1\in\mathbb{C}.$$

15. 讨论在什么条件下, 点 z_1 和 z_2 是球面上一直径两端点的球极平面射影.

第2章　复变函数

2.1　复平面与增广复平面上的连续函数

2.1.1　基本定义

假设 E 是复平面上的给定点集. 如果存在映射法则 f, 使得对任何 $z\in E$, 存在唯一的复数 $w\in\mathbb{C}$ 与其对应, 则称 f 是 E 上定义的复值函数.

定义 2.1.1　假设 z_0 是集合 E 的一个聚点. 称当 $z\in E$ 趋于 z_0 时, f 趋近于极限 A, 如果对任何 $\varepsilon>0$, 都存在 $\delta>0$, 使得 $|f(z)-A|<\varepsilon$, 对任何 z 满足 $|z-z_0|<\delta, z\in E$, 记作

$$\lim_{z\to z_0} f(z)=A.$$

如果 $z_0\in E$ 满足 $\lim\limits_{z\to z_0} f(z)=f(z_0)$, 则称函数 f 在 z_0 点连续.

复平面在点集结构上和二维实平面一样. 一个复函数 f 也可以称为是映射 $f:\mathbb{R}^2\to\mathbb{R}^2$. 特别地, 它的实部和虚部, 分别是一个二元实值函数:

$$u(x,y),v(x,y):\mathbb{R}^2\to\mathbb{R},$$

当然, 二元实值函数 $u(x,y),v(x,y)$ 也可以称为是复变量的实值函数

$$u(z),v(z):\mathbb{C}\to\mathbb{R}.$$

在这样的记号下, $f(z)=u(z)+\mathrm{i}v(z)=u(x,y)+\mathrm{i}v(x,y)$.

命题 2.1.1　复函数 f 连续当且仅当它的实部和虚部对应的函数 u,v 均连续.

证明可以由复数的三角不等式得到.

例 2.1.1　令 $z_0\in\mathbb{C},r\in\mathbb{R}$, 将以下复函数写作 $\mathbb{R}^2$ 上映射的形式:

1. 平移 $z\mapsto z+z_0$, 旋转 $z\mapsto z_0z$ 和伸缩 $z\mapsto rz$;
2. $f(z)=\bar{z}$.

验证如上函数都是复平面上的连续函数.

例 2.1.2　验证函数 $f(z)=\dfrac{1}{z}$ 是区域 $\mathbb{C}-\{0\}$ 上的连续函数.

2.1.2　复线性函数 $f(z)=\alpha z$

前面已经提到, 每个复函数可以看成从 $\mathbb{R}^2$ 到 $\mathbb{R}^2$ 的映射. 特别地, 对复线性函数而言, 它是从 $\mathbb{R}^2$ 到 $\mathbb{R}^2$ 的线性映射. 在多元微积分中, 可微映射在一点处的

Jacobi 矩阵对研究映射的局部性质有着重要的意义. 因此本小节考察复线性映射的基本性质.

记 $\alpha = a + \mathrm{i}b, z = x + \mathrm{i}y$, 则有

$$\begin{aligned} f(z) &= f(x,y) \\ &= (a+\mathrm{i}b)(x+\mathrm{i}y) \\ &= (ax-by)+\mathrm{i}(ay+bx). \end{aligned}$$

因此复线性函数 $f(z)=\alpha z$ 等同于从 $\mathbb{R}^2$ 到 $\mathbb{R}^2$ 的线性映射

$$F: \begin{pmatrix} x \\ y \end{pmatrix} \to \begin{pmatrix} a & -b \\ b & a \end{pmatrix} \cdot \begin{pmatrix} x \\ y \end{pmatrix}.$$

令 $\theta = \arccos \dfrac{a}{a^2+b^2}$, 记

$$U = \frac{1}{\sqrt{a^2+b^2}} \cdot \begin{pmatrix} a & -b \\ b & a \end{pmatrix} = \begin{pmatrix} \cos\theta & -\sin\theta \\ \sin\theta & \cos\theta \end{pmatrix}.$$

则显见 U 是一个酉变换, 而 $F=\sqrt{a^2+b^2}\cdot U$. 从线性代数的角度来看, 这意味着任何一个复线性变换都是一个伸缩变换和一个旋转变换的复合. 以下三点值得注意:

1. 各个方向的伸缩率是相同的 (各向齐性);
2. 复平面任意两条直线间的夹角在复线性变换下保持不变 (保角性);
3. 复线性变换是保持手性的.

上面的讨论说明, 并不是所有的酉变换都能对应复线性变换.

例 2.1.3 1. 试验证复函数 $f(z)=\bar{z}$ 是从 $\mathbb{R}^2$ 到 $\mathbb{R}^2$ 的线性映射, 而且各个方向的伸缩率相同, 但是不保持手性.

2. $\mathbb{R}^2$ 上线性变换 $\theta:(x,y)\mapsto(x,3y)$ 没有各向齐性、保角性.

比较实的情况, 当考察从 $\mathbb{R}^2$ 到 $\mathbb{R}^2$ 的可微映射 F 的性质时, 其在每一点处的 Jacobi 矩阵是很重要的参考. 稍后将看到, 复的情形也类似. 但是以上的讨论说明, 有资格成为复函数在一点处的 Jacobi 矩阵的 2×2 矩阵需要有特殊的性质.

例题 2.1.1 什么样的酉矩阵能够对应一个复线性变换?

例题 2.1.2 复线性变换作为 $\mathbb{R}^2$ 上的映射, 其特征根有什么性质?

例题 2.1.3 很多时候, 将复数写作 $z=r\mathrm{e}^{\mathrm{i}\theta}$ 的形式会带来很多方便. 请你利用它重新考察复线性变换.

2.2　复变函数的导数

2.2.1　复变函数导数的定义

定义 2.2.1　假设 f 是区域 Ω 上定义的复变函数, z_0 是 Ω 中给定的一点. 称 f 在 z_0 点处导数存在, 如果下面极限存在:

$$\lim_{z\to z_0}\frac{f(z)-f(z_0)}{z-z_0}=A\in\mathbb{C}, \tag{2.2.1}$$

A 称为复变函数 f 在 z_0 点处的导数, 记作 $f'(z_0)$. 如果 f 在 Ω 内处处存在导数, 则称 f 在区域 Ω 内解析.

如上面曾指出的, 复函数也可以称为是 $\mathbb{R}^2$ 上的映射. 从这个观点来看, 有两个地方应当注意. 其一, 因为维数是 2, 所以在上述定义中 z 趋于 z_0 的 "方式" 更多; 其二, 复函数的导数对应实情况的 2×2 的 Jacobi 矩阵.

例题 2.2.1　考察以下复函数的导数是否存在, 以及作为 $\mathbb{R}^2$ 上映射它们是否可微、它们的 Jacobi 矩阵是什么?

1. $f(z)=z^2, fz=\alpha z, \alpha\in\mathbb{C}$;
2. $f(z)=\bar{z}$.

2.2.2　Cauchy-Riemann 方程

一个要紧的观察是, 在复函数导数的定义中, 我们考察的极限与 z 收敛到 z_0 的方式无关 (图 2.1). 这意味着沿 x 轴方向和沿 y 轴方向, 下面定义的两个特殊的极限之间满足特殊的关系:

$$\begin{aligned}\frac{\partial f}{\partial x}&=\lim_{x\to z_0}\frac{f(x)-f(z_0)}{x-x_0}=\lim_{z\to z_0}\frac{f(z)-f(z_0)}{z-z_0},\\ \frac{\partial f}{\partial y}&=\lim_{y\to z_0}\frac{f(y)-f(z_0)}{y-y_0}=\mathrm{i}\cdot\lim_{z\to z_0}\frac{f(z)-f(z_0)}{z-z_0}.\end{aligned}$$

换言之, 有

$$\frac{\partial f}{\partial x}+\mathrm{i}\cdot\frac{\partial f}{\partial y}=0. \tag{2.2.2}$$

式 (2.2.2) 称为 Cauchy-Riemann 方程.

假设 $f(z)=f(x,y)=u(x,y)+\mathrm{i}v(x,y)$, 上面方程对应的实形式的关系式为

$$\frac{\partial u}{\partial x}=\frac{\partial v}{\partial y},\quad \frac{\partial u}{\partial y}=-\frac{\partial v}{\partial x}. \tag{2.2.3}$$

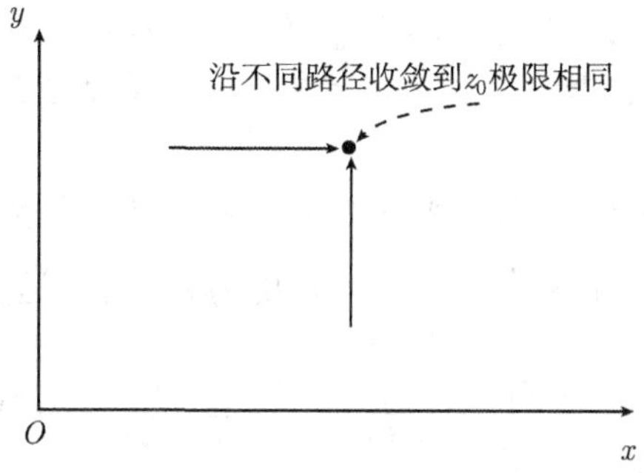

图 2.1 Cauchy-Riemann 方程

上面的讨论说明, 在导数存在的点, 作为 $\mathbb{R}^2$ 上的映射, 其 Jacobi 矩阵具有形式

$$\begin{pmatrix} a & -b \\ b & a \end{pmatrix}.$$

现在假设

1. $f(x,y)=u(x,y)+\mathrm{i}v(x,y)$ 的实部和虚部在区域 Ω 之上连续可微;
2. f 满足 Cauchy-Riemann 方程.

我们有

$$\begin{aligned} f(x,y) &= \frac{\partial u}{\partial x}\mathrm{d}x+\frac{\partial u}{\partial y}\mathrm{d}y+\mathrm{i}\frac{\partial v}{\partial x}\mathrm{d}x+\mathrm{i}\frac{\partial v}{\partial y}\mathrm{d}y+o(\sqrt{\mathrm{d}x^2+\mathrm{d}y^2}) \\ &= \frac{\partial u}{\partial x}(\mathrm{d}x+\mathrm{i}\mathrm{d}y)+\frac{\partial u}{\partial y}(\mathrm{d}y-\mathrm{i}\mathrm{d}x)+o(\sqrt{\mathrm{d}x^2+\mathrm{d}y^2}) \\ &= \frac{\partial u}{\partial x}(\mathrm{d}x+\mathrm{i}\mathrm{d}y)-\mathrm{i}\frac{\partial u}{\partial y}(\mathrm{d}x+\mathrm{i}\mathrm{d}y)+o(\sqrt{\mathrm{d}x^2+\mathrm{d}y^2}) \\ &= \left(\frac{\partial u}{\partial x}+\mathrm{i}\frac{\partial v}{\partial x}\right)(\mathrm{d}x+\mathrm{i}\mathrm{d}y)+o(\sqrt{\mathrm{d}x^2+\mathrm{d}y^2}) \\ &= \frac{\partial f}{\partial x}\mathrm{d}z+o(|z|) \\ &= f'(z)\mathrm{d}z+o(|z|). \end{aligned}$$

定理 2.2.1 假设区域 Ω 上的复函数 f 解析, 则 f 的实部和虚部对应的二元实函数 u,v 在 D 上处处可微且满足 Cauchy-Riemann 方程. 反之, 若 f 的实部和虚部对应的二元实函数 u,v 在 D 上连续可微且处处满足 Cauchy-Riemann 方程, 则复函数 f 是区域 Ω 上的解析函数.

稍后将证明, 复解析函数是任意次可微的. 因此上面的结果可以加强为以下形式.

定理 2.2.2　区域 D 上的复函数 f 在 D 上解析的充分必要条件是 f 的实部和虚部对应的二元实函数 u, v 在 D 上有连续的偏导数且满足 Cauchy-Riemann 方程.

例题 2.2.2　试讨论 $\mathbb{R}^2$ 上的线性变换何时对应一个复线性变换?

有的时候, 引入形式记号 $\dfrac{\partial f}{\partial z}$ 和 $\dfrac{\partial f}{\partial \bar{z}}$ 是更为方便的. 这里定义

$$\frac{\partial f}{\partial z} = \frac{1}{2}\frac{\partial f}{\partial x} - \frac{\mathrm{i}}{2}\frac{\partial f}{\partial y}, \quad \frac{\partial f}{\partial \bar{z}} = \frac{1}{2}\frac{\partial f}{\partial x} + \frac{\mathrm{i}}{2}\frac{\partial f}{\partial y}. \tag{2.2.4}$$

利用如上记号, Cauchy-Riemann 方程可以写作 $\dfrac{\partial f}{\partial \bar{z}} = 0$. 另外当 f 解析时有 $f'(z) = \dfrac{\partial f}{\partial z}$. 值得指出的是, 使用形式记号 $\dfrac{\partial f}{\partial z}$ 和 $\dfrac{\partial f}{\partial \bar{z}}$ 时, 实际上将函数 $f(z)$ 看成两个变元 $z, \bar{z}$ 的函数.

例题 2.2.3　试利用链锁规则从形式上推导 $\dfrac{\partial f}{\partial z}$ 和 $\dfrac{\partial f}{\partial \bar{z}}$ 的定义式.

2.2.3　导数的几何意义

为了方便起见, 将式 2.2.1 等价地写作

$$f(z) = f(z_0) + A(z - z_0) + o(|z - z_0|). \tag{2.2.5}$$

式 (2.2.5) 具有鲜明的几何意义. 假设有限复数 $A = r\mathrm{e}^{\mathrm{i}\theta}$, 式 (2.2.5) 说明, 在 z_0 附近, f 大致上相当于一个伸缩变换和旋转变换的复合. 从几何上看, 伸缩变换和旋转变换都具有一个特殊的性质: 各向同性, 也就是说, 不同方向上, 这两个函数的行为相同. 正是这一条性质, 把复解析函数和一般的两个二元实值函数的线性组合区别开来. 从下面的例子入手, 来讨论这个重要的性质.

例子: 函数 $g(z) = \bar{z}$. 把它写成二元实值函数的线性组合的形式, 亦即 $g(z) = g(x, y) = x - \mathrm{i}y$. 对给定点 $z_0 = x_0 + \mathrm{i}y_0$, 当 z 沿 x 轴方向趋近于 z_0 时, 有

$$\lim_{x \to x_0} \frac{f(z) - f(z_0)}{z - z_0} = \lim_{x \to x_0} \frac{x - x_0}{x - x_0} = 1;$$

当 z 沿 y 轴 (虚轴) 方向趋近于 z_0 时, 有

$$\lim_{y \to y_0} \frac{f(z) - f(z_0)}{z - z_0} = \lim_{y \to y_0} \frac{\mathrm{i}(-y + y_0)}{\mathrm{i}(y - y_0)} = -1.$$

因此, 函数 g 不是解析函数. 事实上, g 的 (复) 导数处处不存在.

由此可以看出以下结论成立.

区域 Ω 上定义的复函数 f 在 $z_0 \in \Omega$ 处导数存在的的一个必要条件是: 沿不同方向, 函数的方向导数相同.

2.3 解析性质

2.3.1 曲线的切线

假设

$$\gamma:[a,b]\to\mathbb{C},$$
$$\gamma(t)=x(t)+\mathrm{i}y(t)$$

是一条光滑曲线. 如果把它称为是映射 $\gamma:[a,b]\to\mathbb{R}^2$, 由空间解析几何的知识, 它在点 $\gamma(t_0)$ 处的切向量是 $(x'(t_0),y'(t_0))$. 如果把 γ 称为是实变量取复值的函数, 它的切向量也可写作 $\gamma'(t_0)=x'(t)+\mathrm{i}y'(t)=r_0\mathrm{e}^{\mathrm{i}\theta_0}$, 而 $\theta_0=\arg\,(\gamma'(t))$ 刚好给出了切向量的方向. 利用这个记号, 可以很容易刻画两条曲线在交点处的夹角. 假设区域 Ω 内的两条光滑曲线 γ_1,γ_2 交于点 $z_0\in\Omega$, 则它们之间的夹角刚好是 $\arg\dfrac{\gamma_2'(t)}{\gamma_1'(t)}$ (图 2.2).

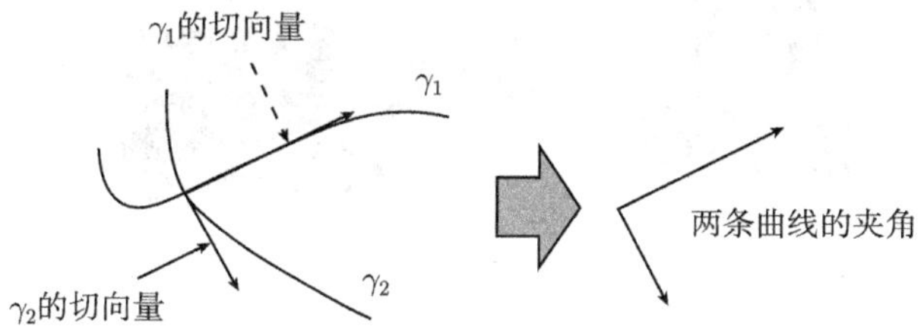

图 2.2 曲线在交点处的夹角

假设 $f(z)=u(x,y)+\mathrm{i}v(x,y)$ 是区域 Ω 上的解析函数, 而 $\gamma:[a,b]\to\Omega$ 是区域 Ω 中的一条曲线. 现在复合映射 $w=f\circ\gamma:[a,b]\to\mathbb{C}$ 也是复平面上的一条光滑曲线. 此时

$$w(t)=u(x(t),y(t))+\mathrm{i}v(x(t),y(t)),$$

$$w'(t)=\left\{\frac{\partial u}{\partial x}\cdot\frac{\mathrm{d}x}{\mathrm{d}t}+\frac{\partial u}{\partial y}\cdot\frac{\mathrm{d}y}{\mathrm{d}t}\right\}+\mathrm{i}\left\{\frac{\partial v}{\partial x}\cdot\frac{\mathrm{d}x}{\mathrm{d}t}+\frac{\partial v}{\partial y}\cdot\frac{\mathrm{d}y}{\mathrm{d}t}\right\}. \tag{2.3.1}$$

利用 Cauchy-Riemann 方程, 式 (2.3.1) 可以改写作

$$w'(t)=\frac{\partial u}{\partial x}\cdot\gamma'(t)+\mathrm{i}\frac{\partial v}{\partial x}\cdot\gamma'(t)=\frac{\partial f}{\partial x}\gamma'(t)=f'(\gamma(t))\gamma'(t). \tag{2.3.2}$$

因此曲线 $w(t)$ 在 $w(t_0)$ 处的切向量的方向是 $\arg(f'(\gamma(t_0)))+\arg(\gamma'(t_0))$. 上式还说明, 假如观察经过 $\gamma(t_0)$ 点的所有光滑曲线, 经过映射 f 以后的像曲线的行为, 那么在点 $\gamma(t_0)$ 附近, 可得如下性质:

1. 一致地沿逆时针方向旋转了 $\arg(f'(\gamma(t_0)))$ 的角度;

2. $\gamma'(t_0)$ 局部上一致地伸长了 $|f'(\gamma(t_0))|$ 倍率.

性质 1 的一个直接推论是以下命题.

命题 2.3.1　假设 γ_1, γ_2 是过 $z_0 \in \Omega$ 的两条光滑曲线, 夹角为 θ, f 是 Ω 上的解析函数, 满足 $f'(z_0) \neq 0$, 则像曲线 $w_1 = f(\gamma_1), w_2 = f(\gamma_2)$ 在点 $f(z_0)$ 处所成的夹角仍然为 θ.

由于这个原因, 称解析函数在那些导数不为 0 的点具有保角性.

从上面的几何观察出发, 很自然地, 可以引入下面定义.

定义 2.3.1①　假设复区域 Ω 上的 C^1- 映射 f 在区域 Ω 的每点处都具有上面所述的性质 1 或性质 2, 我们称其为区域 Ω 上的保角映射, 性质 1 和性质 2 通常称为保形性.

如上的定义非常直观, 因为它们的确保持形状不变 (图 2.3)!

图 2.3　保持形状的映射

2.3.2　局部复线性化

假设在点 z_0 处, 复函数 $f(z)$ 的导数存在且等于 $f'(z_0) = A \neq 0$, 则由定义 2.2.1 有

$$f(z) = f(z_0) + A(z - z_0) + o(|z - z_0|).$$

①保形映射有更一般的定义, 有兴趣的读者可以参考 Wiki 词条 conformal map. 在书籍 [11] 中有很多漂亮的图片可供参考和启发性的介绍 (如 3~5 页). 此外, Lars V. Ahlfors 的讲义 [1] 中详细地讨论了球极射影的保角形.

因此局部上, f 可以看成如下形式的复线性变换

$$F(z) = a + A(z - z_0).$$

而曲线在一点处的切向量也有类似的关系:

$$\gamma(t) = \gamma'(t_0) + \gamma(t_0) + o(|t - t_0|).$$

由于复线性变换的各向齐性, 复合曲线 $f(\gamma(t))$ 在 $f(\gamma(t_0))$ 处的切向量和原曲线的切向量相比, 刚好相差了一个相同的旋转和伸缩的过程. 这样就从映射的角度给出了保角性的一个解释.

2.3.3 保形性蕴涵解析性

首先验证保角性蕴涵解析性. 假设区域 Ω 上的映射 $f : \Omega \to \mathbb{C}$ 具有如下性质:

1. 在区域 Ω 上, 映射 f 的偏导数 $\dfrac{\partial f}{\partial x}, \dfrac{\partial f}{\partial y}$ 存在而且连续;

2. 命题 2.3.1 所述的保角性.

下面证明, f 一定是区域 Ω 上的解析函数. 仍然采用上面的记号, 假设 z_0 是区域 Ω 中一点, $\gamma : \Omega \to \mathbb{C}$ 是一条过 z_0 点的光滑曲线. γ 的像曲线是 $w(t) = f(\gamma(t))$, 它在点 $f(z_0)$ 的切向量是

$$w'(t) = \frac{\partial f}{\partial x} \cdot \frac{\mathrm{d}x}{\mathrm{d}t} + \frac{\partial f}{\partial y} \cdot \frac{\mathrm{d}y}{\mathrm{d}t}.$$

需要计算 $\theta(t) = \arg\left(\dfrac{w'(t)}{\gamma'(t)}\right)$. 为此, 假如把曲线写作 $z(t) = x(t) + \mathrm{i}y(t)$, 对应地, 记 $\bar{z}(t) = x(t) - \mathrm{i}y(t)$, 则有 $x'(t) = \dfrac{1}{2}\{z'(t) + \bar{z}'(t)\}, y'(t) = \dfrac{1}{2\mathrm{i}}\{z'(t) - \bar{z}'(t)\}$. 因此有

$$w'(t) = \frac{1}{2}\left(\frac{\partial f}{\partial x} - \mathrm{i}\frac{\partial f}{\partial y}\right) z'(t) + \frac{1}{2}\left(\frac{\partial f}{\partial x} + \mathrm{i}\frac{\partial f}{\partial y}\right) \bar{z}'(t),$$

进而像曲线比较原曲线转过了如下角度

$$\arg\frac{w'(t)}{z'(t)} = \arg\left(\frac{1}{2}\left(\frac{\partial f}{\partial x} - \mathrm{i}\frac{\partial f}{\partial y}\right) + \frac{1}{2}\left(\frac{\partial f}{\partial x} + \mathrm{i}\frac{\partial f}{\partial y}\right)\frac{\bar{z}'(t)}{z'(t)}\right).$$

保角性说明, 如上角度和具体的光滑曲线的选择无关, 因此有

$$\frac{\partial f}{\partial x} + \mathrm{i}\frac{\partial f}{\partial y} = 0,$$

亦即 f 满足 Cauchy-Riemann 方程.

接下来, 假设函数 f 满足如下条件:

1. 在区域 Ω 上, 映射 f 的偏导数 $\dfrac{\partial f}{\partial x}, \dfrac{\partial f}{\partial y}$ 存在而且连续;

2. $\gamma'(t_0)$ 局部上一致地伸长了 $|f'(\gamma(t_0))|$ 倍率.

以上条件说明比值

$$\left|\frac{w'(t)}{z'(t)}\right|$$

和曲线的具体选择无关. 注意到

$$\frac{w'(t)}{z'(t)} = \frac{1}{2}\left(\frac{\partial f}{\partial x} - \mathrm{i}\frac{\partial f}{\partial y}\right) + \frac{1}{2}\left(\frac{\partial f}{\partial x} + \mathrm{i}\frac{\partial f}{\partial y}\right)\frac{\bar{z}'(t)}{z'(t)},$$

为简化记号, 记 $A = \dfrac{1}{2}\left(\dfrac{\partial f}{\partial x} - \mathrm{i}\dfrac{\partial f}{\partial y}\right), B = \dfrac{1}{2}\left(\dfrac{\partial f}{\partial x} + \mathrm{i}\dfrac{\partial f}{\partial y}\right)$, 则

$$\frac{w'(t)}{z'(t)} = A + B\frac{\bar{z}'(t)}{z'(t)},$$

当光滑曲线 $z(t)$ 变动时, $\dfrac{w'(t)}{z'(t)}$ 在以复数 A 为心, 半径为 $|B|$ 的圆周上变化. 这意味着有 $\dfrac{\partial f}{\partial x} + \mathrm{i}\dfrac{\partial f}{\partial y} = 0$ 或者 $\dfrac{\partial f}{\partial x} - \mathrm{i}\dfrac{\partial f}{\partial y} = 0$. 在前一种情形, 说明 f 为解析函数, 后一种情形, 称为 f 余解析函数.

例题 2.3.1　将 $f(z)$ 写作 $f(x,y) = u(x,y) + \mathrm{i}v(x,y)$, 讨论余解析函数实部和虚部之间满足的关系.

2.4　几类特殊的解析函数

本小节考察最为常见的几类解析函数. 在此之前, 先给出解析函数的若干性质, 它们和实解析函数很相似.

命题 2.4.1　假设 f, g 都是复平面上区域 Ω 之上定义的解析函数, $\alpha \in \mathbb{C}$ 为一有限复数. 则有

1. 复函数 $f + g : z \mapsto f(z) + g(z)$ 是 Ω 上的解析函数, $(f+g)'(z) = f'(z) + g'(z), \forall z \in \Omega$;

2. 复函数 $\alpha \cdot f : z \mapsto \alpha \cdot f(z)$ 是 Ω 上的解析函数, $(\alpha \cdot g)'(z) = \alpha \cdot f'(z), \forall z \in \Omega$;

3. 记 g 在区域 Ω 上的零点集合为 K, 则复函数 $\dfrac{f}{g} : z \mapsto \dfrac{f(z)}{g(z)}$ 是 $\Omega - K$ 上的解析函数, $\left(\dfrac{f}{g}\right)'(z) = \dfrac{f'(z)g(z) - f(z)g'(z)}{(g(z))^2}, \forall z \in \Omega$;

4. 假设 $g:\Omega\to\Omega'$ 在复平面区域 Ω 上解析, f 是区域 Ω 上定义的解析函数, 则它们的复合函数

$$f\circ g:\Omega\to\mathbb{C},$$
$$(f\circ g)(z)=f(g(z))$$

是区域 Ω 上定义的解析函数, 而且 $(f\circ g)'(z)=f'(g(z))\cdot g'(z)$.

例题 2.4.1 请读者验证上面结果.

在讨论解析函数的性质的时候, 着重从分析和几何的两个方面来考虑. 从分析的角度, 指的是考察其定义域、值域、导数及其单射区域等性质; 从几何的角度, 即考虑其映射的性质, 特别是特殊曲线的像、在 Riemann 球面上的对应映射的性质等.

2.4.1 多项式函数和有理函数

多项式函数指的是形若 $p_n(z)=\alpha_0+\alpha_1z+\alpha_2z^2+\cdots+\alpha_nz^n$ 的函数. 利用命题 2.4.1 和数学归纳法, 可知它们都是复平面上定义的解析函数. 两个多项式函数的商 $\dfrac{p_k(z)}{q_n(z)}$ 称为是有理函数, 它们是定义在复平面去掉 q_n 的零点集所得到的集合上的解析函数.

最简单, 但是极为重要的有理函数是 $f(z)=\dfrac{1}{z}$, 它是我们以后常常碰到的一个函数, 这里讨论它的一些基本性质. 显然, 它是 $\mathbb{C}-\{0\}$ 上定义的解析函数. 首先, 考察它在 0 点和 ∞ 点附近的行为. 我们在以前讲过集合族 $D_n^+=\{z;|z|>n\}$ 是 ∞ 点在 Riemann 球面, 或者说增广复平面 $\mathbb{C}^*$ 上的一族邻域基②. 从这个角度看, 有如下定义.

定义 2.4.1 假设 f 在 ∞ 附近有定义, 称 f 在 ∞ 处极限存在, 如果存在复数 $\alpha\in\mathbb{C}$, 使得对任何给定的 ε, 存在某个与其相关正数 $R>0$, 满足对任何复数 $z,|z|>R$, 都有 $|f(z)-\alpha|<\varepsilon$. 假设对任何给定的正数 $K>0$, 存在某个与其相关正数 $R>0$, 满足对任何复数 $z,|z|>R$, 都有 $|f(z)|>K$, 则称 f 趋于 ∞, 当 z 趋于 ∞. 假设 z_0 为一个有限复数, f 在 z_0 附近有定义. 称当 z 趋于 z_0 时, f 趋于 ∞, 如果对任何给定的正数 $K>0$, 存在某个与其相关正数 $\delta>0$, 满足对任何复数 $z,|z-z-0|<\delta$, 都有 $|f(z)|>K$.

有的时候, 一个复平面上定义的复函数 $f:\mathbb{C}\to\mathbb{C}$, 可以把它连续地扩充到增广复平面 $\mathbb{C}^*$ 上面, 由此得到的复函数可以称为是 Riemann 球面之间的映射. 函数 $f(z)=\dfrac{1}{z}$ 刚好如此. 记 $z=re^{i\theta}$, 则 $f(z)=\dfrac{1}{r}\cdot e^{-i\theta}$, 容易看出 $\lim\limits_{z\to\infty}\dfrac{1}{z}=0,\lim\limits_{z\to0}=\infty$. 因此如果补充定义 $f(0)=\infty,f(\infty)=0$, 就得到了 Riemann 球面之间的一个连续

②参考 Wiki 词条 Neighbourhood system 或文献 [10] 的 50 页.

映射.

函数 $f(z)=\dfrac{1}{z}$ 可以称为是两个映射 $\tau(z)=\bar{z}$ 和 $\lambda(z)=\dfrac{1}{\bar{z}}$ 的复合. 从球面映射这个意义上讲, τ 和 λ 是没有区别的, 一个是沿 y 轴方向关于 x-z 平面的反射, 而另一个是沿 z 轴方向关于 x-y 平面的反射.

作为 Riemann 球面之间的映射, f 是什么样的呢? 首先, 单位圆周仍然映作单位圆周. 在这个映射下, 单位圆周的行为相当于你用指尖顶着一个圆环, 保持指尖的位置不动, 把它旋转 180°, 使其回到原来所在的水平面上. 注意 $+1,-1$ 两个点是函数的不动点, 它们两个刚好代表了你指尖所在的位置. 而考察每个纬圆的行为, 容易看出它把南、北半球的纬圆对换位置, 而且上半圆周和下半圆周也要像单位圆周那样作一个 180° 的旋转. 你可以想象你用两手的指尖顶着一个篮球, 现在你保持指尖和球的接触位置不动, 把球体旋转 180°. 现在球的最上端和最下端刚好颠倒了位置, 这就是我们讨论的映射的形象.

例题 2.4.2　*在空间直角坐标系下, 讨论如上映射 τ 和 λ 在单位球面之上的作用.*

1. *试讨论北纬 θ 度线和南纬 θ 度线在球极射影下的像的对应关系.*
2. *验证映射 τ 和 λ 在单位球面之上的作用对应了如下矩阵:*

$$\tau:\begin{pmatrix}1&0&0\\0&-1&0\\0&0&1\end{pmatrix}\quad \lambda:\begin{pmatrix}1&0&0\\0&1&0\\0&0&-1\end{pmatrix}.$$

3. *注意到沿平面的镜像是改变坐标轴的定向的, 那么两次镜像的复合自然是不改变坐标系定向的.*

函数 $f(z)=\dfrac{1}{z}$ 的一个有趣的性质是: 当 z 由 $+1$ 出发沿逆时针方向沿单位圆周运动一周回来, 它的像刚好是沿顺时针方向转动一周.

2.4.2　指数函数

指数函数的定义很简单, 假设 $z=x+\mathrm{i}y$, 令 $\mathrm{e}^z=\mathrm{e}^x\cdot\mathrm{e}^{\mathrm{i}y}$. 记号 $\mathrm{e}^{\mathrm{i}y}=\cos y+\mathrm{i}\sin y$, 是 Euler 公式. 把它写成两个二元实函数组合的形式, 有

$$\mathrm{e}^z=u(x,y)+\mathrm{i}v(x,y)=\mathrm{e}^x\cos y+\mathrm{e}^x\sin y.$$

显然 u,v 都是 $\mathbb{R}^2$ 上的光滑函数. 当 z 取实值时, e^z 刚好是我们熟悉的实的解析函数, 从这个角度看, 它是实解析的指数函数在复平面上的推广.

简单计算表明:

$$\frac{\partial u}{\partial x} = \mathrm{e}^x \cos y, \quad \frac{\partial u}{\partial y} = -\mathrm{e}^x \sin y$$
$$\frac{\partial v}{\partial x} = \mathrm{e}^x \sin y, \quad \frac{\partial v}{\partial y} = \mathrm{e}^x \cos y$$

因此其满足 Cauchy-Riemann 方程, 是复平面上的解析函数. 而且

$$f'(z) = \frac{\partial f}{\partial x} = \frac{\partial u}{\partial x} + \mathrm{i}\frac{\partial v}{\partial x} = \mathrm{e}^z.$$

$\mathrm{e}^{\mathrm{i}\cdot 2k\pi} = 1, \forall k \in \mathbb{Z}$, 指数函数还是一个周期函数, 最小周期为 i2π.

下面考察指数函数的映射性质. 首先由它的周期性, 任何带形域

$$\Omega = \{y_0 < \mathrm{Im}\, z < y_0 + 2\pi\}$$

刚好给出了它的一个单射区域. 另一方面, 它的值域是 $\mathbb{C} - \{0\}$, 因此它刚好把 Ω 映作复平面去掉零点. 一般地, 与实轴平行的区域映作复平面上的扇形区域 (图 2.4), 与虚轴平行的区域映作复平面上的圆环 (图 2.5).

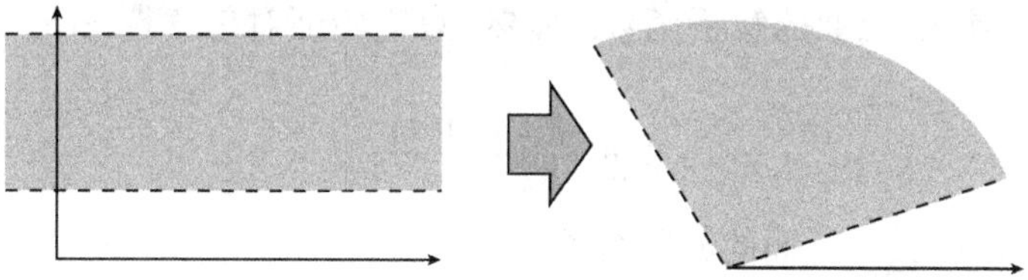

图 2.4 与实轴平行的区域关于指数函数的像

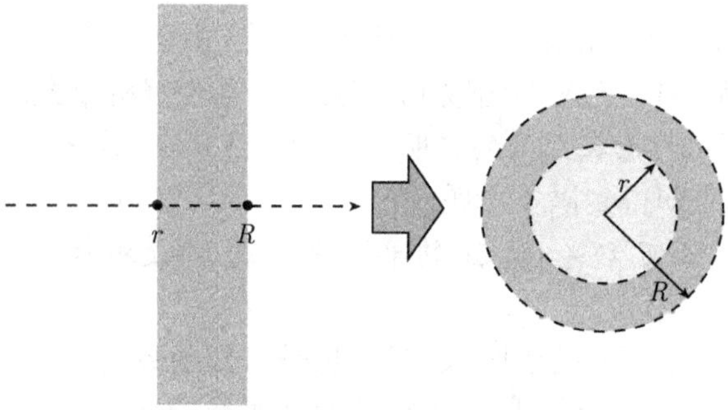

图 2.5 与虚轴平行的区域关于指数函数的像

从 Riemann 球面上看这个映射的行为, 可以看成过北极点把球面切成 "宽度" 是 i2π 的无穷多片, 这每一片都对应了指数函数的一个单射分支. 然后, 指数函数限制在每个单射分支上, 相当于把这一小片加厚, 变成一个球面去掉南极和北极.

例题 2.4.3 指数函数能不能连续地扩张到 Riemann 球面上去呢?

2.4.3　对数函数

对数函数是指数函数的反函数, 它的定义式如下:

$$\mathrm{Ln}z = \ln|z| + \mathrm{i}\mathrm{Arg}z.$$

由于定义中涉及多值函数 Arg, 自然地, 它是一个多值函数. 当然这一点也可以由指数函数是一个多对一的函数看出. 显然, 如果我们取定一个辐角函数的单值区域, 并且指定其上辐角函数的一个单值连续分支, 我们就可以对应地得到对数函数的一个单值连续分支. 这样, 利用在第 1 章里讨论的诸多办法, 我们可以相应地恢复对数函数的单值性.

现在, 假设我们已经取定了复平面上辐角函数的一个单值区域 Ω 和辐角函数在其上的一个单值连续分支 arg . 对应地, 记由此决定的单值的对数函数为

$$\ln z : \Omega \to \mathbb{C},$$
$$\ln z = \ln|z| + \mathrm{i}\arg z.$$

下面验证 $\ln z$ 是 Ω 上面的解析函数. 显然, 只需验证对任意点 $z_0 \in \Omega$, 下面极限存在:

$$\lim_{z\to z_0} \frac{\ln z - \ln z_0}{z - z_0}.$$

记 $w = \ln z, w_0 = \ln z_0$, 上面的极限等价于

$$\lim_{w\to w_0} \frac{w - w_0}{\mathrm{e}^w - \mathrm{e}^{w_0}} = \frac{1}{\mathrm{e}^{w_0}} = \frac{1}{z}.$$

注意这里用到了对数函数和指数函数的连续性质. 由于这个原因, 称 Ω 是 $\mathrm{Ln}z$ 的一个单值解析区域, 如上定义的函数 ln 为其一个单值解析分支.

例题 2.4.4　试讨论在上面的证明中为什么 $z \to z_0$ 蕴涵了 $w \to w_0$.

由命题 1.3.1 立即得到以下命题.

命题 2.4.2　任何 $\mathbb{C} - \{0\}$ 上的单连通区域, 都是对数函数的一个单值连续区域.

同样地, 任何如上区域的子区域, 当然也是对数函数的一个单值解析区域.

也可以按照 Riemann 的想法, 来讨论对数函数的单值化. 由对数函数的定义立即可以看出, 辐角函数的 Riemann 曲面, 既是对数函数的 Riemann 曲面 (图 2.6).

2.4.4　幂函数

假设 $\alpha = a + \mathrm{i}b$, 幂函数的定义式是

$$z^\alpha = \mathrm{e}^{\alpha \mathrm{Ln}z} = \mathrm{e}^{(a+\mathrm{i}b)(\ln|z| + \mathrm{i}\mathrm{Arg}z)} = \mathrm{e}^{a\ln|z| - b\mathrm{Arg}z} \cdot \mathrm{e}^{\mathrm{i}(b\ln|z| + a\mathrm{Arg}z))}.$$

由于幂函数是指数函数、数乘和对数函数的复合函数, 在三者都有定义而且谨慎地选择了多值函数 Lnz 的单值连续区域后, 我们可以得到一个单值函数 $z^\alpha = \mathrm{e}^{\alpha \ln z}$. 显然幂函数是其上的解析函数而且

$$(z^\alpha)' = \mathrm{e}^{\alpha \ln z} \cdot \alpha \cdot \frac{1}{z} = \alpha \cdot z^{\alpha-1}.$$

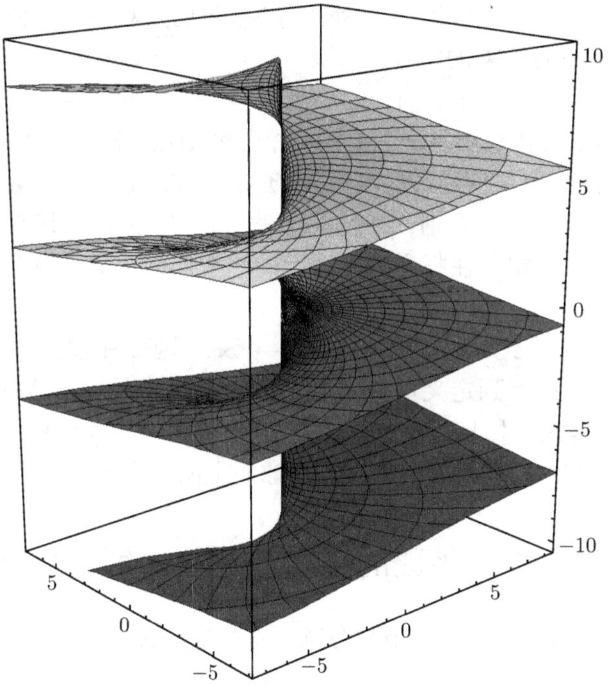

图 2.6 对数函数的 Riemann 曲面 (引自 Wiki)

例题 2.4.5 1. 假设 $\alpha \in \mathbb{Z}$, 此时幂函数 z^α 的导数是和解析分支的选取无关的.

2. 假设 $\alpha = \mathrm{i}b, b \in \mathbb{R}$ 或者 $\alpha \in \mathbb{R} - \mathbb{Q}$, 此时幂函数 z^α 的导数是和解析分支的选取有关的.

想想为什么会这样?

当 α 取不同的复数值时, z^α 具有完全不同的性质, 我们分别加以讨论.

1. $\alpha = k, k \in \mathbb{Z}$. 此时, 对应的幂函数为一单值函数.

2. $\alpha = \dfrac{m}{n}, m, n \in \mathbb{Z}$ 为一既约分数. 此时, 对应的幂函数为一多值函数. 但是它的 Riemann 曲面只有 n 个叶.

3. $\alpha = r, r \in \mathbb{R} - \mathbb{Q}$ 为一无理数. 此时, 对应的幂函数为一多值函数. 但是它的

Riemann 曲面有无穷多个叶.

4. $\alpha = a + \mathrm{i}b \in \mathbb{C} - \mathbb{R}$ 为一虚部不为 0 的复数. 特别地, 我们考察 $\alpha = \mathrm{i}b, b \in \mathbb{R} - \{0\}$ 的情形. 此时, $|z^\alpha| = \mathrm{e}^{-b\mathrm{Arg}z}$, 其辐角为 $b\ln|z|$. 它的 Riemann 曲面有无穷多个叶.

例题 2.4.6　试按照 a, b 均为整数、a, b 一个是有理数而另一个是整数、二者都是有理数和一个为无理数四种情况, 讨论幂函数的行为.

下面考察幂函数在 0 点和 ∞ 点处的行为. 我们只对前三种情况加以讨论. 这时, 起决定作用的是 $\alpha \in \mathbb{R}$ 的符号.

当 $\alpha > 0$ 时, 当 $z \to 0$ 时, $|z^\alpha| = \mathrm{e}^{\alpha \ln z} \to 0$. 因此在情形 1, 可以补充定义 $0^\alpha = 0$, 由此得到定义在整个复平面上的一个连续函数. 对情形 2 和情形 3, 由于 0 不能在辐角函数的一个单值连续区域中, 补充定义并没有什么实际的意义.

当 $\alpha < 0$ 时, 当 $z \to 0$ 时, $|z^\alpha| = \mathrm{e}^{\alpha \ln z} \to \infty$. 因此在情形 1, 可以补充定义 $0^\alpha = \infty$, 由此得到定义在整个复平面上的一个连续函数. 当然, 函数的值域变成了 $\mathbb{C}^*$.

当 $\alpha > 0, z \to \infty$ 时, $|z^\alpha| = \mathrm{e}^{\alpha \ln z} \to \infty$. 因此在情形 1, 可以补充定义 $0^\alpha = 0, \infty^\alpha = \infty$, 由此得到定义在整个 Riemann 球面上的一个连续函数.

当 $\alpha < 0, z \to \infty$ 时, $|z^\alpha| = \mathrm{e}^{\alpha \ln z} \to 0$. 因此在情形 1, 可以补充定义 $\infty^\alpha = 0, 0^\infty = \infty$, 由此得到定义在整个 Riemann 球面上的一个连续函数.

2.5　复合函数的支点以及单值解析分支

本小节考察复合函数的单值解析分支. 希望对一些例子的详细讨论, 能够让大家对这一问题有所了解.

2.5.1　支点

首先考虑幂函数和多项式函数的复合函数. 此时两个要紧的观察是:

1. $\mathrm{e}^{\mathrm{i}\theta}$ 是以 2π 为周期的函数;

2. 辐角函数 Arg 是一个多值函数.

这两件事情决定了 z^n 是通常的单值函数. 下面讨论一般的情形.

假设 $g(z) = \sqrt[n]{p_k(z)}$, 即幂函数和一个多项式函数的复合, 来看一看这类函数的性质. 由幂函数的定义, 可知

$$g(z) = \mathrm{e}^{\frac{1}{n}\mathrm{Ln}(p_k(z))} = \mathrm{e}^{\frac{1}{n}\ln|p_k(z)|} \cdot \mathrm{e}^{\mathrm{i}\frac{1}{n}\mathrm{Arg}p_k(z)},$$

为了简化记号, 记 $w(z) = p_k(z)$, 显然上式说明, $\mathrm{e}^{\mathrm{i}\frac{1}{n}\mathrm{Arg}p_k(z)} = \mathrm{e}^{\mathrm{i}\frac{1}{n}\mathrm{Arg}w}$ 决定了复合函数的多值性. 对一个多值函数 $f(z)$, 如果在点 z_0 附近的任何一个以 z_0 为心的开

圆盘上都无法给出其一个单值连续分支, 则称点 z_0 是 $f(z)$ 的支点[③].

例题 2.5.1 验证以下结果:

1. 0 是函数 $f(z)=\sqrt{z}$ 的支点, 以 0 为心的任何圆周之上, $f(z)$ 不能连续地定义. 但是我们可以补充定义 $\sqrt{0}=0$ 使得所得函数在 0 点处连续;

2. 0 是函数 $f(z)=\mathrm{e}^{\frac{1}{\sqrt[6]{z}}}$ 的支点, 以 0 为心的任何圆周之上, $f(z)$ 不能连续地定义. 不能补充 f 在 0 点的定义使得所得函数在 0 点处连续;

3. 0 是函数 $f(z)=\ln z$ 的支点, 以 0 为心的任何圆周之上, $f(z)$ 不能连续地定义. 不能补充 f 在 0 点的定义使得所得函数在 0 点处连续.

在有限复平面 $\mathbb{C}$ 上, 0 是辐角函数 Arg 唯一的支点. 所以复合函数 $\sqrt[n]{w(z)}$ 可能的支点应当是使得 $w(z)=0$ 的所有点, 即多项式 $p_k(z)$ 的所有零点. 此外, 由于指数函数的周期性, 多项式的部分零点也可能不是真正的支点.

例 2.5.1 考察 0 点是否是以下函数的支点:

1. $g(z)=\sqrt[n]{z}, n\geqslant 2$;

2. $g(z)=\sqrt[n]{z^n}$.

需要指出的是, 虽然对函数 $\dfrac{1}{z}, \ln z$ 而言, 它们在 0 点处都不解析, 但是两者是有本质区别的:

1. 对函数 $\dfrac{1}{z}$, 其在 0 点附近处处解析, 此时称其为孤立奇点;

2. 对函数 $\ln z$ 不可能取到它的一个单值连续分支, 使其在 0 点附近处处有定义, 此时称其为支点.

2.5.2 导数等于 0

之前讨论过导数的几何意义, 其中总是假设其导数不等于 0. 那么导数为 0 的情况, 解析函数的局部行为又是怎样的呢? 解析函数 $f(z)=z^n, n\geqslant 2$ 在 0 点附近的行为可以大致提供一个模板. 现在就其做一简要讨论. 要紧的观察是:

1. 0 点附近 z^n 不是单射 (虽然它依旧是一个单值函数);

2. 可以将复平面分割成角度为 $\dfrac{2\pi}{n}$ 的扇形区域, 在每个扇形区域之上, z^n 是单射满射.

从反函数的角度, 上面的观察对应指出:

1. 0 应当是其反函数 $\sqrt[n]{z}$ 的支点;

2. 每个角度为 $\dfrac{2\pi}{n}$ 的扇形区域, 刚好可以给出 $\sqrt[n]{z}$ 在 $\mathbb{C}-l_\theta$ 之上的所有取值. 这里 l_θ 表示自 0 点出发, 与 x 轴夹角为 θ 的射线.

---

③请查看 Wiki 词条 branch point.

比较导数不为 0 的情况. 复函数的导数不为 0 等价于其作为实二元映射的 Jacobi 矩阵可逆. 由反函数定理, 自然局部上其有反函数. 所以从映射的角度来看, 两种情形有很大的区别. 以后的课程中, 我们会知道导数为 0 时函数在局部不是单射的. 因此其反函数必定是多值函数. 但是对这种情况, 可以将函数和反函数一起考虑, 将它们理解为 Riemann 曲面之间的 “好的” 映射.④

习　　题

1. 设 $\omega = z^2$, 试求此函数将下列曲线变成 ω 平面上的何种曲线:

(1) 以原点为心的 2 为半径的圆周在第一象限的部分;

(2) $\theta = \dfrac{\pi}{3}$;

(3) 双曲线 $x^2 - y^2 = 4$.

2. 如果复数列 $\{z_n\}$ 满足 $\lim\limits_{n\to\infty} z_n = z_0$, 试证

$$\lim_{n\to\infty} \frac{z_1 + z_2 + \cdots z_n}{n} = z_0.$$

3. 证明下列函数在复平面上处处不可微.

(1) $f(z) = \overline{z}$;　(2) $f(z) = x + y$;　(3) $f(z) = \mathrm{Re} z$.

4. 讨论函数

$$f(z) = \begin{cases} \mathrm{e}^{-\frac{1}{z^2}}, & z \neq 0, \\ 0, & z = 0 \end{cases}$$

在原点的可微性.

5. 考察函数

$$f(z) = \begin{cases} |z|(1 + \mathrm{i}), & z \neq \pm\overline{z}, \\ 0, & z = \pm\overline{z} \end{cases}$$

在原点的可微性.

6. 下列函数在何处可微? 何处解析?

(1) $f(z) = (x^2 - y^2 - x) + \mathrm{i}(2xy - y^2)$;

(2) $f(z) = x^2 - \mathrm{i}y$;

(3) $f(z) = |z|^2$;

(4) $f(z) = (\mathrm{Re} z)^2$.

7. 证明在极坐标下函数 $f(z) = u(x, y) + \mathrm{i}v(x, y)$ 的 Cauchy-Riemann 条件是

$$\frac{\partial u}{\partial r} = \frac{1}{r}\frac{\partial v}{\partial \theta}, \quad \frac{\partial u}{\partial \theta} = -r\frac{\partial v}{\partial r}.$$

8. 证明若函数 $f(z)$ 在上半平面解析, 则函数 $\overline{f(\overline{z})}$ 在下半平面解析.

④有兴趣的读者可以参考文献 [2], 97~99 页.

9. 设 $\Omega \subseteq \mathbb{C}$ 是一个区域, $f(z)=u(x,y)+\mathrm{i}v(x,y)$ 是 Ω 上的一个解析函数. 证明下述等式

(1) $\dfrac{\partial^2 u}{\partial x^2}+\dfrac{\partial^2 u}{\partial y^2}=0,\quad \dfrac{\partial^2 v}{\partial x^2}+\dfrac{\partial^2 v}{\partial y^2}=0;$

(2) $\left(\dfrac{\partial^2}{\partial x^2}+\dfrac{\partial^2}{\partial y^2}\right)|f(z)|^2=4|f'(z)|^2;$

(3) $\begin{vmatrix} \dfrac{\partial u}{\partial x} & \dfrac{\partial u}{\partial y} \\ \dfrac{\partial v}{\partial x} & \dfrac{\partial v}{\partial y} \end{vmatrix}=|f'(z)|^2;$

(4) $\dfrac{\partial^2 f}{\partial z \partial \bar{z}}=\dfrac{1}{4}\left(\dfrac{\partial^2 f}{\partial x^2}+\dfrac{\partial^2 f}{\partial y^2}\right).$

10. 设 $\Omega \subseteq \mathbb{C}$ 是一个区域, $f(z)=u(x,y)+\mathrm{i}v(x,y)$ 是 Ω 上的一个解析函数. 证明: 如果 $f(z)$ 满足下述条件之一, 则 $f(z)$ 在 Ω 内是常数.

(1) $f'(z)=0$, $z\in\Omega$;

(2) $\overline{f(z)}$ 在 Ω 上解析;

(3) $\mathrm{Re}f(z)$ 或 $\mathrm{Im}f(z)$ 是常数, $z\in\Omega$;

(4) $|f(z)|$ 是常数, $z\in\Omega$;

(5) $\arg f(z)$ 是常数, $z\in\Omega$;

(6) $u(x,y)=v^2(x,y)$, $z\in\Omega$.

11. 设 $f(z)$, $g(z)$ 在 z_0 处解析, 且有

$$f(z_0)=g(z_0)=0,\quad g'(z_0)\neq 0.$$

试证

$$\lim_{z\to z_0}\frac{f(z)}{g(z)}=\frac{f'(z_0)}{g'(z_0)}.$$

12. 设 $\Omega \subseteq \mathbb{C}$ 是一个凸区域, $f(z)=u(x,y)+\mathrm{i}v(x,y)$ 是 Ω 上的一个解析函数. 令 $z_1,z_2\in\Omega$, 证明在连接 z_1, z_2 的直线段上存在两点 α, β 使得

$$f(z_1)-f(z_2)=\left(\left.\frac{\partial u}{\partial x}\right|_{\alpha}+\mathrm{i}\left.\frac{\partial v}{\partial x}\right|_{\beta}\right)(z_1-z_2).$$

并举例说明存在满足上述条件的 $f(z)$, z_1 和 z_2, 使得对连接 z_1, z_2 的直线段上的每一个点 ξ 都有

$$f(z_1)-f(z_2)\neq f'(\xi)(z_1-z_2).$$

13. 证明在球极平面射影下, 球面上两条曲线的夹角等于它们在平面上的像的夹角.

14. 规定 $\sin z=\dfrac{\mathrm{e}^{\mathrm{i}z}-\mathrm{e}^{-\mathrm{i}z}}{2\mathrm{i}}$, $\cos z=\dfrac{\mathrm{e}^{\mathrm{i}z}+\mathrm{e}^{-\mathrm{i}z}}{2}$. 试讨论 $\sin z$, $\cos z$ 的解析性、奇偶性、有界性、周期性以及它们的零点, 并证明

$$\sin^2 z+\cos^2 z=1,\quad \forall z\in\mathbb{C};$$

$$\sin(z_1+z_2)=\sin z_1\cos z_2+\cos z_1\sin z_2,\quad \forall z_1,z_2\in\mathbb{C}.$$

15. 计算: $2^{1+\mathrm{i}}$, $\sin(1+2\mathrm{i})$, $\ln(2+2\mathrm{i})$, $1^{\sqrt{2}}$, $(1+\mathrm{i})^{\mathrm{i}}$.

16. 设 m,n 是正整数. 证明 $(\sqrt[n]{z})^m$ 有 $\dfrac{n}{(m,n)}$ 个不同的值, 这里 (m,n) 表示 m 与 n 的最大公约数. 进一步, 证明 $(\sqrt[n]{z})^m$ 与 $(\sqrt[n]{z^m})$ 的值集相同当且仅当 $(m,n)=1$, 即 m 与 n 互质.

17. 试证明 $f(z)=\sqrt[3]{z(1-z)}$ 将 z 平面适当割开后能分出三个单值的解析分支, 并求出在点 $z=2$ 处取负值的那个分支在 $z=\mathrm{i}$ 的值.

18. 求 $\sqrt{(z-1)(z-2)}$ 在 $z_1=3$, $z_2=3+\dfrac{\mathrm{i}}{2}$ 的导数, 其中 $\sqrt{\omega}$ 取其单值解析分支

$$|\omega|^{\frac{1}{2}}\mathrm{e}^{\frac{\mathrm{i}}{2}(\arg\omega)},\ -\pi<\arg\omega<\pi,$$

即当 $\omega=(z-1)(z-2)$ 取正实值时, $\sqrt{\omega}$ 取正实值.

第 3 章　复函数的积分

3.1　复函数的积分的定义

3.1.1　复变量实值函数的积分

假设 $f:[a,b]\to\mathbb{C}$ 是闭区间 $[a,b]$ 上的复值连续函数. f 可以写作 $x(t)+\mathrm{i}y(t)$ 的形式, 现在自然的可以定义 f 在 $[a,b]$ 上的复积分如下:

$$\int_a^b f(t)\mathrm{d}t=\int_a^b x(t)\mathrm{d}t+\mathrm{i}\int_a^b y(t)\mathrm{d}t.$$

定义 3.1.1　假设 $\gamma:[a,b]\to\Omega$ 是区域 Ω 之上的可微曲线, $f(z)$ 是在其像集附近连续的复函数. 定义 $f(z)$ 沿曲线 γ 的积分如下:

$$\int_\gamma f(z)\mathrm{d}z=\int_a^b f(\gamma(t))z'(t)\mathrm{d}t.$$

这里所谓的 $f(z)$ 是在其像集附近连续的复函数指的是对任何复数 $\gamma(t),t\in[a,b]$, 都存在某个开圆盘 $D(f(\gamma(t)),\delta(f(t)))=\{z;|z-f(\gamma(t))|<\delta(f(t))\}$ 使得在其上 $f(z)$ 连续.

3.1.2　复函数的曲线积分

实函数的积分可以称为是分割、作和、取极限的结果. 我们可以按照这个几何的直观把实积分的概念推广到复函数的情形.

假设

$$\gamma(t)=x(t)+\mathrm{i}y(t):[a,b]\to\mathbb{C}$$

是复平面上的分段光滑曲线. 假设 $\Delta:a=t_0,t_1,\cdots,t_n=b$ 是闭区间 $[a,b]$ 的一个分划, 记 $\Delta_i=\gamma(t_i)-\gamma(t_{i-1}),i=1,2,\cdots,n$, 令

$$S_\Delta=\sum_{i=1}^n f(z(t_i))\cdot\Delta_i,$$

称 S_Δ 为分划 Δ 的和数 (图 3.1). 如果当分划越来越细密的时候, 如上定义的和数的极限存在, 则称此极限为复函数 f 沿曲线 $\gamma(t)$ 的积分, 记作 $\displaystyle\int_\gamma f(z)\mathrm{d}z$.

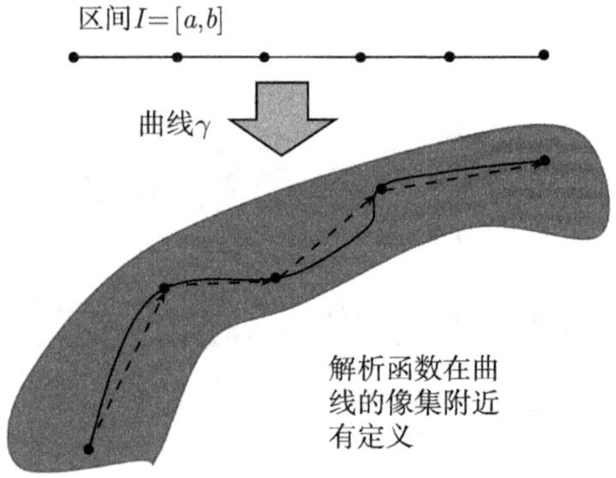

图 3.1 复积分的定义

注意和实积分类似, 我们在复积分的定义中给出了曲线的一个定向, 即自变量 t 由 a 增长至 b 时, 像集中 $\gamma(t)$ 的变化趋势.

例 3.1.1 考虑以下两条曲线:

$$\gamma_1 : [-\pi, \pi] \to \mathbb{C}, \quad \gamma_1(t) = \mathrm{e}^{\mathrm{i}t},$$
$$\gamma_2 : [-\pi, \pi] \to \mathbb{C}, \quad \gamma_2(t) = \mathrm{e}^{-\mathrm{i}t}.$$

它们的像集都是单位圆周, 但是定向刚好相反 (图 3.2).

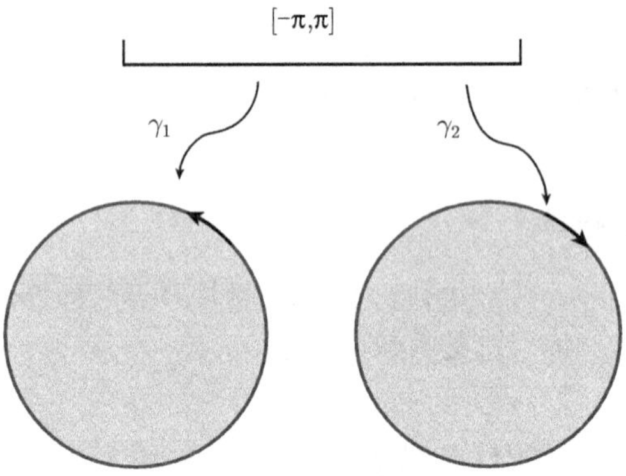

图 3.2 曲线的定向

3.1.3 复曲线积分和实积分的联系

和复解析函数的定义相同, 这里要紧的是, 我们总是把 z 作为一个变量来看. 另一方面, 我们可以将两者都看成两个实变量的复值函数, 此时即可得到与实积分的对应关系. 本小节先对 C^1 类曲线作讨论.

下面考察何时上面定义的和数的极限存在. 记 $\delta_i = t_i - t_{i-1}$, 由

$$\Delta_i = \gamma(t_i) - \gamma(t_{i-1}) = \gamma'(t_i) \cdot \delta_i + o(|\delta_i|),$$

因此和数

$$
\begin{aligned}
S_{\Delta} &= \sum_{i=1}^{n} f(\gamma(t_i)) \cdot \Delta_i \\
&= \sum_{i=1}^{n} f(\gamma(t_i)) \cdot (\gamma'(t_i) \cdot \delta_i + o(|\delta_i|)) \\
&= \sum_{i=1}^{n} f(\gamma(t_i)) \cdot \gamma'(t_i) \cdot \delta_i + \sum_{i=1}^{n} f(\gamma(t_i)) \cdot o(|\delta_i|).
\end{aligned}
$$

注意到

1. $\gamma'(t)$ 在闭区间 $[a,b]$ 上连续, 因此一致连续;

2. $f(z)$ 在闭集 $\{\gamma(t); t \in [a,b]\}$ 上一致连续, 因此有界,
利用复数的三角不等式得到

$$
\lim_{|\delta| \to 0} \sum_{i=1}^{n} f(z(t_i)) \cdot o(|\delta_i|) = 0.
$$

此外, 记

$$
\begin{aligned}
f(\gamma(t)) &= u(\gamma(t)) + \mathrm{i}v(\gamma(t)), \\
\gamma(t) &= x(t) + \mathrm{i}y(t),
\end{aligned}
$$

有

$$
\begin{aligned}
f(\gamma(t_i)) \cdot \gamma'(t_i) \cdot \delta_i &= (u + \mathrm{i}v) \cdot \gamma'(t_i) \cdot \delta_i \\
&= (u + \mathrm{i}v) \cdot (x'(t) + \mathrm{i}y'(t)) \cdot \delta_i \\
&= ux'(t)\delta_i - vy'(t)\delta_i + \mathrm{i}uy'(t)\delta_i + \mathrm{i}vx'(t)\delta_i. \qquad (3.1.1)
\end{aligned}
$$

式 (3.1.1) 说明, 所考察的和数可以写成四个一元实函数的和数之和, 显然, 所求的和数存在当且仅当对应的四个和数的极限都存在. 就本课程而言, 我们所最关心的复函数是解析函数, 此时它的实部、虚部所对应的函数当然都连续, 因此有以下命题.

命题 3.1.1 假设 f 是区域 Ω 上定义的连续复函数, $z(t):[a,b] \to \Omega$ 为 C^1 类曲线. 记 $|\Delta| = \sup_i |\delta_i|$, 则和数

$$
S_{\Delta} = \sum_{i=1}^{n} f(z(t_i)) \cdot \Delta_i
$$

的极限存在且满足

$$
\lim_{|\Delta| \to 0} S_{\Delta} = \int_{\gamma} u(x)\mathrm{d}x - v(y)\mathrm{d}y + \mathrm{i} \cdot \left\{ \int_{\gamma} u(y)\mathrm{d}y + v(x)\mathrm{d}x \right\}.
$$

证明 3.1.1　我们已经讨论了和数的存在性, 下面验证极限的表达式:

$$\begin{aligned}
\lim_{|\Delta|\to 0} S_\Delta &= \int_a^b u(t)x'(t)\mathrm{d}t + \mathrm{i}\cdot\int_a^b u(t)y'(t)\mathrm{d}t + \mathrm{i}\cdot\int_a^b v(t)x'(t)\mathrm{d}t - \int_a^b v(t)y'(t)\mathrm{d}t \\
&= \int_a^b u(x,y)x'(t)\mathrm{d}t + \mathrm{i}\cdot\int_a^b u(x,y)y'(t)\mathrm{d}t \\
&\quad + \mathrm{i}\cdot\int_a^b v(x,y)x'(t)\mathrm{d}t - \int_a^b v(x,y)y'(t)\mathrm{d}t \\
&= \int_{x(a)}^{x(b)} u(x)\mathrm{d}x + \mathrm{i}\cdot\int_{y(a)}^{y(b)} u(y)\mathrm{d}y + \mathrm{i}\cdot\int_{x(a)}^{x(b)} v(x)\mathrm{d}x - \int_{y(a)}^{y(b)} v(y)\mathrm{d}y \\
&= \int_\gamma u(x)\mathrm{d}x - v(y)\mathrm{d}y + \mathrm{i}\cdot\left\{\int_\gamma u(y)\mathrm{d}y + v(x)\mathrm{d}x\right\}.
\end{aligned}$$

例题 3.1.1　注意最后一个表达式实际上就是两个大家在多元微积分中遇到过的第二型曲线积分的组合. 它们和 Cauchy-Riemann 方程、Green 公式结合, 会得到什么样的结论?

由上面的讨论还可以看出

$$\int_\gamma f(z)\mathrm{d}z = \int_a^b f(t)z'(t)\mathrm{d}t. \tag{3.1.2}$$

因此命题 3.1.1 中的极限也可以作为复函数 f 沿曲线 $\gamma(t)$ 的复积分的定义式, 同样记作 $\int_\gamma f(z)\mathrm{d}z$. 事实上, 我们也可以不去费心思去讨论复积分的几何意义, 转而直接利用式 (3.1.2) 来定义复积分. 但是前者鲜明的几何意义, 保证了我们并非白费力气.

3.1.4　两个定义的比较

通过考察下面例子, 来对几何的和分析的两个概念作一个比较.

例 3.1.2　假设 $\gamma(\theta):\theta\mapsto R\mathrm{e}^{\mathrm{i}\theta}, \theta\in[0,2\pi]$ 是复平面上的半径为 R 的圆周, 求 $\int_\gamma \frac{1}{z}\mathrm{d}z$.

首先, 利用复积分的几何定义来求解. $\mathrm{d}z$ 可以称为是圆周上一段很小的弦, 局部上, 它对应的复增量的模可以用两点间的弧长 $R\mathrm{d}\theta$ 来逼近, 方向可以用圆周的切线的方向 $\mathrm{e}^{\mathrm{i}(\theta+\frac{\pi}{2})}$ 来逼近. 因此

$$\frac{\mathrm{d}z}{z} = \frac{R\mathrm{d}\theta\mathrm{e}^{\mathrm{i}(\theta+\frac{\pi}{2})}}{R\mathrm{e}^{\mathrm{i}\theta}} = \mathrm{e}^{\mathrm{i}\frac{\pi}{2}}\mathrm{d}\theta.$$

立即得到 $\int_\gamma \frac{1}{z}\mathrm{d}z = 2\pi\mathrm{i}$.

其次, 利用分析的定义来计算积分.

$$\int_\gamma \frac{1}{z}\mathrm{d}z = \int_\gamma \frac{1}{R\mathrm{e}^{\mathrm{i}\theta}}\mathrm{d}(R\mathrm{e}^{\mathrm{i}\theta}) = \int_0^{2\pi} \frac{\mathrm{i}R\mathrm{e}^{\mathrm{i}\theta}}{R\mathrm{e}^{\mathrm{i}\theta}}\mathrm{d}\theta = 2\pi\mathrm{i}.$$

当然, 实际计算复积分的时候, 两种定义都有它们各自的优势, 下面的例子用分析的定义计算更为简单.

例 3.1.3 假设 $\gamma(\theta):\theta\mapsto R\mathrm{e}^{\mathrm{i}\theta},\theta\in[0,2\pi]$ 是复平面上的半径为 R 的圆周, 求 $\int_\gamma z^n\mathrm{d}z$.

解 由分析的定义, 有

$$\int_\gamma z^n\mathrm{d}z = \int_\gamma R^n\mathrm{e}^{\mathrm{i}n\theta}\mathrm{d}(R\mathrm{e}^{\mathrm{i}\theta}) = \int_\gamma \mathrm{i}R^{n+1}\mathrm{e}^{\mathrm{i}(n+1)\theta\mathrm{d}\theta}.$$

显然, 当 $n\neq -1$ 时, 上面的积分等于 0; 当 $n=-1$ 时, 积分为 $2\pi\mathrm{i}$.

几何的定义, 更有效的是进行定性的分析. 例如, 由于它的定义只依赖于复平面上曲线对应的点集, 这说明复积分的值并不依赖于曲线具体的映射方式:

命题 3.1.2 假设复平面上的两条具有相同起点和终点的 C^1 简单曲线 γ_1,γ_2 的像集相同, 则它们所定义的复积分相等.

例题 3.1.2 利用分析的定义验证上面命题.

请读者自行验证下面结果.

命题 3.1.3 假设 f,g 是区域 Ω 上定义的连续复函数, $\gamma(t):[a,b]\to\Omega$ 为 C^1 类曲线, $\alpha\in\mathbb{C}$.

1. $\int_\gamma (f(z)+g(z))\mathrm{d}z = \int_\gamma f(z)\mathrm{d}z + \int_\gamma g(z)\mathrm{d}z$;
2. $\int_\gamma \alpha f(z)\mathrm{d}z = \alpha\cdot\int_\gamma f(z)\mathrm{d}z$.

3.1.5 分段光滑曲线

复平面上曲线 $\gamma:[a,b]\to\mathbb{C}$ 称为是分段光滑的, 如果存在闭区间 $[a,b]$ 的一个分划 $a=t_0,t_1,\cdots,t_n=b$, 使得

$$\gamma_i:[t_{i-1},t_i]\to\mathbb{C},$$
$$\gamma_i(t)=\gamma(t),\quad i=0,1,\cdots,n.$$

γ_i 通常称为是 γ 在子区间 $[t_{i-1},t_i]$ 上面的限制.

利用复曲线积分的几何的定义, 容易得到下面结果.

命题 3.1.4

$$\int_\gamma f(z)\mathrm{d}z = \int_{\gamma_1} f(z)\mathrm{d}z + \int_{\gamma_2} f(z)\mathrm{d}z + \cdots + \int_{\gamma_n} f(z)\mathrm{d}z.$$

例题 3.1.3 利用复曲线积分的集合定义重新计算例题 3.1.3.

利用直线段的表示 $\gamma : [0,1] \to \mathbb{C}, \gamma(t) = Z_0 + t(Z_1 - Z_0)$ 容易证明以下命题.

命题 3.1.5 假设 γ 是复平面上自 z_1 到 z_2 的一条直线段, 则

$$\int_\gamma \alpha \mathrm{d}z = \alpha \cdot (z_2 - z_1), \quad \int_\gamma z \mathrm{d}z = \frac{1}{2} \cdot (z_2^2 - z_1^2).$$

推论 3.1.1 假设 γ 是起点为 z_1, 终点为 z_2 的复平面上的一条折线, 则有

$$\int_\gamma \alpha \mathrm{d}z = \alpha \cdot (z_2 - z_1), \quad \int_\gamma z \mathrm{d}z = \frac{1}{2} \cdot (z_2^2 - z_1^2).$$

注意到分段光滑曲线总可以利用折线段序列一直逼近 (也可以直接从几何的定义看出), 我们可以将上面的结果加强为

推论 3.1.2 假设 γ 是起点为 z_1, 终点为 z_2 的复平面上的一条分段光滑曲线, 则有

$$\int_\gamma \alpha \mathrm{d}z = \alpha \cdot (z_2 - z_1), \quad \int_\gamma z \mathrm{d}z = \frac{1}{2} \cdot (z_2^2 - z_1^2).$$

特别地, 有以下推论.

推论 3.1.3 假设 γ 是复平面上自的一条分段光滑闭曲线, 则有

$$\int_\gamma \alpha \mathrm{d}z = 0, \quad \int_\gamma z \mathrm{d}z = 0.$$

如上结果揭示了一个重要的现象, 即复积分不但不依赖于曲线的具体映射, 而且似乎也可以和曲线的像集无关. 如果读者在多元分析中接触过 “保守场” 和 “原函数” 的相关知识①, 一定会觉得似曾相识. 下面将要考察的 Cauchy 积分定理说明, 这个现象不是因为现在考察的函数 “太好” 才出现的, 而是解析函数的一个要紧的一般性质.

3.1.6 一个常用的观察

假设 Ω 为复平面上区域. $\gamma : [a,b] \to \Omega$ 为区域 Ω 内的一条曲线. 定义曲线 γ 的 “逆向曲线” γ^- 如下：

$$\gamma^- : [a,b] \to \Omega,$$
$$\gamma^-(t) = \gamma((1-t)b + ta), \quad t \in [0,1].$$

命题 3.1.6 $\displaystyle\int_\gamma f(z)\mathrm{d}z = -\int_{\gamma^{-1}} f(z)\mathrm{d}z.$

①有兴趣的读者可以参考文献 [5], 170~178 页, 或者 Wiki 词条 Conservative vector field 及 Antiderivative.

例题 3.1.4 验证上面命题 3.1.6(提示: 利用复曲线积分的“几何”的定义).

以后我们经常做下面两件事:

1. 将两条具有相同起点和终点的曲线拼接为一条闭曲线;
2. 将一条闭曲线拆分为两条具有相同起点和终点的曲线.

从技术上讲, 我们这样做的时候, 通常考虑“几何”意义下的复曲线积分, 因此没有必要给出详细的曲线的具体的映射方式. 但是为了以后偶尔出现的“分析”的考虑, 我们这里给出具体的“拼接”曲线的映射. “拆分的”部分请读者自己补充完整.

假设 $\gamma_1, \gamma_2 : [a, b] \to \Omega$ 是 Ω 中具有相同起点和终点的曲线. 可令

$$\gamma : [a, b] \to \Omega,$$
$$\gamma(t) = \begin{cases} \gamma_1(a + 2(t - a)), & t \in \left[a, \dfrac{a+b}{2}\right], \\ \gamma_2\left(2\left(t - \dfrac{b}{2}\right)\right), & t \in \left[\dfrac{a+b}{2}, b\right]. \end{cases}$$

记为 $\gamma = \gamma_1 + \gamma_2^-$.

我们有以下命题.

命题 3.1.7 $\displaystyle\int_{\gamma_1+\gamma_2^-} = 0 \Leftrightarrow \int_{\gamma_1} = \int_{\gamma_2}.$

3.2 矩形区域上的 Cauchy 定理

这一小节来考察著名的 Cauchy-Goursat② 定理. Cauchy 在提出定理时, 假设了导数的连续性. Goursat 注意到这个假设是多余的, 并给出了如下的优美证明. 注意 Goursat 的美妙想法在于建立了局部和整体的联系, 而且推论 3.2.1 中的估计是本质的. 下面定理中的方法对三角形一样适用. 首先要对积分的收敛性作必要的估计 (命题 3.2.2), 这需要积分模的适当估计 (3.2.1).

3.2.1 一个不等式

假设 $\gamma : [a, b] \to \Omega$ 是一条分段 C^1 曲线, 复函数 $f : \Omega \to \mathbb{C}$ 在区域 Ω 上连续. 记 $L(\gamma)$ 为曲线 γ 的长度, $M(f) = \sup_{z\in\gamma(t)} |f(z)|$, 有以下命题.

命题 3.2.1

$$\left|\int_\gamma f(z)\mathrm{d}z\right| \leqslant L(\gamma) \cdot M(f). \tag{3.2.1}$$

②图片 (图 3.3, 图 3.4) 源自网站 http://www-history.mcs.st-andrews.ac.uk

图 3.3　Augustin Louis Cauchy(1789~1857)

图 3.4　Édouard Jean-Baptiste Goursat(1858~1936)

证明　对曲线的任意分划 $\Delta_i = z(t_i) - z(t_{i-1}), i = 1, 2, \cdots, n$ 和随之定义的和数

$$S_\Delta = \sum_{i=1}^{n} f(z(t_i)) \cdot \Delta_i,$$

有

$$\begin{aligned}|S_\Delta| = \left|\sum_{i=1}^{n} f(z(t_i)) \cdot \Delta_i\right| &\leqslant \sum_{i=1}^{n} |f(z(t_i)) \cdot \Delta_i| \\ &\leqslant M \cdot \sum_{i=1}^{n} |\Delta_i| \\ &\leqslant M \cdot L(\gamma).\end{aligned}$$

我们将利用这个不等式来估计积分的模.

3.2.2　解析函数在一点附近的复积分

假设 f 是区域 Ω 上的解析函数, z_0 是区域 Ω 内部的一点. 记 $S_r = S(z_0, r)$ 是以 z_0 为心, 半径为 r 的圆周. 显然当 r 充分小时, $S(z_0, r)$ 完全落到区域 Ω 的里面. 现在考察曲线 S_r 上 f 的复积分 $I = \int_{S(z_0,r)} f(z)\mathrm{d}z$.

首先, 由命题 3.2.1, 显然当 $r \to 0$ 时, 有 $I \to 0$. 但更有趣的是, 积分 I 关于 r 趋于 0 的阶数. 由于 f 在 z_0 附近解析, 有

$$f(z) = f(z_0) + (z - z_0)f'(z_0) + o(|z - z_0|).$$

因此

$$\int_{S_r} f(z)\mathrm{d}z = \int_{S_r} f(z_0)\mathrm{d}z + \int_{S_r} (z - z_0)f'(z_0)\mathrm{d}z + \int_{S_r} o(|z - z_0|)\mathrm{d}z,$$

再次利用上面得到的命题 3.2.1, 有以下命题.

命题 3.2.2 $\lim\limits_{r\to 0}\dfrac{\left|\displaystyle\int_{S_r} f(z)\mathrm{d}z\right|}{2\pi r^2}=0.$

命题 3.2.2 中的圆周换作是以 z_0 为心的矩形或者三角形, 也同样能够得到类似的结果. 因此积分 I 趋于 0 的阶数事实上要比 $2\pi r\cdot r$ 趋于 0 的阶数高.

现在考察稍微复杂一点的情况. 假设矩形 R 包含了点 z_0, 记它的边界是 ∂R. 假设 $d=\sup_{z\in\partial R}|z-z_0|, L=L(\partial R)$. 由上面的不等式 (3.2.1), 有

$$|I|=\left|\int_{\partial R} f(z)\mathrm{d}z\right|=\left|\int_{\partial R} o(|z-z_0|)\right|=o(d)\cdot L=o(L^2).$$

推论 3.2.1 当包含 z_0 的一串相似矩形边长趋于 0 时, 积分 $|I|$ 趋于 0 的阶数是 $d(R)\cdot L(\partial R)$ $(L^2(\partial R))$ 的高阶无穷小.

注记 3.2.1 注意相似性的假设只是为了保证矩形的边长与 $d(R)$ 具有一定的线性关系, 以便于估计.

下面证明矩形区域上的 Cauchy 定理时, 就要利用这一个观察.

3.2.3 矩形区域上的 Cauchy 定理

定理 3.2.1(Cauchy-Goursat 定理) 假设 f 在矩形区域 R 的闭包 $\bar{R}$ 上解析, 则有

$$\int_{\partial R} f(z)\mathrm{d}z=0.$$

证明 假设 f 在矩形区域 R 上解析, 为了简化记号, 记矩形区域的边缘为 ∂R, 矩形的对角线长度为 d. 另外, 记 $I=\displaystyle\int_{\partial R} f(z)\mathrm{d}z$. 沿 ∂R 的中点将矩形四等分. 由此得到的四个矩形分别记作 $R_1^{(1)},R_2^{(1)},R_3^{(1)},R_4^{(1)}$, 它们的边缘对应的记作 $\partial R_1^{(1)},\partial R_2^{(1)},\partial R_3^{(1)},\partial R_4^{(1)}$. 令

$$I_k^{(i)}=\int_{\partial R_k^{(1)}} f(z)\mathrm{d}z,\quad k=1,2,3,4,$$

则有 $I=I_1^{(1)}+I_2^{(1)}+I_3^{(1)}+I_4^{(1)}$. 因此存在某个 $k_0\in\{1,2,3,4\}$ 使得 $|I_{k_0}^{(1)}|\geqslant\dfrac{|I|}{4}$.

反复进行上面的过程 (图 3.5), 得到了一列互相包含的相似矩形

$$R\subset R^{(1)}\subset R^{(2)}\subset\cdots\subset R^{(n)}\subset\cdots,$$

满足

1. 记 L_n 为 $R^{(n)}$ 的边长, 则 $L_n=\dfrac{1}{2^n}L$;

2. 记 $I_n = \int_{R^n} f(z)\mathrm{d}z$, 则 $|I_n| \geqslant \frac{1}{4^n}|I|$;

3. 由闭区间套原理, $\cap_n R^{(n)} = z^*$;

4. 记 $d_n = \sup_{z\in\partial R^{(n)}} |z - z^*|$, 则 $d_n \leqslant \frac{1}{2^n}d$.

由命题 3.2.1, 有

$$|I_n| \leqslant M(f)\cdot L(\gamma) \leqslant o(|z - z^*|)\cdot \frac{1}{2^n}L.$$

因此有

$$\frac{1}{4^n}|I| \leqslant |I_n| \leqslant o\left(\frac{d}{2^n}\right)\cdot \frac{1}{2^n}L,$$

这个不等式显然只能在 $I = 0$ 时才可能成立.

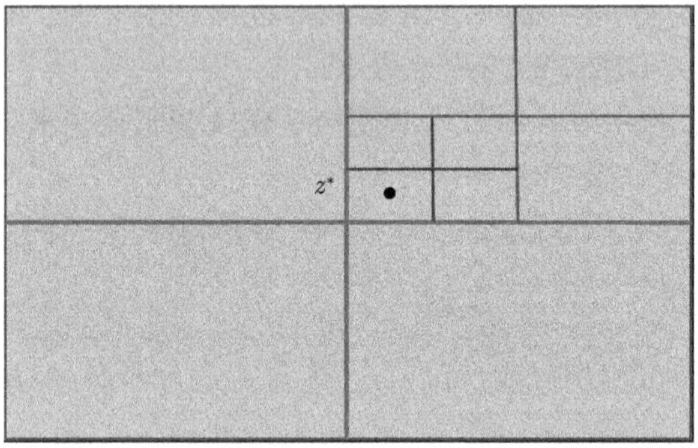

图 3.5　矩形区域上的 Cauchy 积分定理

注记 3.2.2　比较推论 3.2.1, 如果积分不等于 0, 那么我们可以找到矩形区域内一点 z_0, 使得其附近的一串矩形曲线 R 之上 f 的积分是以 $O(L(\partial R)^2)$ 的速率趋于 0 的!

例题 3.2.1　验证对三角形区域, 上述 Cauchy 定理依然成立.

3.3　原　函　数

3.3.1　定义和基本性质

类似于实的情形, 我们也可以定义复函数的原函数.

定义 3.3.1　假设 Ω 是复平面上的区域, $f, F: \Omega \to \mathbb{C}$ 是其上的复函数. 如果 F 在 Ω 上解析, 而且满足 $F'(z) = f(z)$, 则称其为 f 的原函数.

例题 3.3.1　1. 验证在开圆盘 $D = \{z\in\mathbb{C}; |z-1| < 1\}$ 之上, $\ln z$ 是函数 $\frac{1}{z}$ 的原函数;

2. 对 $n \geqslant 0$ 的情况验证在复平面上, $\frac{z^{n+1}}{n+1}$ 是 z^n 的原函数.

复函数的原函数的行为和实的情形很相似.

命题 3.3.1 假设 f 是区域 Ω 上的连续函数, 而且在 D 内有原函数 F. 则对区域 Ω 内任意的两点 α, β 而言, 任取连接两点的简单 C^1 曲线 $\gamma : [a, b] \to \Omega$, 都有

$$\int_\gamma f(z)\mathrm{d}z = F(\beta) - F(\alpha).$$

证明 设 $\gamma(t) = x(t) + \mathrm{i}y(t)$. 不妨记 $F(z) = u(x, y) + \mathrm{i}v(x, y)$, 由解析函数导数的定义, 有

$$f(z) = F'(z) = \frac{\partial F(x, y)}{\partial x} = \frac{\partial u}{\partial x} + \mathrm{i}\frac{\partial v}{\partial x}.$$

因此有

$$\begin{aligned}
\textstyle\int_\gamma f(z)\mathrm{d}z &= \int_\gamma F'(z)\mathrm{d}z \\
&= \int_a^b F'(\gamma(t))\gamma'(t)\mathrm{d}t \\
&= \int_a^b \left(\frac{\partial u(\gamma(t))}{\partial x} + \mathrm{i}\frac{\partial v(\gamma(t))}{\partial x}\right)\gamma'(t)\mathrm{d}t \\
&= \int_a^b \frac{\partial u(\gamma(t))}{\partial x}\gamma'(t)\mathrm{d}t + \mathrm{i}\int_a^b \frac{\partial v(\gamma(t))}{\partial x}\gamma'(t)\mathrm{d}t \\
&= \int_a^b \frac{\partial u(\gamma(t))}{\partial x}(x'(t) + \mathrm{i}y'(t))\mathrm{d}t + \mathrm{i}\int_a^b \frac{\partial v(\gamma(t))}{\partial x}(x'(t) + \mathrm{i}y'(t))\mathrm{d}t \\
&= \int_a^b \frac{\partial u(x)}{\partial x}(x'(t) + \mathrm{i}y'(t))\mathrm{d}t + \mathrm{i}\int_a^b \frac{\partial v(x)}{\partial x}(x'(t) + \mathrm{i}y'(t))\mathrm{d}t \\
&= \int_a^b \frac{\partial u(x)}{\partial x}(x'(t))\mathrm{d}t + \mathrm{i}\int_a^b \frac{\partial v(y)}{\partial y}y'(t)\mathrm{d}t + \mathrm{i}\int_a^b \frac{\partial v(x)}{\partial x}(x'(t))\mathrm{d}t \\
&\quad + \mathrm{i}\int_a^b \frac{-\partial u(y)}{\partial y}(\mathrm{i}y'(t))\mathrm{d}t \\
&= (u(\beta) - u(\alpha)) + \mathrm{i}(v(\beta) - v(\alpha)) \\
&= F(\beta) - F(\alpha).
\end{aligned}$$

注意在上面的证明中用到了 $u(t), v(t)$ 分别是 $u'(t), v'(t)$ 的原函数这一事实.

推论 3.3.1 假设 f 是区域 Ω 上的连续函数, 而且在 D 内有原函数 F, 则对区域 Ω 内任意的两点 α, β 而言, 任取连接两点的分段光滑曲线 $\gamma : [a, b] \to \Omega$, 都有

$$\int_\gamma f(z)\mathrm{d}z = F(\beta) - F(\alpha).$$

另一个较为平凡的事实是

命题 3.3.2 假设 F 是 f 的原函数, G 是 g 的原函数, α 是有限复数, 则

1. $F+\alpha$ 也是 f 的原函数;
2. αF 是 αf 的原函数;
3. $F+G$ 是 $f+g$ 的原函数.

并不是任何一个复函数有原函数, 这要取决于它的定义域的性质和它的映射法则.

例 3.3.1 令 $\Omega=D-\{0\}$, 即开单位圆盘去掉零点. 容易验证 $f(z)=\dfrac{1}{z}$ 是 Ω 上的解析函数, 但是它在 Ω 上没有原函数.

3.3.2 凸区域上的解析函数

定义 3.3.2 复平面上的区域 Ω 称为是凸区域, 如果连接其中任意两点的直线段上的点都是区域中的点.

例 3.3.2 1. 上半平面、右半平面及第一象限是凸区域;

2. 开圆盘、上半圆盘、矩形区域及椭圆区域都是凸区域;

3. $\mathbb{C}-\{z_0\}, z_0\in\mathbb{C}$ 不是凸区域.

例题 3.3.2 试验证凸区域一定是单连通区域, 但是单连通区域不见得一定是凸区域.

一个复函数是否有原函数, 自然和它的自身的映射法则有关. 但是下面的定理表明区域的 "形状" 更重要. 为简化记号, 令 $\displaystyle\int_{z_0}^{z}$ 表示复函数 f 沿直线段 $\overline{z_0z}$ 的积分, 而且方向取的是从 z_0 到 z 的方向.

定理 3.3.1 假设 Ω 是复平面上的凸区域, f 在 Ω 上解析, 则 f 在 Ω 上有原函数.

证明 取定 $z_0\in\Omega$, 我们在 Ω 上定义一个新的函数如下:

$$F(z)=\int_{z_0}^{z}f(\eta)\mathrm{d}\eta,\quad \forall z\in\Omega.$$

注意这里用到了凸区域的性质 (凸区域内两点的连线仍然属于凸区域).

下面证明, F 即是 Ω 上的 f 的原函数. 需要验证 F 是 Ω 上的解析函数, 而且满足 $F'(z)=f(z)$. 通过验证极限 $\displaystyle\lim_{w\to w_0}\frac{F(w)-F(w_0)}{w-w_0}=f(w_0)$, 我们可以同时验证这两件事情.

按照定义, 有

$$F(w)-F(w_0)=\int_{z_0}^{w}f(z)\mathrm{d}z-\int_{z_0}^{w_0}f(z)\mathrm{d}z.$$

利用三角形区域上的 Cauchy 定理 (注意这里再次用到了凸区域的性质, 即以 z_0, w_0 及 w 为顶点的闭三角形整个落在凸区域 Ω 内部, 参考图 3.6), 得到

$$F(w)-F(w_0)=\int_{w_0}^{w} f(z)\mathrm{d}z, \tag{3.3.1}$$

进而有

$$\lim_{w\to w_0}\frac{F(w)-F(w_0)}{w-w_0}=\lim_{w\to w_0}\frac{\displaystyle\int_{w_0}^{w} f(z)\mathrm{d}z}{w-w_0}.$$

在局部上, 由 f 在 w_0 点解析, 在 w_0 点附近有

$$f(z)=f(w_0)+f'(w_0)(z-w_0)+o(|z-w_0|).$$

因此

$$\int_{w_0}^{w} f(z)\mathrm{d}z=f(w_0)(w-w_0)+\frac{1}{2}f'(w_0)(w-w_0)^2+o(|w-w_0|^2).$$

注意最后一项的估计我们使用了命题 3.2.1. 综上, 有

$$\lim_{w\to w_0}\frac{F(w)-F(w_0)}{w-w_0}=\lim_{w\to w_0}\{f(w_0)+f'(w_0)(w-w_0)+o(|w-w_0|)\}=f(w_0).$$

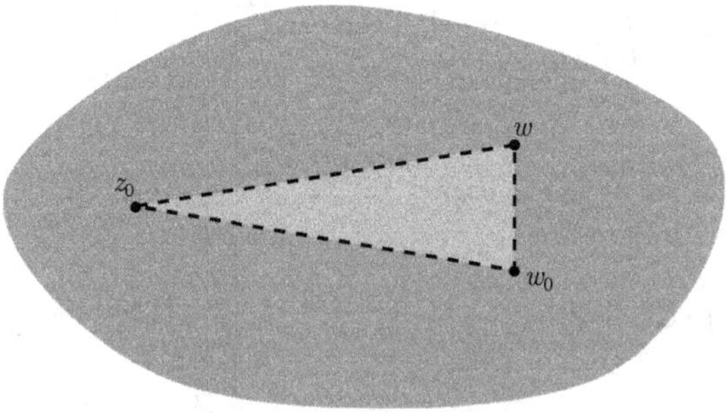

图 3.6 利用三角形区域上的 Cauchy 定理计算极限

注记 3.3.1 如果只是假设 f 在区域 Ω 上连续, 自然地按照上面证明中的定义, 同样也可以定义复函数 F. 但是, 此时定义的 F 还是解析函数吗? 注意

1. 在式 (3.3.1) 中用到了三角形上的 Cauchy 定理;
2. 在最后的估计式中用到了可微性, 即 f 可以局部线性化.

推论 3.3.2 假设 D 是复平面上的开圆盘, f 在 D 上解析, 则 f 在 D 上有原函数.

在稍后的小节, 3.4 节会将上面定理 3.3.1 中的凸性要求用更一般的拓扑性质代替.

3.4　单连通区域上的 Cauchy 定理

3.4.1　定理的证明

在定理的证明中, 我们要用到已经证明的三个基本事实.

1. 单连通区域上的具有相同起点和终点的两条 C^1 曲线总是同伦的;
2. 同伦的两条 C^1 曲线, 总可以通过一系列充分接近的曲线 "连接" 起来;
3. 由定理 3.3.1, 开圆盘上的解析函数总有原函数.

引理 3.4.1　假设 Ω 是复平面 $\mathbb{C}$ 上的区域, f 是 Ω 上的解析函数, 则对 Ω 内任何两条充分接近的 C^1 曲线 γ_1, γ_2, 有

$$\int_{\gamma_1} f(z)\mathrm{d}z = \int_{\gamma_1} f(z)\mathrm{d}z.$$

证明　由两条曲线 $\gamma_1, \gamma_2 : [a,b] \to \Omega$ 充分接近, 存在 $[a,b]$ 的一个分划 $a = a_0, a_1, \cdots, a_n = b$ 以及首尾相连的一串开圆盘 $D_i, i = 1, 2, \cdots, n$ 满足

$$\gamma_j([a_i, a_{i+1}]) \subset D_i, \quad \forall j = 1, 2, i = 0, 1, \cdots, n-1.$$

为简化记号, 记

$$\begin{aligned} \gamma_i^{(1)} : [a_i, a_{i+1}] \to \Omega, \quad \gamma_i^{(1)}(t) = \gamma(t) \\ \gamma_i^{(2)} : [a_i, a_{i+1}] \to \Omega, \quad \gamma_i^{(2)}(t) = \gamma(t), \end{aligned}$$

并且记 $I_i^{(1)} = \int_{\gamma_i^{(1)}} f(z)\mathrm{d}z, I_i^{(2)} = \int_{\gamma_i^{(2)}} f(z)\mathrm{d}z$, 则

$$I^{(1)} = \int_{\gamma_1} f(z)\mathrm{d}z = \sum_{j=0}^{n-1} I_j^{(1)}, \quad I^{(2)} = \int_{\gamma_2} f(z)\mathrm{d}z = \sum_{j=0}^{n-1} I_j^{(2)}.$$

利用推论 3.3.2, 在每个开圆盘 D_i 上, 可以取定 f 的一个原函数 F_i, 此时有

$$I_i^{(1)} = F_i(\gamma_1(a_{i+1})) - F_i(\gamma_1(a_i)), \quad I_i^{(2)} = F_i(\gamma_2(a_{i+1})) - F_i(\gamma_2(a_i)).$$

因此有

$$\begin{aligned} I^{(1)} - I^{(2)} &= \sum_{i=0}^{n-1} \{F_i(\gamma_1(a_{i+1})) - F_i(\gamma_1(a_i))\} - \{F_i(\gamma_2(a_{i+1})) - F_i(\gamma_2(a_i))\} \\ &= \sum_{i=0}^{n-1} \{F_i(\gamma_1(a_{i+1})) - F_i(\gamma_2(a_{i+1}))\} - \{F_i(\gamma_1(a_i)) - F_i(\gamma_2(a_i))\} \\ &= 0. \end{aligned}$$

定理 3.4.1 假设 Ω 是复平面 $\mathbb{C}$ 上的区域, f 是 Ω 上的解析函数, 则对 Ω 内任何两条同伦的 C^1 曲线 γ_1, γ_2, 有

$$\int_{\gamma_1} f(z)\mathrm{d}z = \int_{\gamma_1} f(z)\mathrm{d}z.$$

证明 注意同伦的两条 C^1 曲线, 总可以通过一系列充分接近的曲线 “连接” 起来.

注记 3.4.1 也许很多读者再一次对这个“充分接近的曲线”的讨论觉得沮丧. 比较定理 3.3.1 的证明, 可以试着想一想如果利用其直接验证定理 (3.4.1) 会遇到的困难 (比较在讨论辐角函数的单值连续区域时你的理解), 我们如果从增量的角度来看, 那些所谓的开圆盘序列的选取, 不外是给出一个具有确定的 “增量” 的区域 (在这一小块上, 你不用担心曲线的选择). 而 “充分接近的曲线” 保证了它们在每一小块之上, 都按照同一个标准取增量!

定理 3.4.2 假设 Ω 是复平面 $\mathbb{C}$ 上的单连通区域, f 是 Ω 上的解析函数, 则对 Ω 内任何具有相同起点和终点的 C^1 曲线 γ_1, γ_2, 有

$$\int_{\gamma_1} f(z)\mathrm{d}z = \int_{\gamma_1} f(z)\mathrm{d}z.$$

证明 注意单连通区域上的具有相同起点和终点的两条 C^1 曲线总是同伦的, 由定理 3.4.1 得证.

请读者利用定理 3.4.2 自行证明下面结果.

命题 3.4.1 单连通区域上的解析函数必有原函数.

3.4.2 一般区域上的 Cauchy 积分定理

假设 Ω 是复平面 $\mathbb{C}$ 上的有界区域, 它的边界由有限条简单闭曲线 $\partial_1, \cdots, \partial_n$ 构成. 我们取它们的定向如下：

1. 最外面的曲线 ∂_1(换言之, 其内部 $\mathrm{int}\partial_1$ 包含了区域 Ω), 定向为逆时针方向;
2. 其余曲线取顺时针方向.

我们有以下定理.

定理 3.4.3

$$\int_{\partial_1} + \cdots + \int_{\partial_n} = 0.$$

例题 3.4.1 证明定理 3.4.3. 提示: 如果一张纸上有 n 个 “洞”, 你可以用剪刀剪下一小片使得上面只有一个 “洞”; 重复以上过程, 你会得到一些上面只有一个 “洞” 的纸片 (图 3.7). 对只有一个 “洞” 的纸片证明定理 3.4.3!

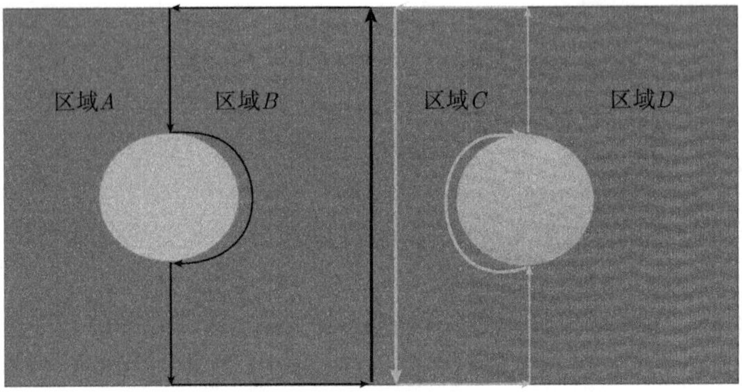

图 3.7　原本的多连通区域分解为四个多连通区域, 注意边界的定向

例 3.4.1　1. 假设曲线 $\gamma_1(t) = r_1\mathrm{e}^{2\pi\mathrm{i}t}, \gamma_2(t) = r_2\mathrm{e}^{2\pi\mathrm{i}t}, r_1, r_2 > 0$. 利用 Cauchy 定理验证

$$\int_{\gamma_1} \frac{1}{z}\mathrm{d}z = \int_{\gamma_2} \frac{1}{z}\mathrm{d}z.$$

2. 假设 γ_1, γ_2 是环绕零点的两条简单闭曲线, 证明类似结论同样成立.

3.5　同调形式的 Cauchy 定理

3.5.1　简单闭曲线上的 Cauchy 积分公式

记 $C_{z_0,r}$ 表示以 z_0 为心, 半径为 r 的圆周:

$$C_{z_0,r} : [0,1] \to \mathbb{C},$$
$$C_{z_0,r} = z_0 + r\mathrm{e}^{\mathrm{i}2\pi t}, \quad t \in [0,1].$$

$D_{z_0,r}$ 表示以 z_0 为心, 半径为 r 的开圆盘.

在上面的讨论中, 已经证明积分 $\int_{C_{z_0,r}} \frac{1}{z-z_0}\mathrm{d}z = 2\pi\mathrm{i}$. 假设 f 是闭圆盘 $\overline{D}_{z_0,r}$ 上的解析函数, 现在计算积分 $\int_{C_{z_0,r}} \frac{f(z)}{z-z_0}\mathrm{d}z$.

首先由 Cauchy 积分定理, 有

引理 3.5.1　$\int_{C_{z_0,r}} \frac{f(z)}{z-z_0}\mathrm{d}z = \int_{C_{z_0,r'}} \frac{f(z)}{z-z_0}\mathrm{d}z, \forall r' < r.$

局部上, 有估计 $f(z) = f(z_0) + f'(z_0)(z-z_0) + o(|z-z_0|)$, 因此有

$$\begin{aligned}\int_{C_{z_0,r'}}\frac{f(z)}{z-z_0}\mathrm{d}z&=\int_{C_{z_0,r'}}\frac{f(z_0)}{z-z_0}\mathrm{d}z+\int_{C_{z_0,r'}}\frac{f'(z_0)(z-z_0)}{z-z_0}\mathrm{d}z+\int_{C_{z_0,r'}}\frac{o(|z-z_0|)}{z-z_0}\mathrm{d}z\\&=f(z_0)\cdot\int_{C_{z_0,r'}}\frac{1}{z-z_0}\mathrm{d}z+o(r')\\&=2\pi\mathrm{i}f(z_0)+o(r').\end{aligned}$$

最后一个等式可以等价地写作

$$\lim_{r'\to 0}\int_{C_{z_0,r'}}\frac{f(z_0)}{z-z_0}\mathrm{d}z+o(r')=2\pi\mathrm{i}f(z_0).$$

利用引理 3.5.1 我们得到以下结论

命题 3.5.1

$$\frac{1}{2\pi\mathrm{i}}\int_{C_{z_0,r}}\frac{f(z)}{z-z_0}\mathrm{d}z=f(z_0).$$

著名的 Jordan 曲线定理③告诉我们, 一条简单闭曲线将平面分为有界、无界的两个区域. 我们分别称它们为曲线的内部, 记作 $\mathrm{int}(\gamma)$, 以及曲线的外部, 记作 $\mathrm{out}(\gamma)$. 再次利用 Cauchy 积分定理, 我们得到下面定理.

定理 3.5.1 假设 γ 是区域 Ω 内的简单闭曲线, $z_0\in\mathrm{int}(\gamma)$. f 是 Ω 之上的解析函数, 则有

$$\frac{1}{2\pi\mathrm{i}}\int_{\gamma}\frac{f(z)}{z-z_0}\mathrm{d}z=\pm f(z_0).$$

上面等式右端的符号取决于简单闭曲线的环绕方向.

证明 注意此时可取以 z_0 为心, 半径充分小的闭圆盘 $D_{z_0,r}$ 使其包含在曲线 γ 的内部.

此外, 若 $z_0\in\mathrm{out}(\gamma)$, 此时函数 $\dfrac{f(z)}{z-z_0}$ 在 $\overline{\mathrm{int}(\gamma)}$ 之上解析, 由 Cauchy 积分定理立即得到以下定理.

定理 3.5.2 假设 γ 是区域 Ω 内的简单闭曲线, $z_0\in\mathrm{out}(\gamma)$. f 是 Ω 之上的解析函数, 则有

$$\frac{1}{2\pi\mathrm{i}}\int_{\gamma}\frac{f(z)}{z-z_0}\mathrm{d}z=0.$$

3.5.2 一般形式的 Cauchy 积分定理

对更一般的分段光滑曲线 (其实只要是可求长曲线即可), 我们也可以得到类似的 Cauchy 积分定理. 通过对曲线作适当的分解, 我们面临的问题只是要搞清楚曲线环绕固定点的次数.

③参考文献 [4] 一书的附录二.

引理 3.5.2　假设 $z(t)$ 是区域 Ω 上不经过点 $z_0 \in \Omega$ 的分段光滑闭曲线, 则积分

$$\int_{z(t)} \frac{\mathrm{d}z}{z-z_0}$$

一定是 $2\pi\mathrm{i}$ 的整数倍.

证明　考虑下面积分

$$h(t)=\int_a^t \frac{z'(s)}{z(s)-z_0}\mathrm{d}s.$$

显然 $h(t)$ 在闭区间 $[a,b]$ 之上处处有定义而且连续.

它的导数

$$h'(t)=\frac{z'(t)}{z(t)-z_0}$$

也是连续的. 由此可以看出函数 $\mathrm{e}^{-h(t)}(z(t)-z_0)$ 的导数

$$\begin{aligned}\{\mathrm{e}^{-h(t)}(z(t)-z_0)\}' &= -h'(t)\mathrm{e}^{-h(t)}(z(t)-z_0)+\mathrm{e}^{-h(t)}z'(t)\\ &= -z'(t)\mathrm{e}^{-h(t)}+\mathrm{e}^{-h(t)}z'(t)\end{aligned}$$

除去有限个点以外处处等于 0, 因此它必定是一个常值函数.

假设 $\mathrm{e}^{-h(t)}(z(t)-z_0)\equiv C, C\in\mathbb{C}$. 我们有 $\dfrac{(z(t)-z_0)}{C}=\mathrm{e}^{h(t)}$. 由 $\mathrm{e}^{h(a)}=1$, 我们得到 $C=(z(a)-z_0)$. 因此通过计算其在 $z(a)$ 处的值, 有

$$\mathrm{e}^{h(t)}=\frac{z(t)-z_0}{z(a)-z_0}.$$

由 $z(a)=z(b)$, 得到 $\mathrm{e}^{h(b)}=1$, 因此 $h(\beta)$ 必定是 $2\pi\mathrm{i}$ 的整数倍.

注记 3.5.1　一般而言, 给定不经过 z_0 点的曲线 $\gamma:[a,b]\to\Omega$, 我们可以借助复曲线积分定义

$$F(t)=\int_a^t \frac{z'(s)}{z(s)-z_0}\mathrm{d}s,\quad t\in[a,b]$$

来得到闭区间 $[a,b]$ 之上的一个复函数. 但是如果我们将 F 看成 γ 的像集上的函数, 就会出现“多值函数”的问题. 上面证明中有一个值得注意的小技巧, 即可以通过取指数的办法来得到在复曲线的像集上良定义的函数. 为了加深印象同时也为了给读者一个直观的解释, 在这里做一个更仔细的讨论.

1. 注意由

$$\{\ln(z(t)-z(0))\}'=\frac{z'(t)}{z(t)-z(0)},$$

可知局部上有 $h(t)=\ln(z(t)-z(0))$. 因此局部上有

$$\mathrm{e}^{-h(t)}=\frac{1}{\mathrm{e}^{h(t)}}=\frac{1}{\mathrm{e}^{\ln(z(t)-z(0))}}.$$

2. 其实从 $h(t)$ 的定义可以看出, 由于被积函数相当于是 $\mathrm{Ln}(z(t)-z_0)$, 因此我们有

$$\int_\gamma \frac{1}{z-z_0}\mathrm{d}z = \int_\gamma \mathrm{dLn}(z-z_0) = \int_\gamma \mathrm{d}\ln|z-z_0| + \int_\gamma \mathrm{dArg}(z-z_0).$$

这里出现了辐角函数这个多值函数, 我们利用指数函数和其复合, 就可以得到一个单值函数, 这里的 $\mathrm{e}^{-h(t)} = \dfrac{1}{\mathrm{e}^{h(t)}}$ 就是 $\dfrac{1}{z(t)-z_0}$. 值得注意的是, 上式刚好给出了引理的一个几何解释.

定义 3.5.1 称积分

$$n(\gamma, z_0) = \frac{1}{2\pi\mathrm{i}}\int_\gamma \frac{1}{z-z_0}\mathrm{d}z$$

为点 z_0 关于曲线 γ 的指标 (index).

$n(\gamma, z_0)$ 显然有着鲜明的几何意义, 即曲线环绕点 z_0 的次数. 因此也称 $n(\gamma, z_0)$ 为曲线 γ 关于点 z_0 的环绕数④. 注意环绕数取决于点相对曲线的位置 (图 3.8).

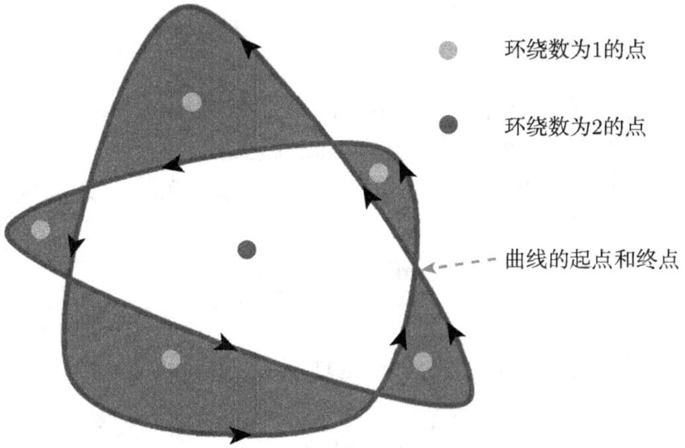

图 3.8 环绕数与点的位置有关系

对闭曲线 $\gamma : [a, b] \to \Omega$, 显然可以将其分解为一些简单曲线和常值曲线的并集. 换言之, 我们可以取分点 $a = t_0 < t_1 < t_2 < \cdots < t_n = b$ 使得:

1. $\gamma : [t_k, t_{k+1}], k = 0, 1, \cdots, n-1$ 满足 $\gamma(t_k) = \gamma(t_{k+1})$ 但是 $\gamma(t) \neq \gamma(s), s, t \in (t_k, t_{k+1})$; 或者

2. $\gamma : [t_k, t_{k+1}], k = 0, 1, \cdots, n-1$ 满足 $\gamma(t) \equiv \gamma(t_k)$ 对 $t \in [t_k, t_{k+1}]$.

为简化记号令 $\gamma_k : [t_k, t_{k+1}] \to \Omega, \gamma_k(t) = \gamma(t)$. 显然有 $\int_\gamma = \int_{\gamma_0} + \cdots \int_{\gamma_{n-1}}$. 我们可

④参考 Wiki 词条 Winding number, 里面有漂亮的富有启发性的图示.

以将所有常值曲线段去掉, 显然这样做不会改变复曲线积分的值. 随后通过考察像集中每个点原像的个数, 可以得到一系列简单闭曲线 $\widetilde{\gamma}_l$. 现在有

$$n(\widetilde{\gamma}_l, z_0) = 1, -1 \text{ 或 } 0, n(\gamma, z_0) = \sum_l n(\widetilde{\gamma}_l, z_0).$$

利用定理 3.5.1 和定理 3.5.2 得到

定理 3.5.3　假设 Ω 是复平面上区域, 点 $z_0 \in \Omega$. $\gamma : [a, b] \to \Omega$ 是一条闭曲线, $z_0 \notin \{\gamma(t); t \in [a, b]\}$. 若 f 是区域 Ω 上的解析函数, 则有

$$\frac{1}{2\pi i} \int_\gamma \frac{f(z)}{z - z_0} dz = n(\gamma, z_0) f(z(0)).$$

定理 3.5.3 通常称为是同调形式的 Cauchy 定理.

3.6　Cauchy 定理的应用

3.6.1　解析函数的可微性

Cauchy 积分定理的第一个重要的应用, 是可微性蕴涵光滑性. 稍后还将证明, 事实上光滑性还蕴涵着解析性 (局部有 Taylor 展式).

定理 3.6.1　假设 Ω 是复平面上区域, 点 $z \in \Omega$. 更设 γ 是区域 Ω 的边界曲线. 我们有

$$f^{(n)}(z) = \frac{n!}{2\pi i} \int_\gamma \frac{f(\eta)}{(\eta - z)^{n+1}} d\eta. \tag{3.6.1}$$

证明　数学归纳法. 假设对 $n = k$, 定理成立, 往证对 $n = k + 1$ 定理成立. 由假设此时有

$$f(k)(z) = \frac{k!}{2\pi i} \int_\gamma \frac{f(\eta)}{(\eta - z)^{k+1}} d\eta,$$
$$f(k)(z + h) = \frac{k!}{2\pi i} \int_\gamma \frac{f(\eta)}{(\eta - z - h)^{k+1}} d\eta.$$

进而有

$$\frac{f(z + h) - f(z)}{h} = \frac{k!}{2\pi i} \int_\gamma f(\eta) \left\{ \frac{1}{(\eta - z - h)^{k+1}} - \frac{1}{(\eta - z)^{k+1}} \right\} d\eta.$$

由公式 $A^{k+1} - B^{k+1} = (A - B)(A^k + A^{k-1}B + \cdots + AB^{k-1} + B^k)$, 得到

$$\frac{1}{(\eta - z - h)^{k+1}} - \frac{1}{(\eta - z)^{k+1}} = \frac{h \cdot (A^k + A^{k-1}B + \cdots + AB^{k-1} + B^k)}{(\eta - z - h)^{k+1}(\eta - z)^{k+1}}, \tag{3.6.2}$$

式中 $A=\eta-z, B=\eta-z-h$. 因此极限

$$\begin{aligned}\lim_{h\to 0}\frac{f(z+h)-f(z)}{h}&=(k+1)\frac{k!}{2\pi\mathrm{i}}\int_\gamma \lim_{h\to 0}\left\{\frac{(A^k+A^{k-1}B+\cdots+AB^{k-1}+B^k)}{(\eta-z-h)^{k+1}(\eta-z)^{k+1}}\right\}\mathrm{d}\eta\\&=\frac{(k+1)!}{2\pi\mathrm{i}}\int_\gamma\frac{f(\eta)}{(\eta-z)^{k+2}}\mathrm{d}\eta,\end{aligned}\tag{3.6.3}$$

注意为保证上面等式中积分和极限能够交换次序, 实际上应用了 Weierstrass 的定理⑤.

注记 3.6.1 注意由 Cauchy 积分定理, (3.6.3) 式中的积分曲线 γ 可以取区域的边界曲线或点 z 附近的一条简单闭曲线.

推论 3.6.1 复解析函数是任意次可微的.

推论 3.6.2 解析函数的导数仍然是解析函数.

如果不用 Cauchy 积分公式, 也可以证明解析函数是任意次可微的. 但是这个证明需要很多其他的工具, 有兴趣的读者可以参考文献 [9].

3.6.2 Cauchy 不等式与 Liouville 定理

定理 3.6.2(Cauchy 不等式) 假设 Ω 是复平面上区域, 点 $z\in\Omega$. 更设 γ 是区域 Ω 的边界曲线, $M(f,\gamma)$ 为 f 在积分曲线 γ 之上取的最大模. 如下不等式成立

$$|f^n(z)|\leqslant\frac{M(f,\gamma)n!}{R^{n+1}}.\tag{3.6.4}$$

复平面 $\mathbb{C}$ 上的解析函数通常称为是**整函数**.

定理 3.6.3(Liouville 定理) 有界整函数必为常值函数.

证明 假设 $K>0$ 使得 $|f(z)|<K, \forall z\in\mathbb{C}$. 在 Cauchy 不等式 (3.6.4) 中, 显然有 $M(f,\gamma)<K$. 取 γ 为以 0 为心, 半径是 R 的圆周. 在 Cauchy 不等式令 $R\to\infty$, 可知有界整函数的任意阶导数均为 0.

利用 Liouville 定理可以证明下面的代数学基本定理.

定理 3.6.4 n 次方程恰有 n 个根, 对 $n\geqslant 1$.

证明 由因式分解, 显然只需证明 n 次方程至少有一个根. 注意到对任何高于 1 次的多项式 $p(z)$, 有 $\lim\limits_{z\to\infty}p(z)=\infty$. 因此若令 $g(z)=\dfrac{1}{p(z)}$, 则有 $\lim\limits_{z\to\infty}g(z)=0$. 注意若 $p(z)$ 恒不为 0, 则 g 为有界整函数. 因此由 Liouville 定理, g 必为常值函数. 这与 $n\geqslant 1$ 的假设矛盾.

⑤参考 Wiki 词条 uniform convergence.

3.6.3 Morera 定理

定理 3.6.5[⑥]　假设 f 在复平面 $\mathbb{C}$ 的区域 Ω 之上连续, 且其沿任何简单闭曲线积分为 0, 则 f 必在 Ω 之上解析.

图 3.9　Giacinto Morera(1856~1909)

证明　注意此时 f 在 Ω 之上必有原函数 F, 而 F 在 Ω 之上解析. 事实上 f 在 Ω 之上的原函数 F 可以构造如下. 首先取定一点 $z_0 \in \Omega$. 对任意点 $z \in \Omega$, 任取一条以 z_0 为起点, z 为终点的曲线 γ. 注意由区域的道路连通性质, 这样的曲线总是存在的. 令

$$F(z) = \int_\gamma f(\eta)\mathrm{d}\eta.$$

注意由定理的假设, 如上的 $F(z)$ 是唯一确定而与曲线 γ 的选取无关的. 注意到解析是局部的, 因此可以利用定理 3.3.1 中的办法验证 $F(z)$ 是 f 在 Ω 之上的一个原函数. 注意以下两点:

1. 定理中的条件 "沿任何简单闭曲线积分为 0", 刚好可以代替定理 3.3.1 证明中需要用到的三角形区域上的 Cauchy 定理.

2. 在定理 3.3.1 的证明中, 我们有两个地方用到了 f 的解析性 (注记 3.3.1). 事实上后一处只用 f 的连续性即可, 不等式 3.2.1 能为我们省掉一步. 事实上, 从 $f(z) = f(z_0) + (f(z) - f(z_0))$, 有

$$\frac{\left|\displaystyle\int_{z_0}^{z} (f(\eta) - f(z_0))\mathrm{d}\eta\right|}{|z - z_0|} \leqslant M((f(\eta) - f(z_0), \overline{z_0 z}).$$

最后利用推论 3.6.2 即可完成证明.

例题 3.6.1　补足上面 Morera 定理的证明.

3.6.4 内闭一致收敛

定义 3.6.1　假设 f_n 是一族定义在复平面上区域 Ω 之上的解析函数. 称其是内闭一致收敛的, 若其在 Ω 的任何紧子集上一致收敛.

下面的结果是属于 Weierstrass 的.

⑥Morera 的图片 (图 3.9) 源自 Wiki.

定理 3.6.6 *内闭一致收敛的解析函数序列 f_n 的极限函数 f 仍然是解析函数.*

证明 容易看出解析函数序列 f_n 的极限函数 f 仍然是连续函数. 注意到解析是一个局部的概念. 对任何点 $z_0 \in \Omega$, 取 r 充分小, 使得 $B_{z_0,r} \subseteq \Omega$, 显然只需验证在任何如此选定的 $B_{z_0,r}$ 之上, f 是解析的即可. 任取 $B_{z_0,r}$ 中的简单闭曲线 γ, 由 Cauchy 积分定理有 $\int_\gamma f_n \mathrm{d}z = 0$; 此外, 注意到简单闭曲线的像集是一个紧集, 可知在其上, 解析函数序列 f_n 一致收敛, 因此由 Weierstrass 定理有

$$0 = \lim_{n\to\infty}\int_\gamma f_n \mathrm{d}z = \int_\gamma \left\{\lim_{n\to\infty} f_n\right\}\mathrm{d}z = \int_\gamma f(z)\mathrm{d}z.$$

因此由 Morera 定理知, f 为解析函数.

利用 Cauchy 积分公式, 同理可证下面结果.

定理 3.6.7 *假设 f_n 是定义在复平面上区域 Ω 之上的内闭一致收敛到 f 的解析函数序列, 则有*

$$\lim_{n\to\infty} f_n^{(k)}(z) = f^{(k)}(z), \quad \forall z \in \Omega.$$

习　题

1. 计算

$$\int_L \mathrm{Re}z\mathrm{d}z,$$

这里 L 分别表示 (a) 单位圆 (逆时针方向); (b) 从 z_1 沿直线段到 z_2 .

2. (1) 计算

$$\int_0^{a+\mathrm{i}b} \mathrm{e}^z\mathrm{d}z;$$

(2) 利用上述结果证明

$$\int_0^1 \mathrm{e}^{ax}\cos bx\mathrm{d}x = \frac{a(\mathrm{e}^a\cos b - 1) + b\mathrm{e}^a\sin b}{a^2+b^2},$$

$$\int_0^1 \mathrm{e}^{ax}\sin bx\mathrm{d}x = \frac{b(1 - \mathrm{e}^a\cos b) + a\mathrm{e}^a\sin b}{a^2+b^2}.$$

3. 求

$$\int_\gamma \frac{\mathrm{e}^z + z}{z-2}\mathrm{d}z,$$

γ 分别为 (a) $|z| = 1$ 和 (b) $|z| = 3$ 两种情况时的积分, 积分是按逆时针方向选取.

4. 求

$$\int_\gamma \frac{|z|\mathrm{e}^z}{z^2}\mathrm{d}z,$$

这里 γ 为简单闭曲线 $|z| = 2$, 积分是按逆时针方向选取.

5. 对 $r>1$, 计算积分

$$\int_{|z-r|=r}\frac{z\mathrm{d}z}{z^4-1}.$$

6. 设 C 为任意一条不过点 a 的简单闭曲线, 证明对 $n\in\mathbb{Z}$,

$$\int_C(z-a)^n\mathrm{d}z=\begin{cases}0, & n\neq -1,\\ 0, & n=-1,\ a\text{在}C\text{外},\\ 2\pi\mathrm{i}, & n=-1,\ a\text{在}C\text{内}.\end{cases}$$

7. 若函数 $f(z)$ 在复平面 $\mathbb{C}$ 上解析且有界, a, b 为任意两个复常数. 求极限

$$\lim_{R\to\infty}\int_{|z|=R}\frac{f(z)}{(z-a)(z-b)}\mathrm{d}z,$$

并由此得到 Liouville 定理的另一个证明.

8. 证明对任意在 $z=0$ 解析的函数 $f(z)$, 如果满足恒等式 $f(z)=f(2z)$, 则 $f(z)$ 恒等于常数.

9. 设 $f(z)$, $g(z)$ 为单位圆盘 $|z|<1$ 上解析且在 $|z|\leqslant 1$ 上连续的函数, 证明

$$\frac{1}{2\pi\mathrm{i}}\int_{|\xi|=1}\left(\frac{f(\xi)}{\xi-z}+\frac{zg(\xi)}{z\xi-1}\right)\mathrm{d}\xi=\begin{cases}f(z), & |z|<1,\\ g\left(\dfrac{1}{z}\right), & |z|>1.\end{cases}$$

10. 通过计算

$$\int_{|z|=1}\left(z+\frac{1}{z}\right)^{2n}\frac{\mathrm{d}z}{z},$$

证明

$$\int_0^{2\pi}\cos^{2n}\theta\mathrm{d}\theta=2\pi\cdot\frac{1\cdot 3\cdot 5\cdot\cdots\cdot(2n-1)}{2\cdot 4\cdot 6\cdot\cdots\cdot 2n}.$$

11. (无穷远点区域的 Cauchy 定理) 如果 $f(z)$ 在 $|z-z_0|>r_0$ 内解析并且 $\lim\limits_{z\to\infty}zf(z)=A$, 那么对任意正数 $r>r_0$,

$$\frac{1}{2\pi\mathrm{i}}\int_{K_r}f(z)\mathrm{d}z=A,$$

这里 K_r 是圆 $|z-z_0|=r_0$, 积分是按逆时针方向选取.

12. (无穷远点区域的 Cauchy 公式) 如果 $f(z)$ 在简单闭曲线 C 的外区域 D 内及 C 上每一点解析, 并且 $\lim\limits_{z\to\infty}f(z)=\alpha$, 那么

$$\frac{1}{2\pi\mathrm{i}}\int_C\frac{f(\xi)}{\xi-z}\mathrm{d}\xi=\begin{cases}-f(z)+\alpha, & z\in D,\\ \alpha, & z\text{ 属于 }C\text{ 的内区域},\end{cases}$$

这里沿 C 的积分是按逆时针方向选取.

13. 设 γ 是分段光滑 (或可求长) 的曲线, $f(\xi)$ 是 γ 上连续函数. 称

$$F(z)=\frac{1}{2\pi\mathrm{i}}\int_\gamma\frac{f(\xi)}{\xi-z}\mathrm{d}\xi$$

为 Cauchy 型积分. 证明 $F(z)$ 是 $\mathbb{C}^* \setminus \gamma$ 上的解析函数且在无穷远点等于零.

14. 设 $f(z)$ 在单连通区域 D 内解析并且处处不为零. 证明

(1) 存在 $g(z)$ 在 D 内解析使得 $\mathrm{e}^{g(z)} = f(z)$;

(2) 对于整数 $q \geqslant 2$, 存在 $h(z)$ 在 D 内解析使得 $h(z)^q = f(z)$.

第4章　级　　数

4.1　复数项级数

4.1.1　基本定义

对复数序列 $\{z_n\}_{n=1}^{\infty}$, 定义它的前 n 项部分和为 $S_n=\sum_{k=1}^{n}z_k$. 若当 $n\to\infty$ 时, 部分和序列 S_n 的极限 $A\in\mathbb{C}$ 存在, 则称级数 $\sum_{k=1}^{\infty}z_k$ 收敛至 A. 也可以用标准的 ε-δ 语言来定义复数相级数的收敛如下.

定义 4.1.1　称级数 $S_n=\sum_{k=1}^{\infty}z_k$ 收敛至 $A\in\mathbb{C}$, 如果对任何正数 ε , 存在正整数 $N(\varepsilon)$, 使得对任何 $n>N(\varepsilon)$ 有 $|S_n-A|<\varepsilon$. 记作 $\sum_{k=1}^{\infty}z_k=A$.

4.1.2　复数项级数的收敛判别准则

假设 $\{z_n=x_n+\mathrm{i}y_n\}_{n=1}^{\infty}$ 为复数序列, 其中 $x_n,y_n\in\mathbb{R}$. 令 $S_n^r=\sum_{k=1}^{n}x_k, S_n^i=\sum_{k=1}^{n}y_k, A=x_0+\mathrm{i}y_0$.

定理 4.1.1　级数 $S_n=\sum_{k=1}^{\infty}z_k$ 收敛至 $A\in\mathbb{C}$ 当且仅当实数级数 S_n^r,S_n^i 分别收敛至 x_0 和 y_0.

证明　必要性显然. 给定正数 ε , 由实数级数 S_n^r,S_n^i 分别收敛至 x_0 和 y_0, 存在正整数 N , 使得对 $n>N$ 有 $|S_n^r-x_0|<\dfrac{\varepsilon}{2}, |S_n^i-y_0|<\dfrac{\varepsilon}{2}$. 由三角不等式, 有

$$|S_n-A|\leqslant|S_n^r-x_0|+|S_n^i-y_0|<\varepsilon.$$

定理 4.1.1 说明, 关于实数项级数的结果, 如收敛性的判别法则等, 都可以平行的推广到复数的情形.

4.1.3　绝对收敛与复数项级数的 Cauchy 乘积

定义 4.1.2　称级数 $S_n=\sum_{k=1}^{\infty}z_k$ 绝对收敛, 如果对应的正项级数 $S_n=\sum_{k=1}^{\infty}|z_k|$ 收敛.

例题 4.1.1　假设复数级数 $\sum_{n=1}^{\infty}z_n$ 绝对收敛. 序列 $\{w_n\}_{n=1}^{\infty}$ 满足 $|w_n|<|z_n|$, 试证明复级数 $\sum_{n=1}^{\infty}w_n$ 也绝对收敛.

定理 4.1.2　假设复数相级数 $\sum_{k=1}^{\infty}z_k,\sum_{k=1}^{\infty}w_k$ 绝对收敛, 且 $\sum_{k=1}^{\infty}z_k=A,\sum_{k=1}^{\infty}w_k=B$. 令

$$\alpha_n=\sum_{k=1}^{n-1}z_kw_{n-k},$$

则级数 $\sum_{k=1}^{\infty} \alpha_k$ 也绝对收敛且有

$$\left(\sum_{k=1}^{\infty} z_k\right)\left(\sum_{k=1}^{\infty} w_k\right) = \sum_{k=1}^{\infty} \alpha_k.$$

证明可以参考文献 [4]．稍后将利用这个公式计算一些函数的级数展式.

4.1.4 复函数项级数

给定定义在区域 Ω 之上的复函数序列 $\{f_n\}_{n=1}^{\infty}$, 形式上令

$$f(z) = \sum_{n=1}^{\infty} f_n(z), \quad z \in \Omega,$$

则对所有使得右式对应的复数项级数收敛的点, 得到一个复函数. 称为是由复函数序列 $\{f_n\}_{n=1}^{\infty}$ 定义的复函数项级数. 从泛函分析的角度来看, 引入复函数项级数是为了用简单函数的线性组合或乘积来逼近一般的解析函数. 这里所谓的简单函数, 通常是 $z^n, \dfrac{1}{z^n}$ 以及多项式等.

例 4.1.1 和实的情形对应, 形若 $\sum_{k=0}^{\infty} a_k z^k$ 的级数称为**幂级数**.

例 4.1.2 形若 $\sum_{k=-\infty}^{\infty} a_k z^k$ 的级数称为**Laurent 级数**. Laurent 级数对研究解析函数在孤立奇点处的行为有着重要的应用.

例 4.1.3 为了考察解析函数的零点, Weierstrass 引入了形若 $\prod_{k=1}^{\infty} f_k(z)$ 的级数, 称为**无穷乘积**.

4.1.5 解析函数项级数的极限

利用定理 3.6.6, 可以得到以下推论.

推论 4.1.1 假设 $\{f_n\}_{n=1}^{\infty}$ 是区域 Ω 上的解析函数序列. 若其在区域 Ω 上级数 $\sum_{n=1}^{\infty} f_n(z)$ 内闭一致收敛到函数 $\varphi(z)$, 则函数 φ 仍然是区域 Ω 上的解析函数. 更进一步, 有 $\varphi'(z) = \sum_{n=1}^{\infty} f_n'(z)$.

例题 4.1.2(Von Neumann 级数)

1. 验证 Von Neumann 级数 $\sum_{n=0}^{\infty} z^n$ 在开单位圆盘之上内闭一致收敛到函数 $f(z) = \dfrac{1}{1-z}$.

2. 利用推论 4.1.1 讨论函数 $f(z) = \dfrac{1}{1-z}$ 在 0 点处的幂级数展式.

4.2 Taylor 展式

4.2.1 幂级数

形若

$$\sum_{n=0}^{\infty} a_n(z-z_0)^n \tag{4.2.1}$$

的复函数项级数称为幂级数. 和实的情形类似, 幂级数是在一点附近用多项式逼近解析函数的工具. 记

$$S_k=\sum_{n=0}^{k} a_n(z-z_0)^n, \quad \forall k=0,1,2,\cdots.$$

称 S_k 是幂级数的部分和序列.

实函数项级数的收敛性判别法则可以推广到复的情形.

定理 4.2.1 记 $l=\lim\limits_{n\to\infty}\sup\sqrt[n]{|a_n|}$, 则 $R=\dfrac{1}{l}$ 恰是幂级数 (4.2.1) 的收敛半径.

例题 4.2.1 试验证幂级数 $\sum_{n=0}^{\infty} a_n(z-z_0)^n$ 在其收敛圆盘 $D(z_0,R)$ 上内闭一致收敛.

例题 4.2.2 试计算级数 $\sum_{n=0}^{\infty} z^n$ 的收敛半径.

4.2.2 幂级数表示的唯一性

在 4.2.1 小节中, 假设幂级数

$$\alpha_0+\alpha_1(z-z_0)+\alpha_2(z-z_0)^2+\cdots+\alpha_n(z-z_0)^n+\cdots$$

在以 z_0 为心, 半径为 R 的开圆盘 $D(z_0,R)$ 上收敛, 则其事实上还是内闭一致收敛的. 应用 Weierstrass 内闭一致收敛定理, 它的和函数是开圆盘 $D(z_0,R)$ 上的解析函数. 而且它的 k 阶导函数为

$$\sum_{n\geqslant k}\frac{n!}{(n-k)!}\alpha_n(z-z_0)^{n-k}.$$

注意不同的幂级数所对应的和函数一定是不同的. 为此, 只需证明在 $D(z_0,R)$ 上, 0 函数有唯一的幂级数与其对应. 假设 α_{k_0} 是第一个不为 0 的系数, 则幂级数可以改写作

$$(z-z_0)^{k_0}\{\alpha_{k_0}+\alpha_{k_1}(z-z_0)+\cdots\}=(z-z_0)^{k_0}h(z)$$

而 $h(z)$ 在 z_0 附近解析, 在 z_0 点附近不为 0(为什么？). 所以在 z_0 附近, 和函数只有一个零点.

推论 4.2.1 若存在序列 $z_n \to z_0$ 使得幂级数 $\varphi(z)=\sum_{n=0}^{\infty}a_n(z-z_0)^n$ 满足 $\varphi(z_n)\equiv 0$, 则 $\varphi(z)$ 恒取常值 0.

4.2.3 Taylor 展式

定理 4.2.2 假设 f 在以 z_0 为心, 半径为 R 的开圆盘 $D(z_0,R)$ 上解析. 则在 $D(z_0,R)$, 有

$$f(z)=f(z_0)+f'(z_0)(z-z_0)+\frac{f''(z_0)}{2!}(z-z_0)^2+\cdots+\frac{f^{(n)}(z_0)}{n!}(z-z_0)^n+\cdots.$$

证明 任取点 $z\in D(z_0,R)$, 显然存在以 z_0 为心, 半径为 r 的开圆盘 $D(z_0,r)$, 使得 $z\in D(z_0,r)$. 记 $\gamma=\partial D(z_0,r)$. 由 Cauchy 公式, 有

$$f(z)=\frac{1}{2\pi\mathrm{i}}\int_\gamma\frac{f(\eta)}{\eta-z}\mathrm{d}\eta.$$

此外, 由于 $|z-z_0|<|\eta-z_0|$, 如果把 $\dfrac{1}{\eta-z}$ 写作

$$\frac{1}{\eta-z}=\frac{1}{(\eta-z_0)-(z-z_0)}=\frac{1}{\eta-z_0}\cdot\frac{1}{1-\dfrac{z-z_0}{\eta-z_0}},$$

那么在圆盘 $D(z_0,r)$ 上, 如果把 $\dfrac{1}{1-\dfrac{z-z_0}{\eta-z_0}}$ 称为是以 z 为变量的解析函数, 那么几何级数

$$1+\frac{z-z_0}{\eta-z_0}+\frac{(z-z_0)^2}{(\eta-z_0)^2}+\cdots+\frac{(z-z_0)^n}{(\eta-z_0)^n}+\cdots$$

内闭一致收敛到 $\dfrac{1}{1-\dfrac{z-z_0}{\eta-z_0}}$. 此外, 如果把 $\dfrac{1}{1-\dfrac{z-z_0}{\eta-z_0}}$ 称为是以 η 为变量的复函数, 那么在曲线 γ 上面, 如上的几何级数一致收敛到 $\dfrac{1}{1-\dfrac{z-z_0}{\eta-z_0}}$. 因此**在曲线 γ 上**, 级数

$$\frac{f(\eta)}{\eta-z_0}+\frac{f(\eta)(z-z_0)}{(\eta-z_0)^2}+\cdots+\frac{f(\eta)(z-z_0)^n}{(\eta-z_0)^{n+1}}+\cdots$$

一致收敛到函数 $\dfrac{f(\eta)}{\eta-z}$. 因此由 Weierstrass 定理 (图 4.1), 有

图 4.1 Karl Theodor Wilhelm Weierstrass(1815~1897)

$$\frac{1}{2\pi i}\int_\gamma \frac{f(\eta)d\eta}{\eta - z} = \sum_{n=0}^{\infty}\frac{1}{2\pi i}\int_\gamma \frac{f(\eta)(z-z_0)^n d\eta}{(\eta - z_0)^{n+1}} = \sum_{n=0}^{\infty}\frac{1}{2\pi i}\int_\gamma \frac{f(\eta)d\eta}{(\eta - z_0)^{n+1}}\cdot (z-z_0)^n,$$

进而利用 Cauchy 积分公式, 有

$$f(z) = \sum_{n=0}^{\infty}\frac{f^{(n)}(z_0)}{n!}\cdot (z-z_0)^n.$$

从以上的证明中, 我们还可以观察到一个有趣的求幂级数的收敛半径的办法. 假设 f 在 z_0 附近解析, 那么 f 在 z_0 点处的 Taylor 展式的收敛半径, 恰好应当是 z_0 到离 z_0 最近的使得 f 不解析的点的距离.

例题 4.2.3　计算函数 $f(z) = \dfrac{1}{(z-a)(z-b)}, ab \neq 0$ 在 0 点的 Taylor 展式的收敛半径.

注记 4.2.1　这里提醒读者, 函数在某点处 “不解析” 和级数在此点处是否收敛没有直接的关系. 考虑下面由幂级数定义的解析函数:

$$f(z) = \sum_{n=1}^{\infty}\frac{1}{n^2}z^n.$$

显然右端的级数在单位圆周之上处处收敛, 但是由其收敛半径为 1, 我们知道 $f(z)$ 不可能在圆周上处处解析.

4.2.4　解析函数的唯一性

引理 4.2.1　假设幂级数 $\varphi(z) = \sum_{n=0}^{\infty} a_n(z-z_0)^n$ 在开圆盘 $D_{z_0,R}$ 之上收敛. 假设存在序列 $w_n \to w_0, w_n, w_0 \in D_{z_0,R}$ 使得 $\varphi(w_n) \equiv 0$, 则 $\varphi(z)$ 恒取常值 0.

证明　反证法. 首先证明点 w_0 不可能落在开圆盘 $D_{z_0,\frac{R}{2}}$ 之内. 考察 φ 在点 w_0 处的 Taylor 展式 $\psi(z) = \sum_{n=0}^{\infty} b_n(z-w_0)^n$. 若 $w_0 \in D_{z_0,\frac{R}{2}}$, 则 $\psi(z)$ 的收敛半径 $R' > \dfrac{R}{2}$. 这意味着有 $\varphi^{(n)}(z_0) = \psi^{(n)}(z_0)$. 但是由引理条件和推论 4.2.1, ψ 必然是常值函数. 换言之有 $\varphi^{(n)}(z_0) = \psi^{(n)}(z_0) \equiv 0$. 由定理 4.2.2 可知有 $\varphi(z)$ 恒取常值 0. 同理可知, 点 w_0 不可能落在开圆盘 $D_{z_0,\frac{3R}{4}}$ 之内. 否则上面的讨论告诉我们存在点 w_0' 落在开圆盘 $D_{z_0,\frac{R}{2}}$ 之内使得点 w_0' 是幂级数 $\varphi(z)$ 的零点的聚点. 归纳的同理可以证明, 点 w_0 不可能落在开圆盘 $D_{z_0,\frac{(2^n-1)R}{2^n}}$ 之内. 令 $n \to \infty$, 引理得证.

定理 4.2.3　假设 Ω 为复平面上区域, f 在 Ω 之上解析. 若在某个开圆盘 $B_{z_0,r} \subseteq \Omega$ 之上, 恒有 $f(z) = 0$, 则对任何 $z \in \Omega$, 有 $f(z) = 0$.

证明　取定点 $w \in \Omega$, 往证 $f(w) = 0$. 由 Ω 之连通性, 可取曲线连接点 z_0 和 w. 记

$$\delta = \inf\{\text{dist}(\gamma(t), \partial\Omega)\},$$

则 $\delta > 0$. 在曲线的像集 (注意其是连接两点的连续曲线的像集, 所以是紧集) 上, 取点列 $z_0, z_1, z_2, \cdots, z_n = w$, 使得 $|z_k - z_{k+1}| < \dfrac{\delta}{2}$, 考虑圆盘集合 $B_{z_k, \frac{\delta}{2}}$, 它们满足

1. $B_{z_k, \frac{\delta}{2}} \cap B_{z_{k+1}, \frac{\delta}{2}} \neq \varnothing$;
2. $B_{z_k, \frac{\delta}{2}} \subset \Omega$;
3. f 在 $B_{z_k, \frac{\delta}{2}}$ 之上的 Taylor 展式收敛半径 $R > \dfrac{\delta}{2}$.

由在开圆盘 $B_{z_0,r} \subseteq \Omega$ 之上, 恒有 $f(z) = 0$ 和条件 $B_{z_0, \frac{\delta}{2}} \cap B_{z_1, \frac{\delta}{2}} \neq \varnothing$, 由引理 4.2.1 可知, 其在 $B_{z_1, \frac{\delta}{2}}$ 之上的 Taylor 展式系数均为 0. 进而同理可知其在任何圆盘上, Taylor 展式为 0.

命题 4.2.1 非常值解析函数的零点是孤立点.

推论 4.2.2 假设 Ω 为复平面上区域, f, g 在 Ω 之上解析. 若在某个开圆盘 $B_{z_0,r} \subseteq \Omega$ 之上, 恒有 $f(z) = g(z)$, 则对任何 $z \in \Omega$, 有 $f(z) = g(z)$.

推论 4.2.3 假设 Ω 为复平面上区域, f, g 在 Ω 之上解析. 若在某个点列 $\{z_n\}_{n=1}^{\infty}, z_n \to z_0 \in \Omega$ 之上, 恒有 $f(z_n) = g(z_n)$, 则对任何 $z \in \Omega$, 有 $f(z) = g(z)$.

例题 4.2.4 点列 $\left\{\dfrac{1}{n}\right\}_{n=1}^{\infty}$ 能否为一个开单位圆盘之上的非常值解析函数的零点?

例题 4.2.5 区域 Ω 之上的非常值解析函数是否只能有有限多个零点?

4.3 Laurent 展式

4.3.1 ∞ 处的解析函数

假设 f 在 ∞ 点附近处处解析, 亦即存在某个正数 $K > 0$, 使得 f 在区域 $z \in \mathbb{C}; |z - z_0| > K$ 之上处处解析. 如何定义 f 在 ∞ 处解析呢? 我们可以这样看这个问题. 令 $w = \dfrac{1}{z - z_0}$, $f(w) = f\left(\dfrac{1}{z - z_0}\right) = g(z)$. 那么作为 z 的函数, $g(z)$ 是 z_0 点附近, 定义在 z 平面上的开圆盘 $\left\{w; |w| < \dfrac{1}{K}\right\}$ 之上的解析函数. 那么我们可以通过讨论 g 在 z_0 点的解析性, 来定义 f 在 ∞ 处的解析性. 注意 g 在 z_0 点是没有定义的. 因此, 首先我们需要补充定义 z_0 点处 g 的取值. 显然为了使得如此补充定义之后的 g 在 z_0 点处解析, 一个必要的条件是极限 $\lim\limits_{z \to z_0} g(z)$ 存在.

定义 4.3.1 如果上面定义的函数 $g(z)$ 在 z_0 点处解析, 我们称 f 在 ∞ 处解析.

例 4.3.1 假设 $p_n(z) = a_n z^n + \cdots + a_1 z + a_0$, 则函数 $g(z) = \dfrac{1}{p_n(z)}$ 在 ∞ 处解析.

由上面的讨论知道, 若 $f(w)=f\left(\frac{1}{z-z_0}\right)=g(z)$ 在 ∞ 处解析, 那么它有 Taylor 展式

$$f(z)=\sum_{n=0}^{\infty}a_nw^n=\sum_{n=0}^{\infty}a_n\frac{1}{(z-z_0)^n}, \tag{4.3.1}$$

沿用上面的符号系统, 若设 $l=\lim\limits_{n\to\infty}\sup\sqrt[n]{a_n}$, $R=\frac{1}{l}$, 则级数在区域 $\{z;|z-z_0|\geqslant l\}$ 之上是内闭一致收敛的.

例题 4.3.1 整函数如果在无穷远点解析, 试证明其一定是常值函数.

在以上的讨论中, 分别就点 z_0 和 ∞ 附近的解析函数给出了它们的 Taylor 展式. 现在假设

1. $f(z)=\sum_{k=0}^{\infty}a_k(z-z_0)^k$ 是 f 在 z_0 点的 Taylor 展式, 收敛区域为 $\{z;|z-z_0|>R\}$;

2. $g(z)=\sum_{k=0}^{\infty}b_k\frac{1}{(z-z_0)^k}$ 是 g 在 ∞ 点的 Taylor 展式, 收敛区域为 $\{z;|z-z_0|>r\}$.

当 $r<R$ 时, 在公共的环形区域 $\{z;r<|z-z_0|<R\}$ 之上, 函数 $h=f+g$ 解析, 而且显然有

$$h(z)=\sum_{k=1}^{\infty}b_k\frac{1}{(z-z_0)^k}+(b_0+a_0)+\sum_{k=1}^{\infty}a_k(z-z_0)^k. \tag{4.3.2}$$

图 4.2 Pierre Alphonse Laurent(1813～1854)

可以统一地将式 (4.3.2) 写作

$$h(z)=\sum_{k=-\infty}^{\infty}c_k(z-z_0)^k, \tag{4.3.3}$$

其中

$$c_k=\begin{cases}b_k, & k<0,\\ a_0+b_0, & k=0,\\ a_k, & k>0.\end{cases}$$

式 (4.3.3) 通常称为圆环上的解析函数 h 的 Laurent 级数展开①.

一般而言, 给定环形区域 $\{z;r<|z-z_0|<R\}$ 上的解析函数 h, 可以仿照 Taylor 级数展开的办法, 利用 Cauchy 积分公式来给出 h 在其上的 Laurent 展式.

①Laurent 图片 (图 4.2) 源自 http://www-history.mcs.st-andrews.ac.uk

定理 4.3.1 环形区域 $\Omega=\{z;r<|z-z_0|<R\}$ 上的解析函数 h, 有如下形式之 Laurent 展式:

$$h(z)=\sum_{k=-\infty}^{\infty}c_k(z-z_0)^k,$$

其中 $c_k=\dfrac{1}{2\pi\mathrm{i}}\displaystyle\int_\gamma\frac{f(z)\mathrm{d}z}{(z-z_0)^{(k+1)}}$, γ 是 Ω 中任意取定的简单闭曲线.

证明 为了记号的简单起见, 不妨假设 h 在 $\overline{\Omega}$ 之上是解析的 (事实上, 可取 $r<r'<R'<R$, 在区域 $\{z;r'<|z-z_0|<R'\}$ 上重新考虑 h 之展式). 记 $C_1=\{z=z_0+R\mathrm{e}^{\mathrm{i}\theta};\theta\in[0,2\pi]\}$, $C_2=\{z=z_0+r\mathrm{e}^{\mathrm{i}\theta};\theta\in[0,2\pi]\}$ (图 4.3).

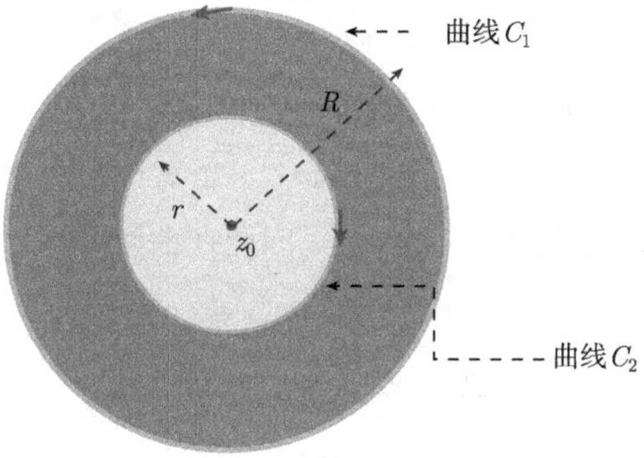

图 4.3 积分曲线的选取

此时对点 $z\in\Omega$, 由 Cauchy 公式, 有

$$f(z)=\frac{1}{2\pi\mathrm{i}}\int_{C_1}\frac{f(\eta)}{\eta-z}\mathrm{d}\eta+\frac{1}{2\pi\mathrm{i}}\int_{C_2^-}\frac{f(\eta)}{\eta-z}\mathrm{d}\eta.$$

在圆周 C_1 之上, 由于 $|z-z_0|<|\eta-z_0|$, 可以把 $\dfrac{1}{\eta-z}$ 写作

$$\frac{1}{\eta-z}=\frac{1}{(\eta-z_0)-(z-z_0)}=\frac{1}{\eta-z_0}\cdot\frac{1}{1-\dfrac{z-z_0}{\eta-z_0}},$$

注意到如果把 $\dfrac{1}{1-\dfrac{z-z_0}{\eta-z_0}}$ 称为是以 η 为变量的复函数, 那么在曲线 C_1 上面, 几何级数 $\sum_{n=0}^{\infty}\left(\dfrac{z-z_0}{\eta-z_0}\right)^n$ 一致收敛到 $\dfrac{1}{1-\dfrac{z-z_0}{\eta-z_0}}$. 因此在曲线 C_1 上, 级数

$$\frac{f(\eta)}{\eta-z_0}+\frac{f(\eta)(z-z_0)}{(\eta-z_0)^2}+\cdots+\frac{f(\eta)(z-z_0)^n}{(\eta-z_0)^{n+1}}+\cdots$$

一致收敛到函数 $\dfrac{f(\eta)}{\eta - z}$. 因此有

$$\begin{aligned}\frac{1}{2\pi i}\int_{C_1}\frac{f(\eta)}{\eta - z}d\eta &= \sum_{n=0}^{\infty}\frac{1}{2\pi i}\int_{C_1}\frac{f(\eta)(z-z_0)^n}{(\eta - z_0)^{n+1}}d\eta \\ &= \sum_{n=0}^{\infty}(z-z_0)^n\cdot\frac{1}{2\pi i}\int_{C_1}\frac{f(\eta)}{(\eta - z_0)^{n+1}}d\eta,\end{aligned}$$

类似的, 在圆周 C_2 之上, 由于 $|\eta - z_0| < |z - z_0|$, 可以把 $\dfrac{1}{\eta - z}$ 写作

$$\frac{1}{\eta - z} = \frac{1}{(\eta - z_0) - (z - z_0)} = \frac{1}{z - z_0}\cdot\frac{1}{\dfrac{\eta - z_0}{z - z_0} - 1},$$

如果把 $\dfrac{1}{1 - \dfrac{\eta - z_0}{z - z_0}}$ 称为是以 η 为变量的复函数, 那么在曲线 C_2 上面, 几何级数 $\sum_{n=0}^{\infty}\left(\dfrac{\eta - z_0}{z - z_0}\right)^n$ 一致收敛到 $\dfrac{1}{1 - \dfrac{\eta - z_0}{z - z_0}}$. 因此在曲线 C_2 上, 级数

$$\frac{f(\eta)}{z - z_0} + \frac{f(\eta)(\eta - z_0)}{(z - z_0)^2} + \cdots + \frac{f(\eta)(\eta - z_0)^n}{(z - z_0)^{n+1}} + \cdots$$

一致收敛到函数 $\dfrac{-f(\eta)}{\eta - z}$. 因此有

$$\begin{aligned}\frac{1}{2\pi i}\int_{C_2^-}\frac{f(\eta)}{\eta - z}d\eta &= \sum_{n=0}^{\infty}\frac{1}{2\pi i}\int_{C_2}\frac{f(\eta)(\eta - z_0)^n}{(z - z_0)^{n+1}}d\eta \\ &= \sum_{n=0}^{\infty}\frac{1}{(z - z_0)^{n+1}}\cdot\frac{1}{2\pi i}\int_{C_2}f(\eta)(\eta - z_0)^n d\eta.\end{aligned}$$

定理得证.

注记 4.3.1 1. 假设 f 在无穷远点解析, 其必在无穷远点连续, 因此是无穷远点附近的有界函数. 此时由 Cauchy 不等式可知, 其解析部分 $A(z)$ 为常值函数;

2. 假设 f 在点 z_0 解析. 此时由 Cauchy 积分定理可知, 其主要部分 $M(z)$ 为常值函数.

通常称 $M(z) = \sum_{k=1}^{\infty} c_k \dfrac{1}{(z - z_0)^k}$ 为环形区域 $\{z; r < |z - z_0| < R\}$ 上的解析函数 h 的主部. 对应的称 $M(z) = \sum_{k=0}^{\infty} c_k (z - z_0)^k$ 为其解析部分.

4.3.2 Riemann 球面上只有一点不解析的函数

从对称的角度来看, 既然在 Riemann 球面上, ∞ 与其他点并无区别. 我们自然可以考虑如下问题:

问题 4.3.1 在 $\mathbb{C}^* - \{z_0\}$ 上解析的函数应当具有怎样形式的 Laurent 展式呢？

或者说, 在 $\mathbb{C}^*$ 上只有一个不解析点的解析函数是什么样的?

首先从在 $\mathbb{C}^*$ 上只有 ∞ 这唯一一个不解析点的解析函数 f 的 Taylor 展式开始讨论. 此对任何的点 $z_0 \in \mathbb{C}$, 其对应的 Taylor 展式 $f(z) = \sum_{k=0}^{\infty} a_k(z-z_0)^k$ 的收敛半径为 ∞, 因此有 $\lim\limits_{k\to\infty} \sup \sqrt[k]{|a_k|} = 0$.

假设 f 在 $\mathbb{C}^*$ 上只有 z_0 这唯一一个不解析点. 注意解析变换

$$w(z) = \frac{1}{z-z_0} + z_0$$

满足

1. $w(\infty) = z_0$;
2. $w(z_0) = \infty$.

则复合函数 $f(w)$ 既是在 $\mathbb{C}^*$ 上只有 ∞ 这唯一一个不解析点的解析函数. 依上面讨论, 有

$$f(w) = \sum_{k=0}^{\infty} b_k w^k, \lim_{k\to\infty} \sup \sqrt[k]{|b_k|} = 0.$$

整理得到

$$f(z) = \sum_{k=0}^{\infty} c_k \frac{1}{(z-z_0)^k},$$

其中

$$c_l = b_l + b_{l+1}\mathrm{C}_{l+1}^1 z_0 + b_{l+2}\mathrm{C}_{l+2}^2 z_0^2 + b_{l+3}\mathrm{C}_{l+3}^3 z_0^3 + \cdots \sim b_l = o(\varepsilon^l), \quad \forall \varepsilon,$$

换言之有 $\lim\limits_{k\to\infty} \sup \sqrt[k]{|c_k|} = 0$.

例题 4.3.2 利用下面极限

$$\lim C_{l+k}^k \to 1, \quad k \to \infty,$$

验证上面的估计式.

也可以直接从 Laurent 展式来讨论. 事实上, 由于 f 在 $\mathbb{C} - \{z_0\}$ 之上解析, 可以看出其 Laurent 展式的正项为 0, 换言之有

$$f(z) = \sum_{k=0}^{\infty} c_k \frac{1}{(z-z_0)^k}, \quad \lim_{k\to\infty} \sup \sqrt[k]{|c_k|} = 0.$$

4.4　解析函数在孤立奇点附近的行为

4.4.1　孤立奇点的定义

定义 4.4.1　假设存在 $B_{z_0,r}$ 使得函数 f 在区域 $B_{z_0,r}-\{z_0\}$ 之上解析, 则称 z_0 为 f 的孤立奇点. 特别地, 称 ∞ 是解析函数 f 的孤立奇点, 若存在 $K>0$, 使得 f 在 $\{z;|z|>K\}$ 之上处处解析.

例 4.4.1　$\dfrac{1}{\bar{z}_0}$ 是分式线性函数 $\dfrac{z-z_0}{1-\bar{z}_0 z}$ 的孤立奇点.

例 4.4.2　∞ 是分式线性函数 $\dfrac{1}{z}$ 的孤立奇点.

例 4.4.3　∞ 是整函数 e^z 的孤立奇点.

例题 4.4.1　令区域 $\Omega=\mathbb{C}-\mathbb{R}^+\cup\{0\}$. 取对数函数在 Ω 上的一个单值解析分支 $\ln z$. 试证明区域 Ω 的边界 $\partial\Omega$ 上的点都不是 $\ln z$ 的孤立奇点.

解析函数在孤立奇点附近的行为是完全清楚的, 可以将其分类如下.

定义 4.4.2　按照极限 $\lim\limits_{z\to z_0} f(z)$ 存在且有限、$\lim\limits_{z\to z_0} f(z)=\infty$ 和 $\lim\limits_{z\to z_0} f(z)$ 不存在, 分别称 z_0 为解析函数 f 的可去奇点、极点和本性奇点.

在孤立奇点附近解析函数的行为可以归纳成以下表格.

奇点类型	极限	主要部分 $M(z)$ 的展式	有界性	z_0 附近的取值
可去奇点	存在且有限	等于零	有界	$f(z_0)$ 附近的值
极点	∞	$\dfrac{1}{z-z_0}$ 的多项式	无界	∞ 附近的值
本性奇点	不存在	$\dfrac{1}{z-z_0}$ 的无穷多项展开	无界	$\mathbb{C}$ 或 $\mathbb{C}-\{w_0\}$

注意到在孤立奇点附近, f 的行为和由 Laurent 展式 $f(z)=M(z)+A(z)$ 的主要部分 $M(z)$ 的行为完全相同, 可以只考虑 $M(z)=\sum_{k=0}^{\infty} c_k\dfrac{1}{(z-z_0)^k}$ 在 z_0 附近的行为. 利用这一观察, 从孤立奇点的定义出发, 来完成这一表格.

4.4.2　可去奇点

引理 4.4.1　若 f 在 z_0 附近有界, 则其在 z_0 点的 Laurent 展式的主要部分为零且 z_0 是 f 的可去奇点.

证明　由 f 在 z_0 附近有界, 存在 $r,K>0$, 使得在 $B_{z_0,r}-\{z_0\}$ 之上, 恒有 $|f(z)|<K$. 考虑 $f(z)$ 的 Laurent 展式的主部 $M(z)=\sum_{k=1}^{\infty} c_{-k}\dfrac{1}{(z-z_0)^k}$ 的系数, 有

$$c_{-k}=\frac{1}{2\pi\mathrm{i}}\int_{C_\delta} f(\eta)(\eta-z_0)^{k-1}\mathrm{d}\eta,\quad \forall k=0,1,2,\cdots,$$

注意由于 z_0 是 f 的孤立奇点, 上式对任何 $\delta < r$ 成立. 由 Cauchy 不等式, 有

$$|c_k| \leqslant \frac{1}{2\pi} \cdot K\delta^{k-1} \cdot 2\pi\delta, \forall \delta < r.$$

因此有 $c_k = 0$, 对所有的 $k = -1, -2, \cdots$, 故有 $M(z) \equiv 0$. 进而有 $f(z) = A(z)$. 而 $A(z)$ 作为 $(z - z_0)$ 之幂级数, 收敛半径大于 0, 有

$$\lim_{z\to z_0} f(z) = \lim_{z\to z_0} A(z),$$

引理得证.

另一方面, 若极限 $\lim\limits_{z\to z_0} f(z)$ 存在, 显然 f 在 z_0 附近是有界的. 此时若补充定义 $f(z_0) = \lim\limits_{z\to z_0} f(z)$, 我们就得到了 $B_{z_0,r}$ 之上的解析函数. 换言之, 有界性和极限存在其实是等价的. 又从其在 z_0 点的 Laurent 展式的主要部分 $M(z) = 0$, 显然可以得到 $f(z)$ 在 z_0 点的 Laurent 展式只有解析部分.

定理 4.4.1 z_0 是 f 的可去奇点当且仅当 f 在 z_0 附近解析且有界, 当且仅当其在 z_0 点的 Laurent 展式的主要部分 $M(z) = 0$.

由解析函数的连续性, 表格第一行的结论已经全部证明.

4.4.3 极点

引理 4.4.2 若 f 满足 $\lim\limits_{z\to z_0} = \infty$, 则其主部 $M(z)$ 是 $\dfrac{1}{z - z_0}$ 的多项式.

证明 考虑 z_0 点附近的解析函数 $g(z) = \dfrac{1}{f(z)}$, 由 $\lim\limits_{z\to z_0} = \infty$, 存在 $B_{z_0,\delta}$, 使得对任何 $z \in B_{z_0,\delta}$ 有 $f(z) \neq 0$. 因此在 $B_{z_0,\delta} - \{z_0\}$ 之上 $g(z)$ 是良定义的. 注意到 $\lim\limits_{z\to z_0} g(z) = \lim\limits_{z\to z_0} \dfrac{1}{f(z)} = 0$, z_0 事实上还是 $g(z)$ 的一个可去奇点. 因此有 $g(z) = \sum_{k=1}^{\infty} a_k(z - z_0)^k$, 注意这里我们用到了 $\lim\limits_{z\to z_0} g(z) = 0$ 这一事实.

假设 a_l 是第一个使得 $a_k \neq 0$ 之系数, 换言之, $a_l \neq 0$ 且 $a_k = 0, \forall k < l$. 则有

$$g(z) = (z - z_0)^l \{a_l + a_{l+1}(z - z_0) + a_{l+2}(z - z_0)^2 + \cdots\}.$$

记 $h(z) = a_l + a_{l+1}(z - z_0) + a_{l+2}(z - z_0)^2 + \cdots$, 则其为 z_0 点附近定义的解析函数, 且存在 $B_{z_0,\epsilon}$, 在其上 h 没有零点 (注意用到了 $h(z)$ 的连续性). 因此 $\dfrac{1}{h(z)}$ 在 $B_{z_0,\epsilon}$ 之上处处解析. 记其 Taylor 展式为 $\sum_{k=0}^{\infty} b_k(z - z_0)^k$, 则 $b_0 \neq 0$. 由此得到

$$\begin{aligned} f(z) &= \frac{1}{(z - z_0)^l} \cdot \frac{1}{h(z)} \\ &= \frac{1}{(z - z_0)^l} \cdot \left\{ \sum_{k=0}^{\infty} b_k(z - z_0)^k, \text{则 } b_0 \neq 0 \right\} \\ &= \left\{ \frac{b_0}{(z - z_0)^l} + \frac{b_1}{(z - z_0)^{l-1}} + \cdots + \frac{b_{l-1}}{(z - z_0)^1} \right\} + \sum_{k=0}^{\infty} d_k(z - z_0)^k. \end{aligned}$$

引理得证.

反之, 其主部 $M(z)$ 是 $\dfrac{1}{z-z_0}$ 的多项式时, 显然其极限趋于无穷, 因此得到以下定理.

定理 4.4.2　z_0 是 f 的极点当且仅当 f 其主部 $M(z)$ 是 $\dfrac{1}{z-z_0}$ 的多项式.

表格第二行的剩余部分是显然的.

4.4.4　本性奇点

由以上讨论, 已经可以看出以下定理.

定理 4.4.3　z_0 是 f 的本性奇点当且仅当 f 其主部 $M(z)$ 是 $\dfrac{1}{z-z_0}$ 的无穷项级数.

为完成表格的最后一行的讨论, 我们将证明一个更强的结果.

定理 4.4.4　设 z_0 是 f 的本性奇点. 则对任何有限或等于无穷的复数 α, 存在点列 $z_n \to z_0$, 使得 $\lim\limits_{n\to\infty} f(z_n)=\alpha$.

证明　首先, 对于 ∞ 这样的点列显然是存在的, 否则 f 在 z_0 点附近是有界的, 从而可知 z_0 是可去奇点, 与假设矛盾. 现在假设 α 是一个有限复数. 假设不存在任何点列 $z_n \to z_0$, 使得 $\lim\limits_{n\to\infty} f(z_n)=\alpha$. 则存在 $\varepsilon>0$ 和 $B_{z_0,\delta}$, 使得 $|f(z)-\alpha|>\varepsilon$ 对任何 $z\in B_{z_0,\delta}-\{z_0\}$ 成立. 考察函数 $g(z)=\dfrac{1}{f(z)-\alpha}$. 在 $B_{z_0,\delta}-\{z_0\}$ 之上 g 是良定义的且满足 $|g|<\dfrac{1}{\varepsilon}$. 因此 z_0 是 g 的可去奇点. 假设 $g(z)=\sum_{k=l}^{\infty}a_k(z-z_0)^k=(z-z_0)^l\left\{\sum_{k=l}^{\infty}a_k(z-z_0)^{k-l}\right\}, a_l\neq 0$, 由此得到

$$f(z)=\frac{1}{g(z)}+\alpha.$$

按照 $l=0$ 或 $l\neq 0$, 我们得到 z_0 为 f 的可去奇点或极点, 与假设矛盾. 定理证毕.

4.4.5　∞ 作为孤立奇点

假设复函数 f 在无穷远点附近解析, 首先考察它的 Laurent 展式 $f(z)=A(z)+M(z)$. 显然存在充分大的正数 K, 使得 f 在圆环 $\Omega=\{z;|z|>K\}$ 之上处处有定义. 由注记 4.2.1 可知, 此时 $A(z)$ 事实上为一整函数. 此外, 它的主要部分 $M(z)$ 在圆环 $\Omega=\{z;|z|>K\}$ 之上内闭一致收敛. 特别地有 $\lim\limits_{z\to\infty} M(z)=0$. 因此 f 在无穷远点附近的行为其实是由 $A(z)$ 所完全决定的 (从这个意义上说, 在无穷远点附近所谓的解析部分才是 “主要部分”!).

例题 4.4.2　验证上面讨论中所涉及的极限 $\lim\limits_{z\to\infty} M(z)=0$.

容易看出, 依 $A(z)$ 为常值函数、多项式和无穷级数, 无穷远点分别是在无穷远点附近解析的复函数 f 的可去奇点、极点和本性奇点.

推论 4.4.1 设 f 为整函数, $f(z)=\sum_{n=1}^{\infty} a_n(z-z_0)^n$ 是其在点 z_0 处的 Taylor 展式. 则有

1. 无穷远点分别是整函数 f 的可去奇点当且仅当 f 为常值函数;

2. 无穷远点分别是整函数 f 的极点当且仅当 f 为 $z-z_0$ 的非常数的多项式;

3. 无穷远点分别是整函数 f 的本性奇点当且仅当 f 在点 z_0 处的 Taylor 展式有无穷多个非零项.

接下来, 我们来考察非常值整函数 $f(z)$ 的像集. 由推论 4.4.1, 我们知道此时 $f(z)$ 为多项式或无穷项级数.

1. 当 $f(z)$ 为 n 次多项式的时候, 由代数学基本定理我们知道 f 的值域是整个复平面 $\mathbb{C}$ 且每个有限复数 α 恰有 n 个原像;

2. 当 $f(z)$ 为无穷项级数时, 对任何有限复数 α 或 ∞, 存在点列 $z_n \to \infty$ 使得 $\lim\limits_{n\to\infty} f(z_n)=\alpha$.

第二种情况可以加强为以下形式.

定理 4.4.5(Picard 大定理) 当 $f(z)$ 为无穷项级数时, 除去至多一个例外值, 对任何有限复数 α, 存在点列 $z_n \to \infty$ 使得 $f(z_n)\equiv\alpha$.

这就是著名的 Picard 大定理 (1879)②.

图 4.4 Charles Emile Picard(1856~1941)

定义 4.4.3 若对复平面上任何点 z, z 是函数 f 的解析点或极点, 则称 f 为亚纯函数.

假设 $P(z), Q(z)$ 为多项式, 称形若 $\dfrac{P(z)}{Q(z)}$ 的函数为有理函数.

例题 4.4.3 试验证 $f(z)=\mathrm{e}^z\dfrac{1}{z}$ 是亚纯函数, 但不是有理函数.

定理 4.4.6 假设 ∞ 是亚纯函数 f 的可去奇点或极点, 则 f 必为有理函数.

证明 1) 由 ∞ 是 f 的孤立奇点, 存在 $K>0$, 使得在区域 $\Omega_\infty=\{z;|z|>K\}$ 的闭包 $\overline{\Omega}$ 之上, f 处处解析.

2) 断言: f 只能有有限多个奇点.

由 1) 可知, f 的有限奇点集合 S 只能包含在区域 $\mathbb{C}-\overline{\Omega}$ 中. 假设 S 为无穷点集, 则由 S 为有界集, 其必有聚点 w_0. 但是由于 f 在 $\overline{\Omega}$ 之上解析, $w_0\notin\overline{\Omega}$; 此外, 由于 f 为亚纯函数, w_0 只能是极点, 从而是孤立奇点. 这与其为有限奇点的聚点

②图片 (图 4.4) 源自 http://www-history.mcs.st-andrews.ac.uk

矛盾.

3) 由 2) 的讨论, 记 $S=\{z_1,z_2,\cdots,z_n,\infty\}$ 为其孤立奇点的集合. 记 f 在 z_k 处的 Laurent 展式的主部为 $M_k(z)=\sum_{l=1}^{n_k}c_{k,l}\dfrac{1}{(z-z_k)^l}$, 则 $g(z)=f(z)-\{M_1(z)+M_2(z)+\cdots+M_n(z)\}$ 为整函数. 注意到

$$\lim_{z\to\infty}g(z)=\lim_{z\to\infty}f(z),$$

可知 g 为非常值多项式, 当极限为 ∞; 或为常值函数, 当极限为有限值. 因此有 $f(z)=g(z)+M_1(z)+M_2(z)+\cdots+M_n(z)$ 为有理函数.

4.5　复积分理论的应用

以复积分在理论和计算之上的两个应用来结束本章.

4.5.1　f^p 和 Lnf 的单值解析分支

在实际问题中, 我们经常要考虑复合函数 f^p 和 Lnf 的单值解析分支. 下面结果给出了一类情况下这个问题的解答.

定理 4.5.1　假设 f 是单连通区域 Ω 上的解析函数, 满足 $f(z)\neq 0,\forall z\in\Omega$, 则多值函数 Ln$f$ 和 f^p 在 Ω 之上均存在单值解析分支.

证明　显然由于 f^p 的定义依赖于 Lnf 的定义, 只需验证多值函数 Lnf 在 Ω 之上存在单值解析分支即可. 注意到在取定的点 $z_0\in\Omega$ 附近, Ln$f(z)$ 的单值分支总是存在的, 而且其导数恰是 $\dfrac{f'(z)}{f(z)}$(注意其导数和单值分支的选取无关). 因此我们需要寻找 Ω 之上处处有定义的函数 $F(z)$, 使其在 Ω 之上处处满足 $F'(z)=\dfrac{f'(z)}{f(z)}$. 为此, 考虑函数 $g(z)=\dfrac{f'(z)}{f(z)},z\in\Omega$. 由在区域 Ω 之上 $f\neq 0$, g 是区域 Ω 之上良定义的解析函数. 由于 Ω 是单连通的, g 在 Ω 之上有原函数 $\overline{F}$, 满足 $\overline{F}'(z)=g(z),\forall z\in\Omega$. 取定点 $z_0\in\Omega$ 和 Ln$f(z_0)$ 的一个初值 $\ln f(z_0)$, 令 $F(z)=\overline{F}(z)-\overline{F}(z_0)+\ln f(z_0)$, 则 F 满足以下条件:

1. F 在区域 Ω 之上解析;
2. $F(z_0)=\ln f(z_0)$;
3. $F'(z)=\overline{F}'(z)=g(z)=\dfrac{f'(z)}{f(z)}$.

可知 F 即是所求的 Ln 的单值解析分支.

例题 4.5.1　函数 $f(z)=\mathrm{e}^z$ 将条形区域 $\Omega=\{z=x+\mathrm{i}y;a<x<b\}$ 映作以 0 点为心的圆环. 因此直接从对数函数的单值区域来看, 似乎 Lnf 在 Ω 之上不应有

单值解析分支. 但是定理 4.5.1 告诉我们, 其实其单值解析分支是存在的. 请考虑为何会出现这种现象?

4.5.2 具有有限多个奇点的解析函数的积分

若 Ω 是复平面上区域, 其边界 $\partial\Omega$ 由有限条简单闭曲线构成. 假设 f 是区域 $\Omega-\{w_1,w_2,\cdots,w_n\}$ 之上的解析函数, f 在 Ω 之上只有有限多个奇点 $w_1,w_2,\cdots,w_n$. 此时, 可以利用定理 4.5.1 中的讨论来计算解析函数 f 沿 $\partial\Omega$ 的复曲线积分 $\int_{\partial\Omega} f(z)\mathrm{d}z$. 记 $M_1,M_2,\cdots,M_n$ 为 f 在对应的奇点 w_k 处的 Laurent 级数的主部:

$$w_k(z)=\sum_{l=1}^{\infty} c_{k,l}\frac{1}{(z-w_k)^l}.$$

依上面的讨论, 我们知道函数 $g=f-\{M_1+\cdots+M_n\}$ 在区域 Ω 之上解析, 因此有

$$\int_{\partial\Omega} g(z)\mathrm{d}z=0,$$

进而有

$$\int_{\partial\Omega} f(z)\mathrm{d}z=\int_{\partial\Omega}(M_1(z)+M_2(z)+\cdots+M_n(z))\mathrm{d}z.$$

利用积分的线性, 现在问题变成了如何计算复平面上除去一点 w_k 以外处处解析的函数沿 $\partial\Omega$ 的积分的问题.

引理 4.5.1 对充分小的 $\delta>0$ 和 $k=1,2\cdots,n$, 有

$$\int_{\partial\Omega} M_k(z)\mathrm{d}z=\int_{C_{w_k,\delta}} M_k(z)\mathrm{d}z=2\pi\mathrm{i}c_{k,-1}.$$

证明 取 δ 充分小使得闭圆盘 $\overline{D_{w_k,\delta}}\subset\Omega$, 第一个等式是 Cauchy 积分定理的直接推论; 对第二个等式, 注意到在小圆周 $C_{w_k,\delta}$ 之上, Laurent 级数一致收敛, 所以求和与积分可以换序. 我们有

$$\frac{1}{2\pi\mathrm{i}}\int_{C_{w_k,\delta}}\frac{1}{(z-w_k)^l}\mathrm{d}z=\begin{cases}1, & l=1,\\ 0, & l\neq 1.\end{cases}$$

引理 4.5.2 对充分小的 $\delta>0$ 和 $k=1,2\cdots,n$, 有

$$\int_{C_{w_k,\delta}} f(z)\mathrm{d}z=\int_{C_{w_k,\delta}} M_k(z)\mathrm{d}z.$$

证明 取 δ 充分小使得闭圆盘 $\overline{D_{w_k,\delta}}\subset\Omega$ 内只有 w_k 唯一一个奇点. 令 $g=f-M_k$, 则 g 在闭圆盘 $\overline{D_{w_k,\delta}}\subset\Omega$ 上解析. 由 Cauchy 积分定理有

$$0=\int_{C_{w_k,\delta}} g(z)\mathrm{d}z=\int_{C_{w_k,\delta}}(f(z)-M_k(z))\mathrm{d}z.$$

亦即 $\int_{C_{w_k,\delta}} f(z)\mathrm{d}z = \int_{C_{w_k,\delta}} M_k(z)\mathrm{d}z.$

以上的讨论说明, 在考虑区域内只有有限多个孤立奇点的解析函数沿边界曲线的积分的时候, 积分值只与其在奇点处 Laurent 展式的 -1 次项的系数有关. 为此给出如下定义.

定义 4.5.1 假设 $w_0 \in \mathbb{C}$ 是 $\overline{D_{w_k,\delta}}$ 上的解析函数 f 的孤立奇点, 称积分 $\dfrac{1}{2\pi\mathrm{i}}\int_{C_{w_k,\delta}} f(z)\mathrm{d}z$ 为 f 在 w_0 点的留数, 记作 $\mathrm{Res}(f, w_0)$.

等价地, 有以下定义.

定义 4.5.2 假设 $w_0 \in \mathbb{C}$ 是 $\overline{D_{w_k,\delta}}$ 上的解析函数 f 的孤立奇点, 称 f 在 w_0 点的 Laurent 展式的 -1 次项的系数为 f 在 w_0 点的留数, 记作 $\mathrm{Res}(f, w_0)$.

现在利用留数, 可以将上面讨论的结果总结为[③]以下形式.

定理 4.5.2 若 Ω 是复平面上区域, 其边界 $\partial\Omega$ 由有限条简单闭曲线构成. 假设 f 是区域 $\Omega - \{w_1, w_2, \cdots, w_n\}$ 之上的解析函数. 则

$$\int_{\partial\Omega} f(z)\mathrm{d}z = \sum_{k=1}^{n} 2\pi\mathrm{i}\mathrm{Res}(f, w_k).$$

4.5.3 极点附近的留数计算

在实际计算中, 经常遇到求形若 $f(z) = \dfrac{h(z)}{g(z)}$ 的函数在一点 z_0 的留数问题, 其中 $h(z), g(z)$ 都是 z_0 附近的解析函数. 对 $g(z_0) \neq 0$ 的情况, 显然有 $\mathrm{Res}(f, z_0) = 0$. 因此以下着重考虑 $g(z_0) = 0$ 的情况. 此时 z_0 是函数 $f(z)$ 的极点或可去奇点. 首先将 $h(z), g(z)$ 在 z_0 附近作幂级数展开, 设有 $h(z) = \sum_{n=0}^{\infty} a_n(z - z_0)^n, g(z) = \sum_{n=0}^{\infty} b_n(z - z_0)^n$. 若 $b_0 = 0$, 假设 b_k 是 $g(z)$ 展式的第一个非零项, 则 $g(z)$ 在 z_0 附近可以写作 $g(z) = b_k(z - z_0)^k \tilde{g}(z)$. 此时有

$$f(z) = \frac{h(z)}{g(z)} = \frac{h(z)}{b_k(z - z_0)^k \tilde{g}(z)} = \frac{\varphi(z)}{b_k(z - z_0)^k}, \tag{4.5.1}$$

这里令

$$\varphi(z) = \frac{h(z)}{\tilde{g}(z)},$$

注意这里 $\tilde{g}(z_0) = 1$. 假设 $\varphi(z)$ 在 z_0 附近的幂级数展开为 $\sum_{n=0}^{\infty} c_n(z - z_0)^n$, 将其代入式 (4.5.1), 整理可得

$$f(z) = \cdots + \frac{c_{k-1}}{b_k} \cdot \frac{1}{z - z_0} + \cdots ,$$

③参考 Wiki 词条 Residue theorem.

因此得到

$$\operatorname{Res}(f,z_0)=\frac{c_{k-1}}{b_k}.$$

如上讨论告诉我们, 求形若 $f(z)=\dfrac{h(z)}{g(z)}$ 的函数在一点 z_0 的留数问题, 可以按照以下步骤进行:

1. 确定 $g(z)$ 在 z_0 点的零点的阶数 k;

2. 将 $f(z)$ 改写作 $\dfrac{\varphi(z)}{b_k(z-z_0)^k}$, 确定 b_k;

3. 求 $\varphi(z)$ 的 Taylor 展式的第 $k-1$ 次项系数 c_{k-1}, 得到留数值 $\operatorname{Res}(f,z_0)=\dfrac{c_{k-1}}{b_k}$.

上述讨论的好处有三点. 其一是可以不去计算相对复杂的 Laurent 展式, 而去计算相对简单的 Taylor 展式; 其二是可以只计算相关的 c_{k-1}, b_k 两项系数, 而不是所有的系数. 其三是可以将计算相关的 c_{k-1}, b_k 两项系数, 利用公式

$$c_{k-1}=\frac{\varphi^{(k-1)}(z_0)}{(k-1)!},\quad b_k=\frac{g^{(k)}(z_0)}{(k)!}$$

转化为求函数的导数, 这样更为方便. 在如上的记号下, 有以下结论.

定理 4.5.3 设 $g(z)$ 在 z_0 点的零点的阶数为 k, 则有

$$\operatorname{Res}(f,z_0)=\frac{c_{k-1}}{b_k}=\frac{k\varphi^{(k-1)}(z_0)}{g^{(k)}(z_0)}.$$

特别地, 对阶数较低的情况 (很遗憾这也是上面的讨论最有效的时候), 有以下推论.

推论 4.5.1 设 $g(z)$ 在 z_0 点的零点的阶数为 k, 则有

1. $k=1$ 时, $\operatorname{Res}(f,z_0)=\dfrac{c_0}{b_1}=\dfrac{\varphi(z_0)}{g'(z_0)}$;

2. $k=2$ 时, $\operatorname{Res}(f,z_0)=\dfrac{c_1}{b_2}=\dfrac{2\varphi'(z_0)}{g''(z_0)}$;

3. $k=3$ 时, $\operatorname{Res}(f,z_0)=\dfrac{c_2}{b_3}=\dfrac{3\varphi''(z_0)}{g'''(z_0)}$.

例 4.5.1 求 $f(z)=\dfrac{\mathrm{e}^{\mathrm{i}z}}{1-z^2}$ 的函数在点 $z_0=\pm1$ 的留数.

注意到 ±1 都是 f 的一阶极点. 当 $z=1$ 时若令 $g(z)=1-z$ 则有 $\varphi(z)=\dfrac{\mathrm{e}^{\mathrm{i}z}}{1+z}$; 当 $z=-1$ 时若令 $g(z)=1+z$ 则有 $\varphi(z)=\dfrac{\mathrm{e}^{\mathrm{i}z}}{1-z}$. 有 $\operatorname{Res}(f,1)=\dfrac{\varphi(1)}{g'(1)}=-\dfrac{\mathrm{e}^{\mathrm{i}}}{2}$, $\operatorname{Res}(f,-1)=\dfrac{\varphi(-1)}{g'(-1)}=\dfrac{\mathrm{e}^{-\mathrm{i}}}{2}$.

例 4.5.2　求 $f(z)=\dfrac{\mathrm{e}^{\mathrm{i}z}}{(1-z^2)^2}$ 的函数在点 $z_0=\pm1$ 的留数.

注意到 ±1 都是 f 的二阶极点. 当 $z=1$ 时若令 $g(z)=(1-z)^2$ 则有 $\varphi(z)=\dfrac{\mathrm{e}^{\mathrm{i}z}}{(1+z)^2}$; 当 $z=-1$ 时若令 $g(z)=(1+z)^2$ 则有 $\varphi(z)=\dfrac{\mathrm{e}^{\mathrm{i}z}}{(1-z)^2}$. 有 $\mathrm{Res}(f,1)=\dfrac{2\varphi'(1)}{g''(1)}=\dfrac{(\mathrm{i}-1)\mathrm{e}^{\mathrm{i}}}{4}, \mathrm{Res}(f,-1)=\dfrac{2\varphi'(-1)}{g''(-1)}=\dfrac{(\mathrm{i}+1)\mathrm{e}^{-\mathrm{i}}}{4}$.

例 4.5.3　求 $f(z)=\dfrac{\mathrm{e}^{\mathrm{i}z}}{1-z^2}$ 的函数在点 $z_0=\pm1$ 的留数.

注意到 ±1 都是 f 的一阶极点. 当 $z=1$ 时有 $\varphi(z)=\dfrac{\mathrm{e}^{\mathrm{i}z}}{1+z}$; 当 $z=-1$ 时有 $\varphi(z)=\dfrac{\mathrm{e}^{\mathrm{i}z}}{1-z}$. 有 $\mathrm{Res}(f,1)=\dfrac{\varphi(1)}{g'(1)}=-i, \mathrm{Res}(f,-1)=\dfrac{\varphi(1)}{g'(1)}=-i$.

例 4.5.4　求 $f(z)=\dfrac{\mathrm{e}^{\mathrm{i}z}}{(1-z^2)^2}$ 的函数在点 $z_0=\pm1$ 的留数.

注意到 ±1 都是 f 的二阶极点. 当 $z=1$ 时有 $\varphi(z)=\dfrac{\mathrm{e}^{\mathrm{i}z}}{(1+z)^2}$; 当 $z=-1$ 时有 $\varphi(z)=\dfrac{\mathrm{e}^{\mathrm{i}z}}{(1-z)^2}$. 有 $\mathrm{Res}(f,1)=\dfrac{2\varphi'(1)}{g''(1)}=\dfrac{(1-\mathrm{i})\mathrm{e}^{\mathrm{i}}}{16}, \mathrm{Res}(f,-1)=\dfrac{\varphi'(1)}{g''(1)}=\dfrac{-(1+\mathrm{i})\mathrm{e}^{-\mathrm{i}}}{16}$.

4.6　利用留数计算定积分

很多时候, 计算实积分可以转化为某种对应的复积分来处理. 有时是因为积分区间的刚好是三角函数的某个周期, 从而线段上的实积分可以变成闭曲线上的复曲线积分求解; 有时可以通过添加辅助线, 围成一条闭曲线. 此时自然要求添加的辅助线之上, 复曲线积分是“可控”的. 下面就几种比较典型, 也比较简单的情况作具体的介绍. 自然, 无论如何, 我们总要造出合适的闭曲线, 再利用“留数”来求解对应的复曲线积分. 希望读者在各个例子中注意观察复曲线积分和实积分之间的关系④.

4.6.1　三角函数的积分

例 4.6.1　计算积分

$$I=\int_0^{2\pi}\frac{1}{a+\sin t}\mathrm{d}t,\quad a>1.$$

④参考 Wiki 词条 contour integration.

对这一类积分，主要利用以下观察将其化作复积分的形式：

1. 积分区间 $[0, 2\pi]$ 化作积分曲线 $C : z(t) = \mathrm{e}^{\mathrm{i}t} : [0, 2\pi] \to \mathbb{C}$，注意 C 是一条简单闭曲线；

2. 三角函数的变量替换

$$\sin(t) = \frac{1}{2\mathrm{i}}(z - \bar{z}) = \frac{1}{2\mathrm{i}}\left(z - \frac{1}{z}\right),$$
$$\cos(t) = \frac{1}{2}(z + \bar{z}) = \frac{1}{2}\left(z + \frac{1}{z}\right);$$

3. 微分式的变量替换

$$\mathrm{d}z(t) = \mathrm{i}\mathrm{e}^{\mathrm{i}t}\mathrm{d}t, \text{ 或等价地,} \mathrm{d}t = \frac{\mathrm{d}z}{\mathrm{i}z};$$

在如上的分析下，得到

$$\begin{aligned} I &= \int_C \frac{1}{a + \frac{1}{2\mathrm{i}}(z - \bar{z})} \cdot \frac{\mathrm{d}z}{\mathrm{i}z} \\ &= 2\int_C \frac{1}{z^2 + 2\mathrm{i}az - 1}\mathrm{d}z. \end{aligned}$$

亚纯函数 $\dfrac{1}{z^2 + 2\mathrm{i}az - 1}$ 在复平面上有两个极点 $z_1 = -\mathrm{i}a + \sqrt{1 - a^2}$ 和 $z_2 = -\mathrm{i}a - \sqrt{1 - a^2}$，其中 $-\mathrm{i}a - \sqrt{1 - a^2}$ 在圆周外部 (这里记 $\sqrt{1 - a^2}$ 为虚部取正值的根)，$-\mathrm{i}a + \sqrt{1 - a^2}$ 在圆周内部. 因此 $-\mathrm{i}a + \sqrt{1 - a^2}$ 是其一阶极点，在这点的留数为

$$\operatorname{Res}(f, z_2) = \frac{1}{z_2 - z_1} = -\frac{1}{2\sqrt{1 - a^2}} = \mathrm{i}\frac{1}{2\sqrt{a^2 - 1}},$$

因此有 $I = \dfrac{\pi}{\sqrt{a^2 - 1}}$.

这一方法可以用来计算形若 $\displaystyle\int_0^{2\pi} R(\cos\theta, \sin\theta)\mathrm{d}\theta$ 的实积分，其中 $R(\cos\theta, \sin\theta)$ 为 $\cos\theta, \sin\theta$ 的有理函数. 利用上面的讨论，实积分计算最后变成了 z 的有理函数的复积分，从而转化成计算留数的问题.

4.6.2 有理函数的实积分

本小节考察形若 $I(x) = \displaystyle\int_{-\infty}^{\infty} R(x)\mathrm{d}x$ 的实积分，其中 $R(x)$ 为 x 的有理函数. 此时要求有理函数 $R(x) = \dfrac{P(x)}{Q(x)}$ 的分母多项式 $Q(x)$ 的次数至少要比分子多项式 $P(x)$ 高两次以上 (含两次). 至于为什么做如上限制，在下面例题的求解中可以看出.

例 4.6.2　计算积分

$$I=\int_{-\infty}^{\infty}\frac{1}{(1+x^2)^2}\mathrm{d}x.$$

下面是从将实积分转化为复积分这一步骤开始讨论.

1. 取定 $K>0$, 考察复曲线 $C=C_1\cup C_2$(图 4.5), 其中

$$C_1(x)=x:[-K,K]\to\mathbb{C},$$
$$C_2(\theta)=K\mathrm{e}^{\mathrm{i}\theta}:[-\pi,\pi]\to\mathbb{C};$$

2. 被积函数 $\dfrac{1}{(1+x^2)^2}$ 化作 $\dfrac{1}{(1+z^2)^2}$;

3. 微分式 $\mathrm{d}x$ 化作 $\mathrm{d}z$.

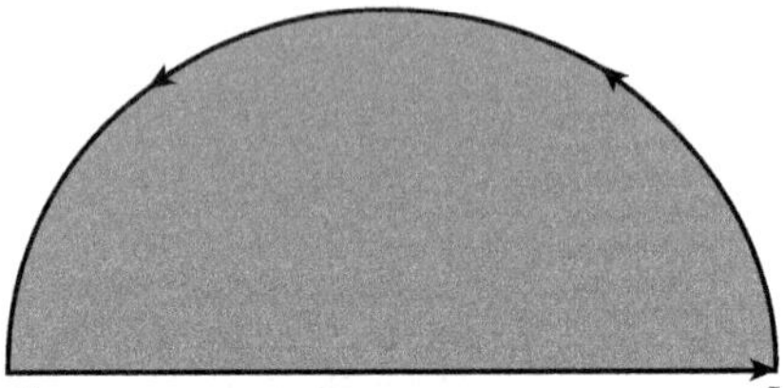

图 4.5　积分曲线

由复积分的性质知道有 $\int_C=\int_{C_1}+\int_{C_2}$. 以下三个基本事实是计算这种类型的积分的基础.

1. 复积分 $\displaystyle\int_{C_1}\frac{1}{(1+z^2)^2}\mathrm{d}z=\int_{-K}^{K}\frac{1}{(1+x^2)^2}\mathrm{d}x$, 因此有

$$\lim_{K\to\infty}\int_{C_1}\frac{1}{(1+z^2)^2}\mathrm{d}z=\int_{-\infty}^{\infty}\frac{1}{(1+x^2)^2}\mathrm{d}x;$$

2. 复积分 $\displaystyle\int_{C_2}$ 满足

$$\lim_{K\to\infty}\int_{C_2}\frac{1}{(1+z^2)^2}\mathrm{d}z=0;$$

3. 当 K 充分大时, 由闭曲线 C 围成的有界区域包含了 $R(x)=\dfrac{1}{(1+z^2)^2}$ 在上半平面之上的所有奇点.

性质 1 和性质 3 是显然的, 性质 2 可以由 Cauchy 不等式得出. 事实上,

$$\left|\int_{C_2}\frac{1}{(1+z^2)^2}\mathrm{d}z\right|\leqslant\pi K\frac{1}{(K-1)^2}\to 0,\quad K\to\infty.$$

注意当有理函数 $R(x) = \dfrac{P(x)}{Q(x)}$ 的分母多项式 $Q(x)$ 的次数至少要比分子多项式 $P(x)$ 高两次以上时 (含两次), 性质 2 总可以由 Cauchy 不等式得出.

以上的讨论说明有

$$I = \lim_{K\to\infty}\int_C \frac{1}{(1+z^2)^2}\mathrm{d}z = 2\pi\mathrm{i}\sum_{k=1}^{n}\mathrm{Res}(f, z_k),$$

其中的求和是对函数 f 在上半平面之上的所有极点.

回到例题的求解. 函数 $\dfrac{1}{(1+z^2)^2}$ 在上半平面之上只有 i 这一个二阶极点, 留数为函数 $\dfrac{1}{(z+\mathrm{i})^2}$ 在点 $z = \mathrm{i}$ 的导数, 解得 $\mathrm{Res}(f, \mathrm{i}) = \dfrac{1}{4\mathrm{i}}$, 因此得到 $I = \dfrac{\pi}{2}$.

4.6.3 形若 $I = \int_{-\infty}^{\infty} f(x)\mathrm{e}^{\mathrm{i}x}\mathrm{d}x$ 的积分

考察弧段

$$C_r = \{z; 0 \leqslant \theta_1 \leqslant \arg z < \theta_2 \leqslant \pi, |z| = r\}.$$

记 $M(f,r) = \sup_{z\in C_r}|f(z)|$. 对 C_r 上的连续复函数 f, 有

$$\int_{C_r} f(z)\mathrm{e}^{\mathrm{i}z}\mathrm{d}z = \int_0^{\pi} f(\theta)\mathrm{e}^{\mathrm{i}r\cos\theta}\cdot\mathrm{i}\cdot\mathrm{e}^{\mathrm{i}\theta}\cdot r\mathrm{e}^{-r\sin\theta}\mathrm{d}\theta.$$

进而有

$$\begin{aligned}\left|\int_{C_r} f(z)\mathrm{e}^{\mathrm{i}z}\mathrm{d}z\right| &\leqslant M(f,r)\int_{\theta_1}^{\theta_2}\mathrm{e}^{-r\sin\theta}r\mathrm{d}\theta\\ &\leqslant M(f,r)\int_0^{\pi}\mathrm{e}^{-r\sin\theta}r\mathrm{d}\theta\\ &\leqslant 2M(f,r)\int_0^{\frac{\pi}{2}}\mathrm{e}^{-r\sin\theta}r\mathrm{d}\theta.\end{aligned}$$

式中用到了关于复值函数的实积分的不等式 $\left|\int_{\theta_1}^{\theta_2} g(\theta)\mathrm{d}\theta\right| \leqslant \int_{\theta_1}^{\theta_2}|g(\theta)|\mathrm{d}\theta$. 注意到 $\dfrac{2}{\pi} \leqslant \dfrac{\sin\theta}{\theta} \leqslant 1$, 可知

$$\int_0^{\frac{\pi}{2}}\mathrm{e}^{-r\sin\theta}r\mathrm{d}\theta \leqslant \int_0^{\frac{\pi}{2}}\mathrm{e}^{-\frac{2}{\pi}r\theta}r\mathrm{d}\theta < \int_0^{\infty}\mathrm{e}^{-\frac{2}{\pi}r\theta}r\mathrm{d}\theta = \frac{\pi}{2}.$$

因此有以下引理.

引理 4.6.1 在如上记号之下, 若 f 满足

$$\lim_{z\to\infty} f(z) = 0,$$

则有

$$\lim_{r\to\infty}\int_{C_r} f(z)\mathrm{e}^{\mathrm{i}z}\mathrm{d}z = 0.$$

利用这个观察, 可以计算如下形式的积分:

$$I = \int_{-\infty}^{\infty} f(x)\mathrm{e}^{\mathrm{i}x}\mathrm{d}x,$$

其中要求对应的复函数 $f(z)$ 满足 $\lim\limits_{z\to\infty} f(z) = 0$.

例 4.6.3　计算积分

$$I = \int_0^{\infty} \frac{\cos x}{1+x^2}\mathrm{d}x.$$

利用上面的引理, 可以按照以下步骤处理这种类型的积分.

1. 积分曲线的选取 (图 4.5). 显然被积函数是一个偶函数, 因此有 $I = \dfrac{1}{2}\displaystyle\int_{-\infty}^{\infty} \frac{\cos x}{1+x^2}\mathrm{d}x$. 令

$$C_r(\theta) = r\mathrm{e}^{\mathrm{i}\theta}, \quad \theta \in [0, \pi],$$
$$I_r(t) = t, \quad t \in [-r, r].$$

则 $C_r \cup I_r$ 是一条简单闭曲线.

2. 利用偶函数的性质, 被积函数 $\dfrac{\cos x}{1+x^2}$ 可以化作 $\dfrac{\mathrm{e}^{\mathrm{i}z}}{(1+z^2)}$. 这里为了使对应的复函数满足引理 4.6.1 的要求, 用到了下面性质:

$$\int_{-\infty}^{\infty} \frac{\mathrm{e}^{\mathrm{i}x}}{1+x^2}\mathrm{d}x = \int_{-\infty}^{\infty} \frac{\mathrm{e}^{-\mathrm{i}x}}{1+x^2}\mathrm{d}x.$$

注意引理 4.6.1 保证了

$$\lim_{r\to\infty}\int_{C_r} f(z)\mathrm{e}^{\mathrm{i}z}\mathrm{d}z = 0.$$

因此有

$$\lim_{r\to\infty}\int_{C_r\cup I_r} f(z)\mathrm{e}^{\mathrm{i}z}\mathrm{d}z = \int_{-\infty}^{\infty} f(x)\mathrm{e}^{\mathrm{i}x}\mathrm{d}x.$$

3. 实微分 $\mathrm{d}x$ 化作 $\mathrm{d}z$.

复函数 $\dfrac{\mathrm{e}^{\mathrm{i}z}}{(1+z^2)}$ 在上半平面之上只有 i 一个一阶奇点, 在这点的留数为 $\mathrm{Res}(f, \mathrm{i}) = \dfrac{\mathrm{e}^{-1}}{2\mathrm{i}}$. 因此有 $I = \dfrac{\pi}{\mathrm{e}}$.

例题 4.6.1　为什么被积函数对应的复函数不直接写作 $\dfrac{\mathrm{e}^{\mathrm{i}z}+\mathrm{e}^{-\mathrm{i}z}}{2(1+z^2)}$ 呢?

4.6.4 积分区间内有实可去奇点的积分计算

此时为了应用引理 4.6.1, 原来函数的实的可去奇点可能对应了新构造函数的复本性奇点. 下面的例子即是如此. 此时需要添加新的积分曲线, “绕过” 奇点, 代价是必须处理增加的弧段上的复积分.

例 4.6.4 $I=\int_0^{\infty}\frac{\sin x}{x}\mathrm{d}x.$

显然有 $\lim_{x\to 0}\frac{\sin x}{x}=1$, 因此将复函数 $\frac{\mathrm{e}^{\mathrm{i}z}-\mathrm{e}^{-\mathrm{i}z}}{2\mathrm{i}z}$ 限制在实轴上时, 0 是其可去奇点. 容易看出, 0 确实是复函数 $\frac{\mathrm{e}^{\mathrm{i}z}-\mathrm{e}^{-\mathrm{i}z}}{2\mathrm{i}z}$ 的可去奇点. 但是, 上面已经知道, 为了得到具有形式 $I=\int_{-\infty}^{\infty}f(x)\mathrm{e}^{\mathrm{i}x}\mathrm{d}x$ 的积分, 必须利用被积函数的偶函数性质将 $\mathrm{e}^{-\mathrm{i}z}$ 的部分去掉, 此时原来的实的可去奇点就不再是复的可去奇点了.

为了清楚起见, 先看看被积函数的复化得到的函数. 由

$$\begin{aligned}I&=\int_0^{\infty}\frac{\sin x}{x}\mathrm{d}x\\&=\int_0^{\infty}\frac{\mathrm{e}^{\mathrm{i}x}-\mathrm{e}^{-\mathrm{i}x}}{2\mathrm{i}x}\mathrm{d}x\\&=\int_0^{\infty}\frac{\mathrm{e}^{\mathrm{i}x}}{2\mathrm{i}x}\mathrm{d}x-\int_0^{\infty}\frac{\mathrm{e}^{-\mathrm{i}x}}{2\mathrm{i}x}\mathrm{d}x\\&=\int_{-\infty}^{\infty}\frac{\mathrm{e}^{\mathrm{i}x}}{2\mathrm{i}x}\mathrm{d}x,\end{aligned}$$

应当考虑复函数 $\frac{\mathrm{e}^{\mathrm{i}z}}{2\mathrm{i}z}$ 的曲线积分, 此时 0 点是它的一阶极点, 而且其在此的留数为 $\mathrm{Res}(f,0)=\frac{1}{2\mathrm{i}}$.

留数定理有个基本的要求, 积分曲线上, 函数处处解析, 因此为了计算如上积分, 不但要添加弧段 C_r, 还要添加如下曲线 (图 4.6)

$$C_{\varepsilon}(\theta)=\varepsilon\mathrm{e}^{\mathrm{i}\theta}:[-\pi,\pi]\to\mathbb{C}.$$

现在, 令

$$\begin{aligned}I_r^-(t)&=t,\quad t\in[-r,-\varepsilon]\\I_r^+(t)&=t,\quad t\in[\varepsilon,r]\end{aligned}$$

则沿闭曲线 $C:C_r\cup I_r^-\cup C_{\varepsilon}\cup I_r^+$, 被积函数 $\frac{\mathrm{e}^{\mathrm{i}z}}{2\mathrm{i}z}$ 满足留数定理的所有要求. 而且显然有

$$\lim_{\varepsilon\to 0}\lim_{r\to\infty}\int_C f(z)\mathrm{d}z=I.$$

而且已经知道 $\lim_{r\to\infty}\int_{C_r} f(z)\mathrm{d}z = 0$, 所以现在的问题化作计算积分

$$\lim_{\varepsilon\to 0}\int_{C_\varepsilon} f(z)\mathrm{d}z.$$

注意 $f(z)$ 局部上有如下形式的 Laurent 展式:

$$f(z) = \frac{1}{z} + \mathrm{i} - \frac{1}{2}z - \frac{1}{6}z^2 + \frac{1}{24}z^3 + \cdots,$$

逐项积分得到

$$\lim_{\varepsilon\to 0}\int_{C_\varepsilon} f(z)\mathrm{d}z = \frac{\pi}{2}. \tag{4.6.1}$$

综上得到 $I = \dfrac{\pi}{2}$.

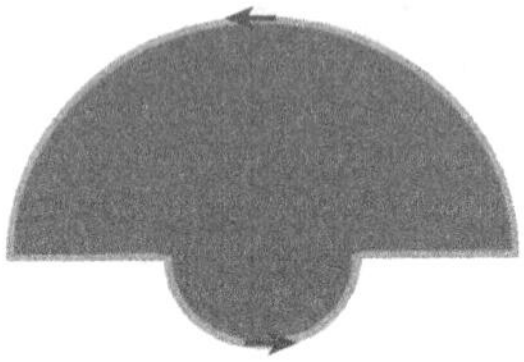

图 4.6 添加曲线包含奇点

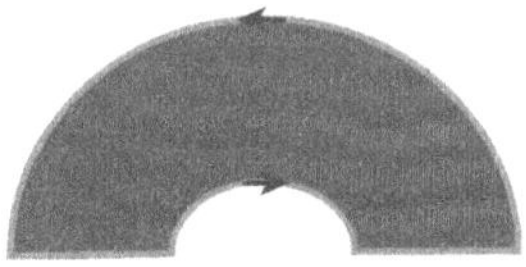

图 4.7 添加曲线不包含奇点

例题 4.6.2 利用解析函数的连续性验证极限 (4.6.1).

例题 4.6.3 在上面的讨论中构造积分曲线时, 我们当然也可以添加如下曲线 (图 4.7)

$$C_\varepsilon^+(\theta) = \varepsilon \mathrm{e}^{\mathrm{i}\theta} : [0,\pi] \to \mathbb{C}.$$

请你按照这种方式计算上面的积分. 注意此时奇点不再位于积分曲线的内部.

4.7 亚纯函数的零点和极点个数

4.7.1 Lnf 沿闭曲线的变化

假设 Ω 是复平面 $\mathbb{C}$ 上的有界区域, f 是 $\overline{\Omega}$ 之上的亚纯函数. 假设 f 在 $\partial\Omega$ 之上没有零点和极点. 记 $\{z_1, z_2, \cdots, z_k\}$ 和 $\{w_1, w_2, \cdots, w_l\}$ 分别是 f 在 Ω 之上的零点集合和极点集合.

任取 $\zeta \in \partial\Omega$, 在其充分小邻域 $B_{\zeta,r}$ 之上, $\mathrm{Ln}f$ 相当于 $\dfrac{f'}{f}$ 的原函数. 如果考虑 $\mathrm{Ln}f$ 沿 $\partial\Omega$ 之上连续变化一周的增量 $\Delta_{\mathrm{Ln}f,\partial\Omega}$, 既然沿闭曲线 $\partial\Omega$ 变动一周后, $\mathrm{Ln}f$ 的模没有变化, 其增量 $\Delta_{\mathrm{Ln}f,\partial\Omega}$ 必然是辐角函数 $\arg f$ 的增量 $\Delta_{f,\partial\Omega}$, 因此 $\Delta_{\mathrm{Ln}f,\partial\Omega} = \mathrm{i}\Delta_{\arg f,\partial\Omega}$ 一定是 $2\pi\mathrm{i}$ 的整数倍.

为简单起见, 假设 $\Omega = D = \{z; |z| < 1\}, \partial\Omega = C = \{z; |z| = 1\}$ 且 $f(z)$ 在闭集 $\overline{\Omega}$ 之上解析. 假设曲线 $\gamma(t) = \mathrm{e}^{\mathrm{i}t}, t \in [0, 2\pi]$, 则其像集恰为单位圆周. 此时 $f \circ \gamma$ 也是复平面上曲线. 注意若 C 上没有函数 f 的零点或极点, 则曲线 $f \circ \gamma$ 仍为光滑曲线而且不过零点. 此时有以下引理.

引理 4.7.1

$$n(f \circ \gamma, 0) = \frac{1}{2\pi\mathrm{i}} \int_{f\circ\gamma} \frac{\mathrm{d}w}{w} = \frac{1}{2\pi\mathrm{i}} \int_{\gamma} \frac{f'(\eta)}{f(\eta)} \mathrm{d}\eta = \varDelta_{\ln f, \gamma}.$$

证明 注意到引理中的第一个和最后一个等号是显然成立的, 只需验证中间的等号成立. 我们有

$$\begin{aligned}
\frac{1}{2\pi\mathrm{i}} \int_{f\circ\gamma} \frac{\mathrm{d}w}{w} &= \frac{1}{2\pi\mathrm{i}} \int_a^b \frac{\mathrm{d}(f \circ \gamma(t))}{f \circ \gamma(t)} \\
&= \frac{1}{2\pi\mathrm{i}} \int_a^b \frac{\{f \circ \gamma(t)\}'\mathrm{d}t}{f \circ \gamma(t)} \\
&= \frac{1}{2\pi\mathrm{i}} \int_a^b \frac{\{f(\gamma(t))\}' \cdot \gamma'(t)\mathrm{d}t}{f \circ \gamma(t)} \\
&= \frac{1}{2\pi\mathrm{i}} \int_a^b \frac{\{f(\gamma(t))\}' \cdot (\gamma'(t)\mathrm{d}t)}{f \circ \gamma(t)} \\
&= \frac{1}{2\pi\mathrm{i}} \int_\gamma \frac{f'(\eta)}{f(\eta)} \mathrm{d}\eta.
\end{aligned}$$

注意这里确实用到了 $f(z)$ 的可微性质.

下面从分析和几何两个角度来讨论增量 $\varDelta_{\arg f, \partial\Omega}$ 的取值. 我们将看到, 对亚纯函数而言增量刚好由其零点和极点的个数决定.

4.7.2 分析解释

记 $\{q_1, q_2, \cdots, q_m\}$ 为 $\dfrac{f'}{f}$ 的所有孤立奇点的集合. 由 Cauchy 积分定理, 计算积分 $\dfrac{1}{2\pi\mathrm{i}} \displaystyle\int_\gamma \frac{f'(\eta)}{f(\eta)} \mathrm{d}\eta$ 可以转化为分别计算函数 $\dfrac{f'(\eta)}{f(\eta)}$ 在孤立奇点附近的积分再求和. 由于亚纯函数 $\dfrac{f'}{f}$ 的可能的孤立奇点只能是 f 的极点, 就以下两种情况分别讨论.

1. 对 f 的零点 z_i, 在其局部上 f 有形式 $f(z) = (z - z_i)^{k_i} h(z)$, 其中 k_i 表示 z_i 的阶数, h 是满足 $h(z_i) \neq 0$ 的 z_i 附近的解析函数. 由此得到

$$\frac{f'}{f} = \frac{k_i (z - z_i)^{k_i - 1} h(z) + (z - z_i)^{k_i} h'(z)}{(z - z_i)^{k_i} h(z)} = k_i \frac{1}{z - z_i} + \frac{h'(z)}{h(z)}.$$

注意到 $\dfrac{h'(z)}{h(z)}$ 在 z_i 附近解析, 因此 z_i 为 $\dfrac{f'}{f}$ 的极点, 而且有 $\mathrm{Res}\left(\dfrac{f'}{f}, z_i\right) = k_i$, 注

意和式 $\sum_i k_i$ 刚好为 f 在区域 Ω 内的零点个数 (计算重数).

2. 对 f 的极点 w_j, 在其局部上 f 有形式 $f(z)=\dfrac{h(z)}{(z-z_i)^{l_j}}$, 其中 l_j 表示 w_j 的阶数, h 是满足 $h(z_i)\neq 0$ 的 w_j 附近的解析函数. 由此得到

$$\frac{f'}{f}=\frac{(z-w_j)^{l_j}}{h(z)}\cdot\left\{-\frac{l_jh(z)}{(z-w_j)^{l_j+1}}+\frac{h'(z)}{(z-w_j)^{l_j}}\right\}=-l_j\frac{1}{z-w_j}+\frac{h'(z)}{h(z)}.$$

注意到 $\dfrac{h'(z)}{h(z)}$ 在 w_j 附近解析, 因此 w_j 为 $\dfrac{f'}{f}$ 的极点, 而且有 $\mathrm{Res}\left(\dfrac{f'}{f},w_j\right)=-l_j$, 注意和式 $\sum_j l_j$ 刚好为 f 在区域 Ω 内的极点个数 (计算重数).

现在由留数定理, 有

$$\frac{1}{2\pi\mathrm{i}}\int_{\partial\Omega}\frac{f'(\zeta)}{f(\zeta)}\mathrm{d}\zeta=\sum_{i=1}^{m}\mathrm{Res}\left(\frac{f'}{f},q_i\right)=\sum_i k_i-\sum_j l_j.$$

综上得到 (图 4.8) 以下结论.

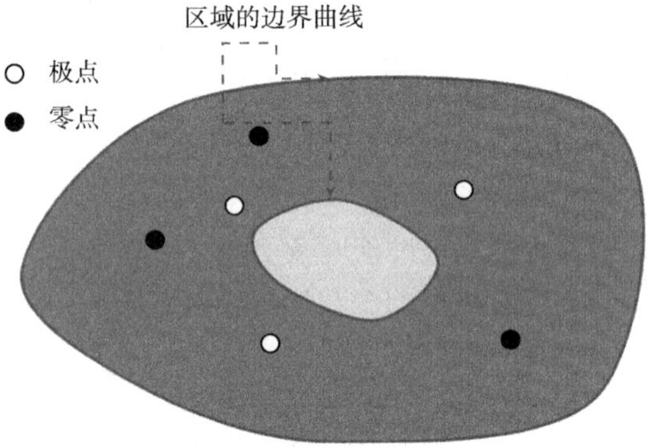

图 4.8 亚纯函数的零点和极点个数 ∞

定理 4.7.1 假设 Ω 是复平面 $\mathbb{C}$ 上的有界区域, f 是 $\overline{\Omega}$ 之上的亚纯函数, f 在 $\partial\Omega$ 之上没有零点和极点. 分别记 f 在 Ω 之上的零点和极点个数为 N 和 P, 则有

$$\frac{1}{2\pi\mathrm{i}}\int_{\partial\Omega}\frac{f'(\zeta)}{f(\zeta)}\mathrm{d}\zeta=N-P.$$

对应于辐角增量 $\Delta_{\arg f,\partial\Omega}$, 有以下推论.

推论 4.7.1 $\Delta_{\arg f,\partial\Omega}=2\pi(N-P)$.

注意到 $\{\ln(fg)\}'=\dfrac{f'}{f}+\dfrac{g'}{g}$, 利用推论 4.7.1 容易验证下面命题.

命题 4.7.1 假设 Ω 是复平面 $\mathbb{C}$ 上的有界区域, 其边界 $\partial\Omega$ 为有限条简单闭曲线. 假设 f,g 均为 $\overline{\Omega}$ 上的解析函数, 而且在 $\partial\Omega$ 之上均无零点, 则

$$\Delta_{\arg(fg),\partial\Omega} = \Delta_{\arg f,\partial\Omega} + \Delta_{\arg g,\partial\Omega}.$$

4.7.3 几何解释

利用引理 4.7.1, 计算积分 $\dfrac{1}{2\pi\mathrm{i}}\displaystyle\int_\gamma \frac{f'(\eta)}{f(\eta)}\mathrm{d}\eta$ 自然可以转化为计算环绕数 $n(f\circ\gamma,0)$ 的问题. 分别就 $f(z)$ 的零点和极点进行相应的讨论.

1. f 在 $\overline{D}$ 之上解析, $f(0)=0$ 且 $f(z)\neq 0$ 对任何 $z\neq 0$.

此时 f 在 0 点处的 Taylor 展式具有形式 $f(z)=z^k h(z)$, $h(z)\neq 0$ 对任何 $z\neq 0$. 记 $C_r(t)=r\mathrm{e}^{\mathrm{i}t}, t\in[-\pi,\pi]$, 由于

$$\Delta_{\mathrm{Ln}f,\partial\Omega} = \int_C \frac{f'(\zeta)}{f(\zeta)}\mathrm{d}\zeta = \int_{C_r} \frac{f'(\zeta)}{f(\zeta)}\mathrm{d}\zeta,$$

下面两条曲线

$$\gamma_1(t) = f(\mathrm{e}^{\mathrm{i}t}) : [-\pi,\pi]\to\mathbb{C},$$
$$\gamma_2(t) = f(r\mathrm{e}^{\mathrm{i}t}) : [-\pi,\pi]\to\mathbb{C},$$

关于 0 点的环绕数 $n(\gamma_1,0)=n(\gamma_2,0)$. 当 r 充分小时, γ_2 和下面曲线充分接近, 具有相同的环绕数:

$$\gamma(t) = \mathrm{e}^{\mathrm{i}kt}h(0) : [-\pi,\pi],$$

而且显然有 $n(f\circ\gamma,0)=k$. 因此得到 $\Delta_{\arg f,C}=\Delta_{\arg f,C_r}=k$. 这说明 $f(z)$ 的 k 阶零点对环绕数 $n(f\circ\gamma,0)$ 的贡献是 k .

2. f 在 $\overline{D}-\{0\}$ 之上解析, 0 是 f 的 k 阶极点且 $f(z)\neq 0$ 对任何 $z\in\overline{D}$.

此时 f 在 0 点处的 Laurent 展式具有形式 $f(z)=\dfrac{h(z)}{z^k}$, $h(z)\neq 0$ 对任何 $z\in\overline{D}$. 记 $C_r(t)=r\mathrm{e}^{\mathrm{i}t}, t\in[-\pi,\pi]$, 由于

$$\Delta_{\mathrm{Ln}f,\partial\Omega} = \int_C \frac{f'(\zeta)}{f(\zeta)}\mathrm{d}\zeta = \int_{C_r} \frac{f'(\zeta)}{f(\zeta)}\mathrm{d}\zeta,$$

下面两条曲线

$$\gamma_1(t) = f(\mathrm{e}^{\mathrm{i}t}) : [-\pi,\pi]\to\mathbb{C},$$
$$\gamma_2(t) = f(r\mathrm{e}^{\mathrm{i}t}) : [-\pi,\pi]\to\mathbb{C},$$

关于 0 点的环绕数 $n(\gamma_1,0)=n(\gamma_2,0)$. 当 r 充分小时, γ_2 和下面曲线充分接近, 具有相同的环绕数:

$$\gamma(t) = \mathrm{e}^{-\mathrm{i}kt}h(0) : [-\pi,\pi],$$

而且显然有 $n(f\circ\gamma,0)=-k$. 因此得到 $\Delta_{\arg f,C}=\Delta_{\arg f,C_r}=-k$. 这说明 $f(z)$ 的 k 阶极点对环绕数 $n(f\circ\gamma,0)$ 的贡献是 $-k$.

这里一个有趣的问题是, 为什么极点会带来如上讨论中揭示的环绕数 $n(f\circ\gamma,0)$ 的变化呢? 这就要从所谓的 "环绕" 的定义说起. 通常的所谓曲线环绕 0 点, 其实是说 0 在曲线的内部. 从 Jordan 曲线定理来看, 即是说 0 点在闭曲线分割平面得到的那个有界区域上. 注意此时 ∞ 点恰好和 0 点分居在闭曲线的两侧 (一个在有界区域中, 一个在无界区域中). 对应地, 在 Riemann 球面上也是如此, 即 ∞ 点和 0 点也是分别位于闭曲线的两侧 (图 4.9). 从这个意义上说, 平面上不环绕 0 点的简单闭曲线 γ 在 Riemann 球面上可以有以下两种说法:

1. γ 既不环绕 0 点也不环绕 ∞ 点;

2. γ 既环绕 0 点也环绕 ∞ 点.

因为在 Riemann 球面上看, 0 点和 ∞ 都在曲线的同一侧 (图 4.10)! 因此如果在 Riemann 球上看, 环绕 0 点和环绕 ∞ 点是等价的, 而且对这两点而言曲线的环绕方向刚好是相反的!

回到一般区域上的讨论. 此时

$$f(z)=\frac{(z-z_1)(z-z_2)\cdots(z-z_k)}{(z-w_1)(z-w_2)\cdots(z-w_l)}\cdot h(z), \tag{4.7.1}$$

式中 $h(z)$ 是区域 Ω 之上恒不为 0 的解析函数. 令

$$P(z)=(z-z_1)(z-z_2)\cdots(z-z_k),$$
$$Q(z)=(z-w_1)(z-w_2)\cdots(z-w_l).$$

注意到 $\Delta_{\arg h,\partial\Omega}=0$, 由引理 4.7.1 得到

$$2\pi\mathrm{i}\cdot n(f\circ\partial\Omega,0)=\Delta_{\arg f,\partial\Omega}=\Delta_{\arg P(z),\partial\Omega}-\Delta_{\arg Q(z),\partial\Omega}=2\pi\mathrm{i}(k-l).$$

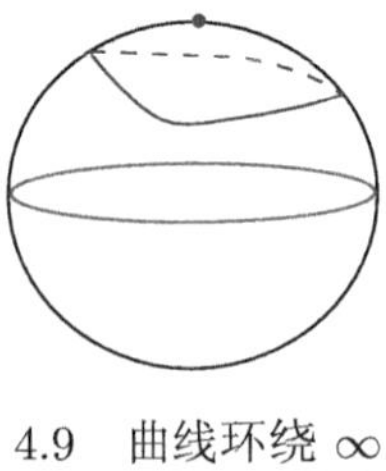

图 4.9　曲线环绕 ∞

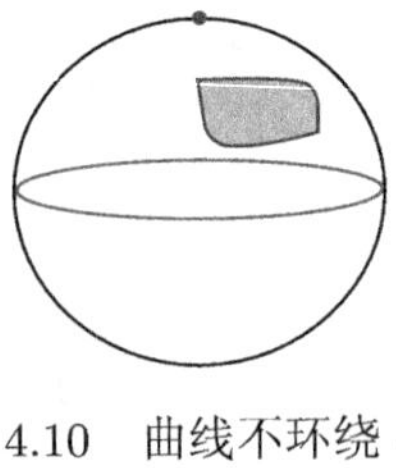

图 4.10　曲线不环绕 ∞

例题 4.7.1　试验证在本小节的假设下, 亚纯函数确有如式 (4.7.1) 之形式.

例题 4.7.2　利用 Cauchy 积分定理证明上面所述结论.

4.7.4 Rouché 定理

定理 4.7.2(Rouché 定理)[⑤] 假设 Ω 是复平面 $\mathbb{C}$ 上的有界区域, 其边界 $\partial\Omega$ 为有限条简单闭曲线. 假设 f,g 均为 $\overline{\Omega}$ 上的解析函数, 而且在 $\partial\Omega$ 之上有 $|g(z)|<|f(z)|$, 则在 Ω 之上, $f(z)$ 和 $f(z)+g(z)$ 零点个数相同.

注意定理假设条件蕴涵了 f 和 $f+g$ 在 $\partial\Omega$ 之上没有零点.

证明 分别记 N',N 为 $f+g$ 和 f 在 Ω 之上的零点个数. 由 4.7.3 小节中的讨论可知, 有

$$\Delta_{\arg f,\partial\Omega}=2\pi N,$$
$$\Delta_{\arg(f+g),\partial\Omega}=2\pi N'.$$

此外, 由上面命题 4.7.1 得到

$$\Delta_{\arg(f+g),\partial\Omega}=\Delta_{\arg[f(1+\frac{g}{f})],\partial\Omega}=\Delta_{\arg f,\partial\Omega}+\Delta_{\arg(1+\frac{g}{f}),\partial\Omega},$$

现在来计算 $\Delta_{\arg(1+\frac{g}{f}),\partial\Omega}$. 由公式

$$\Delta_{\arg\left(1+\frac{g}{f}\right),\partial\Omega}=2\pi n\left(\left(1+\frac{g}{f}\right)\circ\partial D,0\right)$$

需要判断曲线 $\left(1+\dfrac{g}{f}\right)\circ\partial D$ 环绕 0 点的次数. 但是注意到它的像集落在以 0 为心, 半径为 1 的开圆盘之上, 显然其环绕数为 0, 定理得证.

例题 4.7.3 试讨论解析函数 $f(z)=\dfrac{1}{8}z^3+2z^2+\dfrac{1}{10000}$ 在开单位圆盘之上的零点个数.

例题 4.7.4 试讨论解析函数 $f(z)=z^m+2z^n+\dfrac{1}{10000},m>n+2$ 在圆环区域 $\{z;1<|z|<2\}$ 之上的零点个数.

习　题

1. 确定下列级数的收敛半径:

(1) $\displaystyle\sum_{n=0}^{\infty}\frac{z^n}{n}$;　　(2) $\displaystyle\sum_{n=0}^{\infty}\frac{z^n}{n!}$;

(3) $\displaystyle\sum_{n=0}^{\infty}\frac{n!}{n^n}z^n$;　　(4) $\displaystyle\sum_{n=0}^{\infty}n^nz^n$;

(5) $\displaystyle\sum_{n=0}^{\infty}(2+(-1)^n)^nz^n$.

⑤参考 Wiki 词条 Rouché theorem.

2. 若正实数序列 $\{a_n\}_{n=1}^{+\infty}$ 单调趋于 0, 证明级数 $\sum_{n=1}^{+\infty} a_n z^n$ 除了可能在点 $z=1$ 外在单位圆 $|z|=1$ 上处处收敛.

3. 给出下列函数在 $z=0$ 的 Taylor 展式:

(1) $\ln\cos z$; (2) $\tan z$; (3) $\dfrac{z}{\sin z}$.

4. (1) 求函数 $\dfrac{1}{z(z-1)}$ 分别在区域 $0<|z|<1$ 和区域 $1<|z-1|<+\infty$ 上的 Laurent 展式.

(2) 求函数 $\mathrm{e}^{z+\frac{1}{z}}$ 在区域 $0<|z|<+\infty$ 上的 Laurent 展式.

5. 设 $\dfrac{1}{1-z-z^2}$ 在原点附近有 Taylor 展式 $\sum_{n=0}^{\infty} c_n z^n$. 证明 c_n 是 Fibonacci 数, 即 $c_n=c_{n-1}+c_{n-2}$, 并给出幂级数 $\sum_{n=0}^{\infty} c_n z^n$ 的收敛半径.

6. 证明 Cauchy 不等式:

(1)(Taylor 展式系数) 设函数 $f(z)$ 在闭圆盘 $\overline{U}=\{z\in\mathbb{C};|z-z_0|\leqslant r\}$ 上解析且 $M=\max_{|z|=r}|f(z)|$. 如果以 z_0 为中心的 $f(z)$ 的 Taylor 展式为 $f(z)=\sum_{n=0}^{\infty} c_n(z-z_0)^n$, 则

$$|c_n|\leqslant\frac{M}{r^n},\quad n=0,1,2,\cdots.$$

(2)(Laurent 展式系数) 设函数 $f(z)$ 在圆环 $D=\{z\in\mathbb{C};r<|z-z_0|<R\}$ 上解析且对 $r<\rho<R$, $M(\rho)=\max_{|z|=\rho}|f(z)|$. 如果 $f(z)$ 在 D 上的 Laurent 展式为 $f(z)=\sum_{n=-\infty}^{\infty} c_n(z-z_0)^n$, 则

$$|c_n|\leqslant\frac{M(\rho)}{\rho^n},\quad n=0,\pm1,\pm2,\cdots.$$

7. 证明在整个复平面 $\mathbb{C}$ 上解析的函数 $f(z)$ 具有下列性质.

(1) 设 $M(r)=\max_{|z|=r}|f(z)|$. 如果 $M(r)\leqslant Ar^N+B$, 其中 r 为任意正数, 而 A, B, N 为常数且 $N\geqslant 0$, 则 $f(z)$ 为次数不超过 N 的多项式.

(2) 若 $f(z)$ 的所有取值均位于右半平面, 则 $f(z)$ 恒等于常数;

(3) 如果 $\lim\limits_{z\to\infty} f(z)=\infty$, 则集合 $\{z\in\mathbb{C};f(z)=0\}$ 非空.

8. 证明 $f(z)=\displaystyle\int_0^1\frac{\sin(tz)}{z}\mathrm{d}t$ 为整函数.

9. 证明整函数 $f(z)$ 如果满足恒等式 $f(z+1)=f(z)$ 和 $f(z+\mathrm{i})=f(z)$, 则 $f(z)$ 恒等于常数.

10. 证明如果函数 $f(z)$ 在 $z=0$ 解析, 则可以找到一个自然数 n, 使得 $f\left(\dfrac{1}{n}\right)\neq\dfrac{(-1)^n}{n^3}$.

11. 设函数 $f(z)$ 在 $z=z_0$ 解析且不恒为常数, 证明 $z=z_0$ 是 $f(z)$ 的 n 阶零点当且仅当 $z=z_0$ 是 $\dfrac{1}{f(z)}$ 的 n 阶极点.

12. 设 $z=z_0$ 是 $f(z)$ 的本性奇点且 $f(z)\neq 0$. 证明 $z=z_0$ 也是 $\dfrac{1}{f(z)}$ 的本性奇点.

13. 如果 z_0 是函数 $f(z)$ 的极点的一个极限点, 则对于任意的 $\alpha\in\mathbb{C}^*$, 存在点列 $z_n\to z_0$ 使得

$$\lim_{n\to\infty} f(z_n)=\alpha.$$

14. 求出下列函数所有孤立奇点处的留数:

(1) $\dfrac{z^2}{(z^2+1)^2}$;　(2) $\dfrac{1}{z(1-z^2)}$;　(3) $\mathrm{e}^{z+\frac{1}{z}}$;

(4) $\tan z$;　(5) $\dfrac{\cot \pi z}{z^2}$.

15. 计算下列积分:

(1) $\displaystyle\int_0^{2\pi} \frac{\sin^2\theta}{5-4\cos\theta}\mathrm{d}\theta$;　(2) $\displaystyle\int_{-\infty}^{+\infty} \frac{x^2+1}{x^4+1}\mathrm{d}x$;

(3) $\displaystyle\int_0^{+\infty} \frac{\sin^2 x}{x^2}\mathrm{d}x$;　(4) $\displaystyle\int_0^{+\infty} \frac{\mathrm{d}x}{(1+x)x^a}$, $0<a<1$;

(5) $\displaystyle\int_0^{+\infty} \frac{\ln x}{x^2-1}\mathrm{d}x$;　(6) $\displaystyle\int_0^1 \frac{\mathrm{d}x}{(1+x)\sqrt[3]{x^2(1-x)}}$.

16. 对 $a>0$, 证明

$$\int_{-\infty}^{+\infty} \frac{\cos x}{x^2+a^2}\mathrm{d}x = \pi\frac{\mathrm{e}^{-a}}{a},$$

$$\int_{-\infty}^{+\infty} \frac{x\sin x}{x^2+a^2}\mathrm{d}x = \pi\mathrm{e}^{-a}.$$

$$\int_0^{+\infty} \frac{\ln x}{x^2+a^2}\mathrm{d}x = \frac{\pi}{2a}\ln a,$$

17. 证明 $\displaystyle\sum_{n=0}^{+\infty}\frac{1}{n^2}=\frac{\pi^2}{6}$ (提示: 考察函数 $g(z)=\dfrac{\cot\pi z}{z^2}$, 并且可以用类似的方法证明 $\displaystyle\sum_{n=0}^{+\infty}\frac{1}{n^4}=\frac{\pi^4}{90}$).

18. (1) 求 $z^4-8z+10=0$ 在 $|z|<1$ 内根的个数;

(2) 求 $2z^5+8z-1=0$ 在圆环 $1<|z|<2$ 内根的个数.

19. 应用 Rouchè 定理证明代数基本定理: 任何 n ($n\geqslant 1$) 次代数方程至少有一根.

20. 设 $f(z)$ 在 $|z|\leqslant 1$ 上解析, 而且当 $|z|=1$ 时 $|f(z)|<1$. 证明方程 $f(z)-z=0$ 在 $|z|<1$ 上有且只有一个解.

21. 设函数 $f(z)$ 在区域 D 上亚纯, 在边界 ∂D 上每点都解析且 ∂D 不包含 $f(z)$ 的任何零点, 而函数 $g(z)$ 在闭区域 $\overline{D}$ 上解析. 证明

$$\frac{1}{2\pi\mathrm{i}}\int_{\partial D} g(z)\frac{f'(z)}{f(z)}\mathrm{d}z = \sum_{k=1}^{m} g(a_k) - \sum_{l=1}^{n} g(b_l),$$

这里 $\{a_k\}_{k=1}^m$ 为 $f(z)$ 在 D 中的所有零点, $\{b_l\}_{l=1}^n$ 为 $f(z)$ 在 D 中的所有极点 (一个 p 阶零点或极点算作 p 个零点或极点).

第 5 章　解析映射

5.1　单叶解析函数

5.1.1　解析函数的一个局部性质

局部上, 一个复解析函数的行为非常接近于幂函数. 这由解析函数在每点都有幂级数展式可以看出. 下面引理是这一观点的又一个强有力的证据.

引理 5.1.1　假设非常值函数 f 在 z_0 附近解析, $f(z_0) = w_0$, 且 z_0 是解析函数 $f - w_0$ 的 p 阶零点. 则对任何充分小的正数 ρ, 存在正数 μ, 使得对 $w, 0 < |w - w_0| < \mu$, 函数 $f(z) - w$ 在 $\{z; 0 < |z - z_0| < \rho\}$ 之上恰有 p 个一阶零点.

证明　我们将利用 Rouché 定理来证明引理, 主要的想法是比较 $F(z) = f(z) - w_0$ 和 $G(z) = f(z) - w$ 的零点个数 (图 5.1).

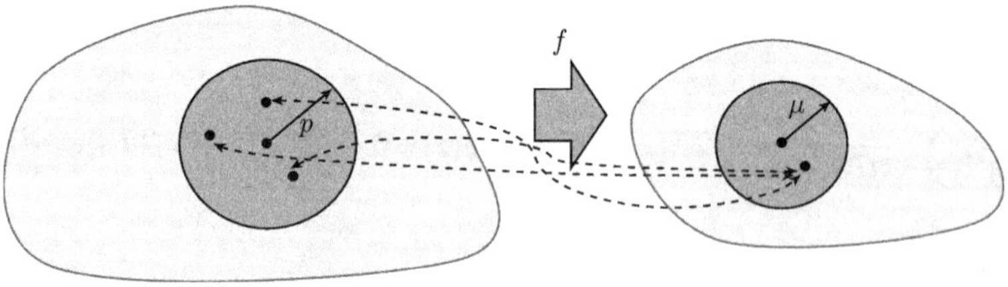

图 5.1　引理示意图: 局部有 3 个不同的原像

1. 由引理的假设条件, 在 z_0 点处, f 具有如下形式的 Taylor 展式:

$$f(z) = a_0 + a_p(z - z_0)^p + a_{p+1}(z - z_0)^{p+1} + \cdots = a_0 + (z - z_0)^p h(z),$$

其中 $a_0 = w_0$, h 是点 z_0 附近的解析函数且满足 $h(z_0) \neq 0$.

2. 由 h 解析且满足 $h(z_0) \neq 0$, 存在 z_0 的充分小邻域 B_{z_0,r_1} 使得在 $\bar{B}_{z_0,r_1} - \{z_0\}$ 上, 恒有 $f(z) - w_0 \neq 0$.

3. $f'(z)$ 自然也是 z_0 点附近的非常值解析函数, 因此存在 z_0 的充分小邻域 B_{z_0,r_2} 使得在 $\bar{B}_{z_0,r_2} - \{z_0\}$ 上, 恒有 $f'(z) \neq 0$.

4. 令 $\rho = \min(r_1, r_2)$, 在 $\bar{B}_{z_0,r}$ 之上, 有 $f(z) - w_0 \neq 0$ 且 $f'(z) \neq 0$. 考虑函数 $F(z) = f(z) - w_0$ 和 $G(z) = f(z) - w$. 特别地, 由圆周的紧性, 在圆周 $C_{z_0,\rho}$ 之上, 存在 $\mu > 0$, 使得 $|f(z) - w_0| > \mu > 0$. 因此当 $|w - w_0| < \mu$ 时, 在圆周 $C_{z_0,\rho}$ 之上

有 $|F(z)| > |w - w_0|$. 因此在区域 $B_{z_0,\rho}$ 之上, $G = F - (w - w_0)$ 与 F 具有相同的零点数 p.

5. 注意到在 $B_{z_0,\rho} - \{z_0\}$ 之上, $G'(z) = F'(z) \neq 0$, 因此 G 的每个零点均为一阶零点.

注记 5.1.1 与实光滑函数情形的比较. 如果 $f'(z_0) \neq 0$, 则作为从 $\mathbb{R}^2$ 到 $\mathbb{R}^2$ 的映射, 其 Jacobi 矩阵为可逆矩阵. 此时反函数定理[7] 告诉我们, 它一定在局部上存在连续的逆映射 (即局部上是一个同胚). 但是就导数为 0 的情况, 我们对实函数的局部行为并没有什么好说的. 因此这个引理较实的情况更强.

5.1.2 单叶解析函数

定义 5.1.1 设 f 是区域 Ω 上的解析函数, 若当 $z_1 \neq z_2$ 时恒有 $f(z_1) \neq f(z_2)$, 则称 f 是区域 Ω 之上的单叶解析函数.

例 5.1.1 指数函数 e^z 是带形区域

$$\{z; \theta < \mathrm{Im}(z) < \theta + 2\pi \mathrm{i}\}$$

之上的单叶解析函数.

例 5.1.2 分式线性函数 $\tau(z) = \dfrac{z - z_0}{1 - \bar{z}_0 z}$ 是 $\mathbb{C} - \left\{\dfrac{1}{\bar{z}_0}\right\}$ 之上的单叶解析函数.

利用引理 5.1.1 立刻可以得到下面两个结果.

定理 5.1.1 假设 f 是区域 Ω 之上的单叶解析函数, 则在区域 Ω 上处处有 $f'(z) \neq 0$.

定理 5.1.2 假设 f 是 z_0 附近的解析函数, 且 $f'(z_0) \neq 0$. 则 f 在 z_0 附近单叶解析.

注记 5.1.2 定理 5.1.1 的逆命题是不成立的. 指数函数 e^z 就是一个简单的反例.

5.1.3 开映射定理和极大模原理

现在证明下面的重要结果.

定理 5.1.3(开映射定理) 假设 f 是区域 Ω 之上的非常值的解析函数, 则它的像集 $f(\Omega) = \{f(z); z \in \Omega\}$ 是 $\mathbb{C}$ 上的区域.

证明 我们需要验证两点, $f(\Omega)$ 是开集而且道路连通.

1. $f(\Omega)$ 是开集. 任取 $w_0 \in f(\Omega)$, 由定义存在 $z_0 \in \Omega$, 使得 $f(z_0) = w_0$. 由引理 5.1.1, 当 $|w - w_0|$ 充分小时, 存在 $z \in \Omega$ 使得 $f(z) = w$, 这说明 $f(\Omega)$ 包含了 w_0 的一个邻域.

2. 连通性. 任取 $w_1, w_2 \in f(\Omega)$, 存在 $z_1, z_2 \in \Omega$ 满足 $f(z_1) = w_1, f(z_2) = w_2$.

由 Ω 的连通性, 存在曲线 $\gamma:[a,b]\to\Omega$ 使得 $\gamma(a)=z_1,\gamma(b)=z_2$. 考虑新的曲线:

$$\tilde{\gamma}(t)=f(\gamma(t)):[a,b]\to\Omega,$$

则有 $\tilde{\gamma}(a)=w_1,\tilde{\gamma}(b)=w_2$.

定理 5.1.4(极大模原理) 假设 $f(z)$ 在复平面上区域 Ω 的闭包 $\overline{\Omega}$ 之上解析, 若存在点 $z_0\in\Omega$ 及其邻域 $B_{z_0,r}\subseteq\Omega$, 使得 $|f(z)|\leqslant|f(z_0)|,\forall z\in B_{z_0,r}$, 则 f 必为常值函数.

证明 若 f 非常值, 则 $f(B_{z_0,r})$ 也是复平面上区域, 必包含模大于 $f(z_0)$ 的点, 这与 f 在 z_0 点处取到极大模矛盾.

假设 $f(z)=u(z)+\mathrm{i}v(z)$, $u(z),v(z)$ 为实值函数. 完全类似地有以下定理.

定理 5.1.5(调和形式的极大模原理) 假设 $f(z)$ 在复平面上区域 Ω 的闭包 $\overline{\Omega}$ 之上解析, 若存在点 $z_0\in\Omega$ 及其邻域 $B_{z_0,r}\subseteq\Omega$, 使得 $u(z)\leqslant u(z_0),\forall z\in B_{z_0,r}$, 则 f 必为常值函数.

证明 考察函数 $g(z)=\mathrm{e}^{f(z)}$. 注意 $g(z)$ 也是解析函数而且其模刚好是 $\mathrm{e}^{u(z)}$.

通过考察函数 $\mathrm{e}^{-f(z)}$, 完全类似地有以下结论.

推论 5.1.1 假设 $f(z)$ 在复平面上区域 Ω 的闭包 $\overline{\Omega}$ 之上解析, 若存在点 $z_0\in\Omega$ 及其邻域 $B_{z_0,r}\subseteq\Omega$, 使得 $u(z)\geqslant u(z_0),\forall z\in B_{z_0,r}$, 则 f 必为常值函数.

5.1.4 单叶解析函数的逆函数

假设 f 是复平面 $\mathbb{C}$ 上的区域 Ω 之上的单叶解析函数, 由 f 的单射性质, 它的逆函数 $f^{-1}:f(\Omega)\to\Omega$ 是良定义的满射. 开映射定理保证了 $f(\Omega)$ 也是一个区域, 因此可以讨论 f^{-1} 的解析性质.

定理 5.1.6 假设 f 是复平面 $\mathbb{C}$ 上的区域 Ω 之上的单叶解析函数, $f(z_0)=w_0$. 则其逆函数是 $f(\Omega)$ 之上的解析函数且满足 $f'(w_0)=\dfrac{1}{f'(z_0)}$.

证明 首先注意对任何开集 $U\subset\Omega$, 由开映射定理可知 $(f^{-1})^{-1}(U)=f(U)$ 也是 $f(\Omega)$ 的开集, 因此 $f^{-1}(w)$ 是 $f(\Omega)$ 之上的连续函数. 考虑下面极限

$$\lim_{w\to w_0}\frac{f^{-1}(w)-f^{-1}(w_0)}{w-w_0}.$$

记 $f(z)=w$, 则由 f^{-1} 的连续性可知有 $z\to z_0$, 当 $w\to w_0$. 因此上面极限

$$\lim_{w\to w_0}\frac{f^{-1}(w)-f^{-1}(w_0)}{w-w_0}=\lim_{z\to z_0}\frac{z-z_0}{f(z)-f(z_0)}=\frac{1}{f'(z_0)}.$$

5.2　分式线性变换与 $\mathbb{C}^*$ 上的解析自同构

5.2.1　分式线性变换对应的矩阵　特殊线性群 $\mathbf{SL}(2,\mathbb{C})$

定义 5.2.1[①]　当系数 $\alpha,\beta,\gamma,\delta\in\mathbb{C}$ 满足

$$\alpha\delta-\beta\gamma=\begin{vmatrix}\alpha & \beta\\ \gamma & \delta\end{vmatrix}\neq 0$$

的时候, 称形若 $\tau(z)=\dfrac{\alpha z+\beta}{\gamma z+\delta}$ 的函数分式线性变换.

显然系数之间满足的条件是为了保证 τ 不是常值函数.

记 $\mathrm{GL}(2,\mathbb{C})$ 为所有可逆 2×2 矩阵的集合. 自然地, 有映射

$$\begin{aligned}\phi:\tau &\to \mathrm{GL}(2,\mathbb{C})\\ \phi(\tau) &=\begin{pmatrix}\alpha & \beta\\ \gamma & \delta\end{pmatrix}\end{aligned}$$

为了记号简单起见, 以后记 A_τ 为分式线性变换对应的矩阵.

请读者验证下面关系式.

命题 5.2.1

$$A_{\tau_1\circ\tau_2}=A_{\tau_1}A_{\tau_2}.$$

命题 5.2.1 说明

推论 5.2.1　分式线性变换的复合仍然是分式线性变换.

ϕ 不是单射, 因为对任何不为零的复数 μ, 显然下面两个分式线性变换对应同一个函数:

$$\tau_1(z)=\frac{\alpha z+\beta}{\gamma z+\delta},\quad \tau_2(z)=\frac{\mu\alpha z+\mu\beta}{\mu\gamma z+\mu\delta}.$$

容易看出, 分式线性变换中系数的选取有一个自由度. 注意此时有 $|A_{\tau_1}|=\mu^2|A_{\tau_1}|$. 为了缩小映射 ϕ 的值域以得到一个单射, 首先可以约定像矩阵 A_τ 的行列式等于 1. 通常记行列式为 1 的 2×2 复矩阵的集合为 $\mathrm{SL}(2,\mathbb{C})$. 由于

$$\begin{vmatrix}\alpha & \beta\\ \gamma & \delta\end{vmatrix}=\begin{vmatrix}-\alpha & -\beta\\ -\gamma & -\delta\end{vmatrix},$$

令 $\mathrm{PSL}(2,\mathbb{C})=\mathrm{SL}(2,\mathbb{C})/\{\pm 1\}$, 令 ϕ 取值在 $\mathrm{PSL}(2,\mathbb{C})$ 中, 就得到了一个单射.

① 参考 Wiki 词条 Möbius transformation.

例题 5.2.1　假设分式线性变换 τ_1, τ_2 互为逆变换. 试验证有

$$A_{\tau_1} \cdot A_{\tau_2} = \lambda I_2, \lambda \in \mathbb{C} - \{0\},$$

其中 I_2 为 2×2 单位矩阵.

5.2.2　分式线形变换的定义域和值域

求解方程 $w = \dfrac{\alpha z + \beta}{\gamma z + \delta}$, 得到 $z = \dfrac{-\delta w + \beta}{\gamma w - \alpha}$. 由此看出:

1. 分式线性变换 τ 是一个单射;

2. 在有限复平面上看, τ 的定义域和值域分别是 $\mathbb{C} - \left\{-\dfrac{\delta}{\gamma}\right\}$ 和 $\mathbb{C} - \left\{\dfrac{\alpha}{\gamma}\right\}$. τ 是有限复平面上的至多有一个极点的亚纯函数;

3. 在增广复平面上, τ 是 $\mathbb{C}^*$ 到 $\mathbb{C}^*$ 的单射、满射. τ 是增广复平面上的恰有一个极点的亚纯函数.

5.2.3　分式线性变换的保圆性

分式线性变换可以看做是下面四类变换的复合变换;

1. 伸缩变换 $z \to rz, r \in \mathbb{R}^+$;

2. 旋转变换 $z \to e^{i\theta} z, \theta \in \mathbb{R}$;

3. 平移变换 $z \to z + z_0, z_0 \in \mathbb{C}$;

4. 沿单位圆周的反射变换 $z \to \dfrac{1}{z}$.

前三类变换都是将复平面上的直线映作直线、圆映作圆, 第四类变换也有以下的性质.

命题 5.2.2　映射 $z \to \dfrac{1}{z}$ 将复平面上的直线映作像平面上的圆或直线, 将复平面上的圆映作像平面上的圆或直线.

在 Riemann 球面上来看, 命题 5.2.2 的结论是非常直观的. 因为有

1. 函数 $\dfrac{1}{z}$ 在 Riemann 球面上的作用, 相当于球面沿赤道的从南极到北极的翻转, 这一作用显然将 Riemann 球面上的圆周映作圆周;

2. 复平面上的圆或直线关于球极射影的原像是单位球面上的圆周.

注记 5.2.1　记球极射影为 σ. 则 xy 平面上点 $(x, y, 0)$ 关于球极射影 σ 的原像坐标 (x', y', z') 为

$$x' = \frac{2x}{x^2 + y^2 + 1}, \quad y' = \frac{2y}{x^2 + y^2 + 1}, \quad z' = \frac{x^2 + y^2 - 1}{x^2 + y^2 + 1}.$$

现在假设 $(x, y, 0)$ 位于平面的一个圆周之上, 满足方程 $(x - x_0)^2 + (y - y_0)^2 = r^2$. 请读者验证此时其原像落在过点 $(0, 0, r^2 - x_0^2 - y_0^2 - 1)$ 且法向量为 $(-x_0, -y_0, 1)$ 的平面之上. 因此平面之上的圆周关于球极射影的原像确实是单位球面之上的圆周.

为了更为清楚, 给出命题 5.2.2 不依赖球极射影的证明. 为此首先讨论复平面之上圆周和直线的方程.

1. 以 z_0 为心, 半径为 R 的圆周可以表示为集合 $\{z\in\mathbb{C};|z-z_0|=R\}$, 因此其方程可写作

$$z\bar{z}-\overline{z_0}z-z_0\bar{z}+z_0\overline{z_0}-R^2=z\bar{z}-\beta z-\bar{\beta}\bar{z}+r=0. \tag{5.2.1}$$

式 (5.2.1) 中记 $\beta=\overline{z_0}, r=z_0\overline{z_0}-R^2$. 注意此时 β 为有限复数, r 为实数.

2. 每条直线总是可以看成到平面上取定两点 z_0,z_1 距离相等的点的集合

$$\{z\in\mathbb{C};|z-z_0|=|z-z_1|\}.$$

因此其方程可写作

$$(\overline{z_1}-\overline{z_0})z+(z_1-z_0)\bar{z}+(z_0\overline{z_0}-z_1\overline{z_1})=-\beta z-\bar{\beta}\bar{z}+r=0. \tag{5.2.2}$$

式 (5.2.2) 中记 $\beta=-(\overline{z_1}-\overline{z_0}), r=(z_0\overline{z_0}-z_1\overline{z_1})$. 注意此时 β 为有限复数, r 为实数.

因此复平面之上的圆周或者直线的方程具有统一的形式

$$dz\bar{z}-\beta z-\bar{\beta}\bar{z}+r=0,\quad d=1,0.$$

当 $d=1$ 为 1 时为圆周; 当 $d=0$ 为 1 时为直线.

命题 5.2.2 的证明将 $w=\dfrac{1}{z}$ 代入得到式 (5.2.1) 和式 (5.2.2) 得到形若 $\gamma w\bar{w}+\bar{b}w+\bar{b}w+r=0$ 的式子, 亦是圆或直线的方程.

若将直线看做是半径为 ∞ 的圆, 得到以下结论.

定理 5.2.1 分式线性变换将圆周映作圆周.

注记 5.2.2 采用标准化的表达式 (5.2.1) 和式 (5.2.2) 有以下好处: 可以借助系数 β,r 立刻确定圆心 z_0 和半径 R. 我们有 $z_0=\bar{\beta}=$ $\bar{z}$ 项的系数 和 $R=\sqrt{\beta\bar{\beta}-r}$. 利用这两个公式, 请读者考虑以下问题:

既然分式线性变换将圆周映作圆周, 那么它是否也将圆心映为对应的圆心呢?

还可以从式 (5.2.1) 和式 (5.2.2) 中看出

1. 分式线性变换 $\dfrac{1}{z}$ 将圆周 $C:z\bar{z}-\beta z-\bar{\beta}\bar{z}+r=0$ 映作直线当且仅当 $|z_0|=R$. 即圆周 C 过 0 点;

2. 分式线性变换 $\dfrac{1}{z}$ 将直线 $l:-\beta z-\bar{\beta}\bar{z}+r=0$ 映作直线当且仅当 $|z_0|=|z_1|$. 即直线 l 过 0 点.

一般地, 可以得到以下推论.

推论 5.2.2　假设分式线性变换 $\tau(z)=\dfrac{\alpha z+\beta}{\gamma z+\delta}$, 则

1. τ 将圆周 C 或直线 l 映作直线当且仅当 $-\dfrac{\delta}{\gamma}\in C$;

2. τ 将圆周 C 或直线 l 映作圆周当且仅当 $-\dfrac{\delta}{\gamma}\notin C$.

证明留作练习.

利用分式线性变换的保圆性可以方便地确定圆和直线的像集的位置, 这一点在构造满足要求的保形映射时尤其有用. 读者在稍后讨论圆盘的保形映射时自然会有体会②.

5.2.4　交比

定义 5.2.2　对平面上的四个不同的点 w_1,w_2,w_3,w_4, 定义

$$(w_1,w_2,w_3,w_4)=\frac{\dfrac{w_3-w_1}{w_3-w_2}}{\dfrac{w_4-w_1}{w_4-w_2}},$$

称为它们的交比 (cross ratio). 特别地, 当某个 $w_i=\infty$ 时, 对应项视作当 $w\to\infty$ 时的极限 1.

定理 5.2.2　假设 z_1,z_2,z_3,z_4 是增广复平面 C^* 上的四个不同点. 更设 τ 是一个分式线性变换, $w_i=\tau(z_i)$, 则

$$(z_1,z_2,z_3,z_4)=(w_1,w_2,w_3,w_4).$$

证明　1. z_1,z_2,z_3,z_4 均为有限点之情形. 直接计算得到

$$\frac{w_3-w_1}{w_3-w_2}=\frac{(\beta\gamma-\alpha\delta)(z_1-z_3)}{\beta\gamma-\alpha\delta)(z_2-z_3)}\cdot\frac{\gamma z_2+\delta}{\gamma z_1+\delta},$$
$$\frac{w_4-w_1}{w_4-w_2}=\frac{(\beta\gamma-\alpha\delta)(z_1-z_4)}{\beta\gamma-\alpha\delta)(z_2-z_4)}\cdot\frac{\gamma z_2+\delta}{\gamma z_1+\delta}.$$

定理结论成立.

2. 有一点是 ∞. 以 $z_1=\infty$ 为例, 此时 $\dfrac{w_3-w_2}{w_4-w_2}=\dfrac{z_2-z_3}{z_2-z_4}\cdot\dfrac{\gamma z_3+\delta}{\gamma z_4+\delta}$, 而

$$\frac{w_3-\dfrac{\alpha}{\delta}}{w_4-\dfrac{\alpha}{\delta}}=\frac{\gamma z_4+\delta}{\gamma z_3+\delta}.$$

定理 5.2.3　假设 z_1,z_2,z_3 和 w_1,w_2,w_3 分别是增广复平面 C^* 上的三个不同点, 则存在唯一的分式线性变换 τ 使得 $\tau(z_i)=w_i, i=1,2,3$.

② 例如 5.2.5 小节的讨论.

证明 假设这样的分式线性变换存在, 由定理 5.2.2 可知其具有以下形式:

$$(z, z_1, z_2, z_3) = (w, w_1, w_2, w_3)$$

代入即可解得所求之分式线性变换. 至于唯一性可由任何这样的变换均满足定理 5.2.2 可知.

5.2.5 分式线性变换 $\tau : \mathbb{H} \to \mathbb{D}$

记 $\mathbb{H} = \{z; \mathrm{Im} z > 0\}$, $\mathbb{D} = \{z; |z| < 1\}$. 在本小节中, 我们将利用分式线性变换构造一个从 $\mathbb{H}$ 到 $\mathbb{D}$ 上单、满解析映射. 为此先介绍下面结果 (图 5.2).

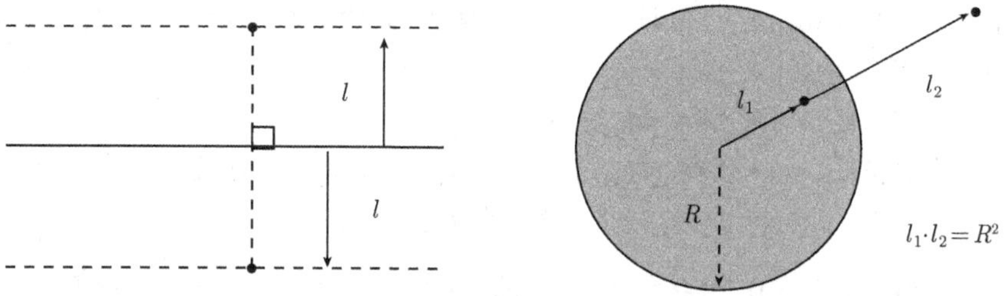

图 5.2 对径点

定义 5.2.3 假设 $C = \{z \in \mathbb{C}; |z - z_0| = R\}$ 为复平面上以点 z_0 为圆心, 半径为 R 的圆周. 称点 z_1, z_2 是关于圆周 C 的对径点, 若它们满足 $z_1 - z_0 = t(z_2 - z_0), t > 0$ 且 $|z_1 - z_0||z_2 - z_0| = R^2$. 称点 z_1, z_2 是关于直线 l 的对径点若它们的连线与 l 垂直且到 l 的距离相等.

定理 5.2.4 分式线性变换将圆周的对称点映作像圆周的对称点.

定理的证明请读者参考文献 [4] 中 117 页定理 4.4 的证明. 以上定理在构造保形映射时确定特殊点的位置很有用处. 下面的例子即是其典型的应用.

为构造满足条件的分式线性变换 τ, 先讨论其应满足的性质:

1. τ 将上半平面中某个点 z_0 映作 0 点;

2. 下半平面映作闭单位圆盘的余集, 特别地, 由于分式线性变换将对称点映作对称点, 有 $\tau(\bar{z}_0) = \infty$;

3. 上半平面的边界实直线映作单位圆周, 特别地, 将 ∞ 映作单位圆周上某个点 $\mathrm{e}^{\mathrm{i}\theta}$.

总结为图 5.3.

z平面	∞	z_0	$\bar{z}_0$
w平面	单位圆周上一点$\mathrm{e}^{\mathrm{i}\theta}$	0	∞

图 5.3 点的对应关系

读者当然可以直接应用定理 5.2.3, 利用交比得到所求的分式线性变换. 但也可以直接利用分式线性变换更初等的性质写出所求的变换. 事实上条件 1 和条件 2 说明, 所求变换 τ 具有形式 $\tau(z)=\lambda\dfrac{z-z_0}{z-\bar{z}_0}$. 条件 3 说明 $\lambda=\mathrm{e}^{\mathrm{i}\theta}$. 因此有 $\tau(z)=\mathrm{e}^{\mathrm{i}\theta}\dfrac{z-z_0}{z-\bar{z}_0}$.

5.3 Schwarz 引理

5.3.1 Schwarz 引理

引理 5.3.1 (Schwarz) 假设 f 为开圆盘 $\mathbb{D}$ 上的解析函数, 满足 $|f(z)|\leqslant 1$ 且 $f(0)=0$. 则有

1. 对任何 $z\in\mathbb{D}$, $|f(z)|\leqslant|z|$, $|f'(0)|\leqslant 1$;
2. 若存在点 $z_0\in\mathbb{D}$ 使得 $|f(z_0)|=|z_0|$, 则 $f(z)=\mathrm{e}^{\mathrm{i}\theta}z$ 对某个 $\theta\in[0,2\pi)$;
3. 若 $|f'(0)|=1$, 则 $f(z)=\mathrm{e}^{\mathrm{i}\theta}z$ 对某个 $\theta\in[0,2\pi)$.

证明 由 $f(0)=0$, 0 点至少是 f 的一阶零点. 令 $g(z)=\dfrac{f(z)}{z}:\mathbb{D}-\{0\}$, 则 0 是 g 的可去奇点. 因此若补充定义 $g(0)=\lim_{z\to 0}g(z)$, 则 g 是开单位圆盘上的解析函数. 下面考察 g 的性质:

a. $g(0)=f'(0)$, $f(z)=zg(z)$;

b. 断言有 $|g(z)|\leqslant 1, \forall z\in\mathbb{D}$. 事实上, 由 g 的定义, 对 $z, |z|=r$ 有

$$|g(z)|=\left|\frac{f(z)}{z}\right|=\frac{|f(z)|}{r}\leqslant\frac{1}{r}.$$

注意由极大模原理, 对所有的 $z, |z|<r$, 上面不等式对任何 $r<1$ 成立. 令 $r\to 1$ 可知有 $|g(z)|\leqslant 1$.

立即由性质 (a) 和 (b) 得到 $|f(z)|=|zg(z)|\leqslant|z|$.

若存在点 $z_0\in\mathbb{D}-\{0\}$ 使得 $|f(z_0)|=|z_0|$, 则有 $|g(z_0)|=1$. 进而由极大模原理, 存在 $\theta\in[0,\pi)$, 使得 $g(z)\equiv\mathrm{e}^{\mathrm{i}\theta}$, 因此有 $f(z)=\mathrm{e}^{\mathrm{i}\theta}z$.

同理若 $|f'(0)|=1$, 则有 $|g(0)|=1$, 由极大模原理, 存在 $\theta\in[0,\pi)$, 使得 $g(z)\equiv\mathrm{e}^{\mathrm{i}\theta}$, 因此有 $f(z)=\mathrm{e}^{\mathrm{i}\theta}z$.

例题 5.3.1 验证 0 点确为如上定义的解析函数 $g(z)$ 的可去奇点.

5.3.2 开圆盘的解析自同构群 Aut($\mathbb{D}$)

1. Möbius 变换 $\tau(z)=\mathrm{e}^{\mathrm{i}\theta}\cdot\dfrac{z-z_0}{1-\bar{z}_0z}$.

假设 z_0 满足 $|z_0|<1$, 现在考察变换 $\tau(z)=\dfrac{z-z_0}{1-\bar{z}_0z}$ 的性质.

① τ 的极点为 $\dfrac{1}{z_0} \notin \overline{\mathbb{D}}$, 因此 τ 是闭单位圆盘上的解析函数;

② 对单位圆周上的点 $\lambda = \mathrm{e}^{\mathrm{i}\theta}$, 有

$$\left|\frac{\lambda - z_0}{1-\bar{z}_0\lambda}\right| = \left|\frac{\lambda - z_0}{\lambda\bar{\lambda}-\bar{z}_0\lambda}\right| = \left|\frac{\lambda - z_0}{\lambda(\bar{\lambda}-\bar{z}_0)}\right| = 1,$$

因此映射 τ 将单位圆周映作单位圆周;

③ $\tau(z_0) = 0$ 且 $\tau'(z) = \dfrac{1-z_0\overline{z_0}}{(1-\overline{z_0}z)^2}$.

④ $\tau^{-1}(z) = \mathrm{e}^{-\mathrm{i}\theta}\dfrac{z+z_0}{1+\bar{z}_0 z}$ 也是 Möbius 变换.

⑤ 由极大模原理, 我们知道 $|\tau^{-1}(z)| < 1$.

由解析映射为开映射, 而且分式线性变换是增广 Riemann 球面之上的单射、满射, 性质 1、性质 4 和性质 5 说明 τ 将开单位圆盘映作开单位圆盘. 因此, τ 是 $\mathbb{D}$ 之上的解析自同构.

例题 5.3.2 求 $\tau'(z)$ 在闭单位圆盘上的最大模.

2. Aut($\mathbb{D}$) 恰为所有 Möbius 变换.

假设 $f: \mathbb{D} \to \mathbb{D}$ 是一个单、满解析映射, $f(z_0) = 0$ 对某个 $z_0 \in \mathbb{D}$. 注意由引理 5.1.1, 以上条件蕴涵点 z_0 是解析函数 $f(z)$ 的一阶零点. 记 $\tau(z) = \dfrac{z+z_0}{1+\bar{z}_0 z}$, 则有 $\tau^{-1}(z) = \dfrac{z-z_0}{1-\bar{z}_0 z}$.

① 解析函数 $f\circ\tau(z)$ 满足 $f\circ\tau(0) = 0$, 因此由 Schwarz 引理有 $|f\circ\tau(z)| \leqslant |z|, \forall z \in \mathbb{D}$. 令 $z = \tau^{-1}(w)$, 得到

$$|f(w)| \leqslant |\tau^{-1}(w)|, \quad \forall w \in \mathbb{D}.$$

② 解析函数 $\tau^{-1}\circ f^{-1}(z)$ 满足 $\tau^{-1}\circ f^{-1}(0) = 0$, 因此由 Schwarz 引理有

$$|\tau^{-1}\circ f^{-1}(z)| \leqslant |z|, \quad \forall z \in \mathbb{D}.$$

令 $z = f(w)$, 得到

$$|\tau^{-1}(w))| \leqslant |f(w)|, \quad \forall w \in \mathbb{D}.$$

因此有 $|\tau^{-1}(w)| = |f(w)|, \forall w \in \mathbb{D}$. 考察开单位圆盘上的解析函数 $\dfrac{\tau^{-1}(z)}{f(z)}$, 由开映射定理可知存在复数 $\lambda, |\lambda| = 1$ 使得 $f(w) = \lambda\tau^{-1}(w)$. 因此 f 具有 $\lambda\cdot\tau$ 之形式, 其中 τ 为 Möbius 变换.

例题 5.3.3 验证 $\dfrac{\tau^{-1}(z)}{f(z)}$ 确是开单位圆盘上的解析函数.

例题 5.3.4 假设 f 是一个闭圆盘上的单、满连续映射且在开圆盘之上解析, 上面的证明能否简化? (提示: 考虑函数 $\dfrac{f(z)}{\tau^{-1}(z)}$ 和 $\dfrac{\tau^{-1}(z)}{f(z)}$.)

例题 5.3.5 在应用 Schwarz 引理时, 一个小技巧是常常被用到的: 通过复合适当的映射 (通常是 Möbius 变换) 来构造满足引理条件的解析函数. 请读者结合上面的讨论体会这个技巧.

$$0 \xrightarrow{\tau} z_0 \xrightarrow{f} 0,$$
$$0 \xleftarrow{\tau^{-1}} z_0 \xleftarrow{f^{-1}} 0.$$

定理 5.3.1 $f:\mathbb{D}\to\mathbb{D}$ 是一个单、满解析映射当且仅当 $f(z)$ 是一个 Möbius 变换.

5.3.3 复平面 $\mathbb{C}$ 的解析自同构群

假设 $\tau:\mathbb{C}\to\mathbb{C}$ 是一个单、满解析映射. 注意到 ∞ 点此时是 τ 的孤立奇点, 下面分析它的类型. 首先它不能是本性奇点, 否则由定理 4.4.5 知道 τ 不可能是单射; 其次 ∞ 点不能是可去奇点, 否则 τ 是有界整函数. 从而由定理 3.6.3 可知其必是常值函数. 由此看出 ∞ 点此时是 τ 的极点. 但是这意味着 τ 是一个多项式函数. 由代数学基本定理立即得到, τ 是形若 $az+b, a\neq 0$ 的复线性函数.

定理 5.3.2 $f:\mathbb{C}\to\mathbb{C}$ 是一个单、满解析映射当且仅当 $f(z)$ 是形若 $az+b, a\neq 0$ 的复线性函数.

5.3.4 增广复平面 $\mathbb{C}^*$ 的解析自同构群

假设 $\tau:\mathbb{C}^*\to\mathbb{C}^*$ 是一个单、满解析映射. 首先利用一个小技巧将 τ 转化为复平面 $\mathbb{C}$ 的解析自同构. 事实上假设 $\tau(z_0)=\infty, \tau(\infty)=\alpha$ 以及 $\tau(\alpha)=\beta$, 令 $\varphi(z)=\dfrac{z_0z-z_0\beta+\alpha(\beta-\alpha)}{z-\alpha}$. 则复合映射 $\tau\circ\varphi$ 和 $\varphi\circ\tau$ 满足以下性质:

1. $\tau\circ\varphi$ 和 $\varphi\circ\tau$ 是增广复平面 $\mathbb{C}^*$ 的解析自同构;
2. $\tau\circ\varphi(\infty)=\varphi\circ\tau=\infty$;
3. $\tau\circ\varphi(\alpha)=\alpha, \varphi\circ\tau(\beta)=\beta$.

性质 1 和性质 2 说明 $\tau\circ\varphi$ 是复平面 $\mathbb{C}$ 的解析自同构, 具有形式 $\tau\circ\varphi=az+b$. 性质 3 说明有 $a=b=1$. 因此 τ 是分式线性变换 φ 的逆变换, 当然也是一个分式线性变换.

定理 5.3.3 $f:\mathbb{D}\to\mathbb{D}$ 是一个单、满解析映射当且仅当 $f(z)$ 是一个分式线性变换.

5.4 Montel 定理

5.4.1 基本定义

为介绍 Montel 定理, 先回忆下述概念.

定义 5.4.1(内闭一致有界) 函数序列 $\mathcal{F}$ 称为在区域 Ω 之上是内闭一致有界的, 若对任何紧集 $K \subset \Omega$, 存在正数 M 使得 $|f(z)| < M$, 对任何 $f \in \mathcal{F}, z \in K$.

定义 5.4.2(正规族)[③] 区域 Ω 上的解析函数族 $\mathcal{F}$ 称为是正规的, 若 $\mathcal{F}$ 中的任何序列都有子列在 Ω 之上内闭一致收敛.

注意由 Weierstrass 定理, 正规族中的任何序列都有子序列收敛到一个解析函数.

定义 5.4.3(等度绝对连续)[④] 紧集 K 上的函数族 $\mathcal{F}$ 称为是等度绝对连续的, 如果对任何 $\varepsilon > 0$, 存在 $\delta > 0$, 使得对任何 $z, w \in K, |z-w| < \delta$, 有 $|f(z)-f(w)| < \varepsilon$.

例题 5.4.1 考虑如下两个开单位圆盘上的解析函数族:

1. $f_n = z^n, n \in \mathbb{Z}$;

2. $f_n = nz^n, n \in \mathbb{Z}$.

试讨论它们在开单位圆盘之上是否内闭一致有界、是否为正规族以及是否等度绝对连续?

5.4.2 Montel 定理的证明

定理 5.4.1 (Montel 定理) 假设 $\mathcal{F}$ 是区域 Ω 之上内闭一致有界的解析函数族, 则

1) $\mathcal{F}$ 在 Ω 的任何紧子集之上等度绝对连续;

2) $\mathcal{F}$ 是一个正规族.

证明 我们将证明分作两个部分, 依次讨论性质 1 和性质 2.

A. 1) 的证明. 取定 Ω 的紧子集 K. 选取开集 $G \subset \Omega$ 使得

(1) $K \subset G$, $\bar{G}$ 是 Ω 内紧子集;

(2) ∂G 为有限条简单闭曲线组成, $\partial G \cap K = \varnothing$.

首先来验证满足如上要求的开集 G 确实存在. 由 $K \subset \Omega$ 且 Ω 为开集, 对任意点 $z \in K$, 存在以 z 为心, 半径为 r_z 的开圆盘 B_z 使得 $B_z \subset \Omega$. 集族 $\{B_z; z \in K\}$ 是紧集 K 的一族开覆盖, 因此其有有限子覆盖, 记作 $B_1, B_2, \cdots, B_n$. 令 $G = \cup_{k=1}^n B_n$. 下面我们验证 G 既是一个满足要求的开集. 显然其是开集, 而且它是有限多个有界开圆盘的并, 因此它是有界集合. 进而它的闭包是有界闭集, 因此是紧集. 此外,

③ 参考 Wiki 词条 Normal families.

④ 参考 Wiki 词条 Equicontinuity.

它的边界是由有限条圆弧构成, 自然是简单闭曲线. 更进一步, 由 G 是包含紧集 K 的开集, 自然有 $\partial G \cap K = \varnothing$. 所以它满足所有要求.

注意条件 (2) 说明存在 $\delta > 0$ 使得 $|\zeta - z| > \delta$, 对任何 $\zeta \in \partial G, z \in \Omega$. 而 ∂G 显然是区域 Ω 的紧子集, 因此 $\mathcal{F}$ 在 ∂G 上一致有界. 这说明存在 $M < \infty$, 使得 $|f(\zeta)| < M, \forall \zeta \in \partial G$. 由 Cauchy 积分定理, 对 $z, w \in K$ 有

$$f(z) - f(w) = \frac{1}{2\pi \mathrm{i}} \int_{\partial G} \left\{ \frac{1}{\zeta - z} - \frac{1}{\zeta - w} \right\} f(\zeta) \mathrm{d}\zeta.$$

因此有

$$|f(z) - f(w)| \leqslant \frac{1}{2\pi} L(\partial G) |z - w| \frac{1}{\delta^2} M,$$

1) 得证.

B. 2) 的证明. 这里要利用著名的对角线方法. 我们将分两步完成证明. 在第一步, 先证明下述断言.

断言 5.4.1　对 $\mathcal{F}$ 中的任何序列 $\{f_n\}_{n=1}^{\infty}$ 以及 Ω 的任一指定的紧子集 K, 一定存在 $\{f_n\}_{n=1}^{\infty}$ 的某个子序列使其在 K 之上一致收敛.

取紧集 K 中的点列 $\{w_i\}_{i=1}^{\infty}$ 使其在 K 中稠密 (即要求 $\overline{\{w_i\}_{i=1}^{\infty}} = K$). 对点 w_1, 由于 $\{f_n(w_1)\}_{n=1}^{\infty}$ 是复平面上的有界点集, 存在 f_n 的子序列 $f_{1,k}$ 使得复数序列 $f_{1,k}(w_1)$ 收敛; 对 w_2, 由于 $f_{1,k}(w_2)$ 是复平面上的有界点集, 存在 $f_{1,k}$ 的子序列 $f_{2,k}$ 使得复数序列 $f_{2,k}(w_2)$ 收敛. 重复以上手续,

我们得到以下图表 (图 5.4):

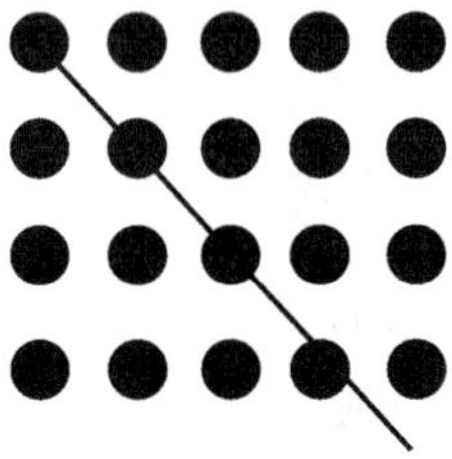

图 5.4　对角线方法

$$\begin{array}{ccccc} f_{1,1} & f_{1,2} & \cdots & f_{1,k} & \cdots \\ f_{2,1} & f_{2,2} & \cdots & f_{2,k} & \cdots \\ \vdots & \vdots & \ddots & \vdots & \vdots \\ f_{k,1} & f_{k,2} & \cdots & f_{k,k} & \cdots \\ \vdots & \vdots & \vdots & \vdots & \ddots \end{array}$$

满足

(1) 每一行的函数序列都是上一行的函数序列的子序列;

(2) 对 $j \leqslant k$, 复数序列 $\{f_{k,n}(w_j)\}_{n=1}^{\infty}$ 收敛.

现在考察函数序列 $f_{k,k}$, 由上面的两条性质显然有 $f_{k,k}$ 是 f_n 的子序列且在任何 w_j 处收敛 (注意到此为止只证明了所得序列在稠子集 $\{w_i\}_{i=1}^{\infty}$ 上的收敛性而没有验证其在稠子集上一致收敛). 现在利用等度绝对连续性证明, $f_{k,k}$ 在 K 上确实是一致收敛的.

事实上, 由 1) 可知函数族 $\{f_{k,k}\}_{k=1}^{\infty}$ 在紧集 K 上是等度绝对连续的. 因此对给定的 $\varepsilon>0$, 存在 $\delta>0$, 使得对任何 $z,w\in K, |z-w|<\delta$, 有 $|f_{k,k}(z)-f_{k,k}(w)|<\varepsilon$. 由 K 的紧性, 存在有限多个点 $w_1,w_2,\cdots,w_k$ 使得 $\cup_{i=1}^{k}B_{w_i,\delta}\supset K$. 由函数序列 $\{f_{k,k}\}_{k=1}^{\infty}$ 在 w_i 处收敛, 存在 N_i, 使得对 $m,n>N_i$ 有 $|f_{m,m}(w_i)-f_{n,n}(w_i)|\leqslant\varepsilon$. 记

$$N=\max(N_1,N_2,\cdots,N_k).$$

对任意点 $z\in K$, 由点列 $\{w_i\}_{i=1}^{\infty}$ 在 K 中稠密, 存在某个点 w_j 使得 $|z-w_j|<\delta$. 此时对 $m,n>N$ 有

$$\begin{aligned}&|f_{m,m}(z)-f_{n,n}(z)|\\ \leqslant&|f_{m,m}(z)-f_{m,m}(w_j)|+|f_{m,m}(w_j)-f_{n,n}(w_j)|+|f_{n,n}(w_j)-f_{n,n}(z)|\\ \leqslant&3\varepsilon.\end{aligned}$$

断言得证.

第二步. 需要用到开集的一个拓扑性质.

断言 5.4.2 存在紧集序列 K_n 使得

(1) $K_n\subset K_{n+1}$;

(2) 对任何紧集 K, 存在 n 使得 $K\subset K_n$, $\cup_n K_n=\Omega$.

如果能够证明上面的断言, 则再次利用如上的对角线方法即可证明定理的 2). 断言的证明留作练习 (参考文献 [6] 49 页引理一).

例题 5.4.2 证明存在紧集 K 中的点列 w_i 使得 $\{w_i\}_{i=1}^{\infty}$ 在 K 中稠密.

5.5 Riemann 保形映照原理的证明

5.5.1 定理的内容及唯一性的证明

定理 5.5.1⑤ 假设 Ω 是复平面上的单连通区域, $\Omega\neq\mathbb{C}$. 对取定的点 $z_0\in\Omega$, 存在唯一的保形映射 f 满足 $f(z_0)=0, f'(z_0)>0$.

证明 (第一部分: 唯一性的证明) 假设 $g(z)$ 也是满足定理条件的保形映射. 考察如下定义的函数:

$$\begin{aligned}&F(z):\mathbb{D}\to\mathbb{D},\\ &F(z)=f\circ g^{-1}(z).\end{aligned}$$

⑤ 参考 Wiki 词条 Riemann mapping theorem. Riemann 的图片 (图 5.5) 源自 http://www-history.mcs.st-andrews.ac.uk.

图 5.5　Georg Friedrich Bernhard Riemann(1826~1866)

F 显然是解析函数, 而且满足:

1. $F(0)=f(g^{-1}(0))=f(z_0)=0$;
2. $F^{'}(0)=f^{'}(z_0)\cdot(g^{-1})^{'}(0)>0$;
3. F 是 $\mathbb{D}$ 上的单射、满射, 换言之, $F\in \mathrm{Aut}(\mathbb{D})$.

条件 1 和条件 3 说明, F 具有形式 $F(z)=\lambda z, |\lambda|=1$. 事实上, 由条件 3 知道 $F(z)=\mathrm{e}^{\mathrm{i}\theta}\dfrac{z-z_0}{1-\overline{z_0}z}$, 而条件 1 表明有 $z_0=0$. 因此有 $F(z)=\mathrm{e}^{\mathrm{i}\theta}z$. 更由条件 2 知 $\lambda=1$.

5.5.2　存在性的证明

由于证明较为烦琐, 首先将证明的思路介绍如下.

取定 $z_0\in\Omega$, 定义解析函数族

$$\mathfrak{F}=\{f; f\text{是从 }\Omega\text{ 到 }\mathbb{D}\text{ 内部某个区域上的保形映射}, f(z_0)=0\}.$$

我们将依下面三个步骤证明定理:

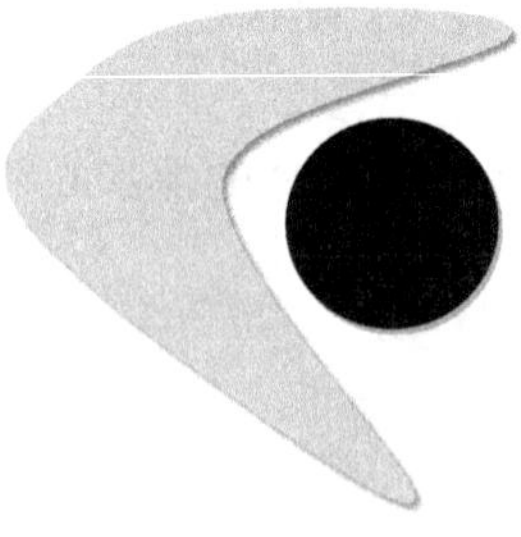

图 5.6　过渡函数的像 a1

A. 验证 $\mathfrak{F}$ 非空;

B. 利用 Montel 定理在集合 $\mathfrak{F}$ 中挑出一个满射 f;

C. 验证 f 确是一个满射.

步骤 A: 这部分证明的主要思路是

i) 证明存在某个开圆盘 $B_{z_0,r}$ 使其完全落在区域 Ω 关于某个过渡函数 f 的像集 $f(\Omega)$ 之外 (图 5.6);

ii) 利用分式线性变换和过渡函数的复合函数, 构造所需的函数.

下面开始证明步骤 A 的内容:

a. 由于 $\Omega \neq \mathbb{C}$, 存在点 $\alpha \in \mathbb{C}$ 满足 $\alpha \notin \Omega$. 现在解析函数 $z-\alpha$ 在 Ω 之上处处不等于 0, 又 Ω 是单连通集合, 因此

$$f(z) = \ln(z-\alpha)$$

是 Ω 之上良定义的解析函数.

b. f 是单射. 事实上, 由于 $\ln z = \ln w$ 蕴涵了 $|z| = |w|, \arg z = \arg w$, 而 Ω 是辐角函数的一个单值连续分支, 因此 f 为单射.

c. 任取 $w_0 \in \Omega$, 存在 $\delta > 0$, 使得 $B_{f(w_0)+2\pi \mathrm{i},\delta} \cap \overline{f(\Omega)} = \varnothing$. 反证法. 若不然, 存在点列 $\{z_n\} \subset \Omega$ 使得 $f(z_n) \to f(w_0) + 2\pi\mathrm{i}$. 此时有

$$\mathrm{e}^{\ln(z_n-\alpha)} = \mathrm{e}^{f(z_n)} \to \mathrm{e}^{f(w_0)+2\pi\mathrm{i}} = \mathrm{e}^{\ln(w_0-\alpha)+2\pi\mathrm{i}},$$

即 $z_n \to w_0$. 但是这蕴涵了有 $f(z_n) \to f(w_0)$, 矛盾 (图 5.7).

d. 令

$$F(z) = \frac{1}{f(z) - (f(w_0) + 2\pi\mathrm{i})},$$

则 F 是一个单的有界函数. 设 M 为其一个上界, 则 $G(z) = \dfrac{1}{2M}F(z)$ 是从 Ω 到 $\mathbb{D}$ 中的一个保形映射 (这里用到了分式线性变换的保圆性以及其 "变外为内" 的性质, 参考图 5.8).

e. 令 $\tau(z) = \dfrac{z - G(z_0)}{1 - \overline{G(z_0)}z}$, 则解析函数 $H(z) = \tau \circ G(z) \in \mathfrak{F}$.

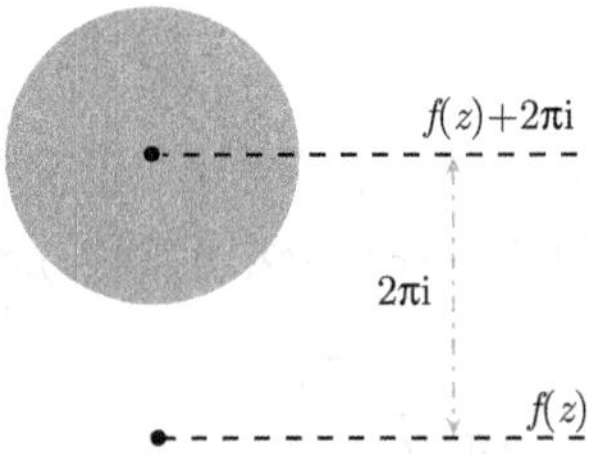

图 5.7 过渡函数的像 a2

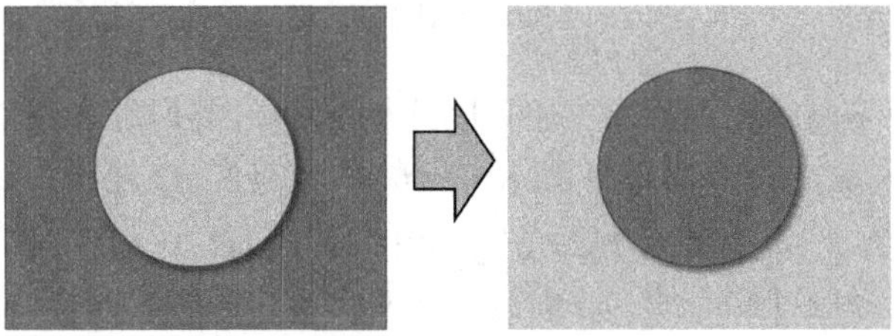

图 5.8 过渡函数的像 a3

步骤 B：为完成证明, 将利用 Montel 定理 (定理 5.4.1) 挑选那个满射. 在这个步骤的证明中, 实际上还应用了 Hurwicz 定理.

a. 对任何 $f \in \mathfrak{F}$, $f(\Omega)$ 是一个单连通集合. 事实上对任何两条 $f(\Omega)$ 内具有相同起点 a 和终点 b 的曲线 γ_1, γ_2, 则 $\Gamma_1 = f^{-1} \circ \gamma_1, \Gamma_2 = f^{-1} \circ \gamma_2$ 是 Ω 内具有相同起点 $f^{-1}(a)$ 和终点 $f^{-1}(b)$ 的曲线. 注意这里实际上用到了 f 是单射这一事实. 由 Ω 的单连通性质, 存在 Γ_1, Γ_2 之间的同伦 $H(s,t): I \times I \to \Omega$. 则 $f \circ H$ 是 γ_1, γ_2 之间的同伦.

b. 由 a 款, 现在只需证明对任何 $\mathbb{D}$ 内包含 0 点的单连通区域 Ω, 存在从 Ω 到 $\mathbb{D}$ 的保形映射将 0 点映作 0 点 (图 5.9). 为简单记, 重新定义

$$\mathfrak{F} = \{f; f \text{ 是从 } \Omega \text{ 到 } \mathbb{D} \text{ 内部某个区域上的保形映射}, f(0) = 0\}.$$

为完成 B, 只需在新定义的集合 $\mathfrak{F}$ 中挑出一个满射就可以了. 注意新定义的解析函数族 $\mathfrak{F}$ 显然是一致有界的.

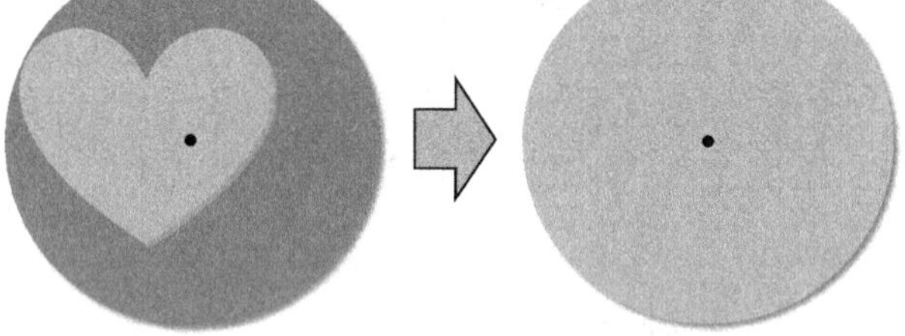

图 5.9　现在只需考虑单位圆盘内部的映射

c. 考察集合 $S = \{|f'(0)|, f \in \mathfrak{F}\}$. 由 Cauchy 积分公式立即得到, S 是一个有界集合. 实际上任意取定一条区域 Ω 内环绕 0 点的简单曲线 γ (实际上注意到 0 是区域 Ω 的内点, 可以取以 0 为心半径充分小的圆周), 记 $\delta = \inf_{z\in\gamma} |z|$. 则有

$$|f'(0)| = \frac{1}{2\pi}\left|\int_\gamma \frac{f(\eta)}{\eta^2}\mathrm{d}\eta\right| \leqslant \frac{1}{2\pi} \cdot \frac{L(\gamma)}{\delta^2}.$$

记 s 为其上确界,

$$s = \sup_{f\in\mathfrak{F}} |f'(0)| < \infty.$$

注意到恒等映射 $i(z) = z$ 是在 $\mathfrak{F}$ 中的, 因此有 $s \geqslant 1$. 此时存在 $\mathfrak{F}$ 中点列 $\{f_n\}$, 使得 $\lim\limits_{n\to\infty} |f_n'(0)| = s$. 由 Montel 定理, 存在 f_n 的子列在 Ω 之上内闭一致收敛到某个解析函数, 设为 f. 显然有 $f(0) = 0, |f'(0)| = s$ 且 $|f(z)| \leqslant 1$.

d. 断言：f 是一个单射[⑥]. 我们只需证明, 对任意取定的点 $z_1 \in \Omega$, 解析函数

⑥ 参考 Wiki 词条 Hurwitz's theorem (complex analysis).

$g(z)=f(z)-f(z_1)$ 在 Ω 之上只有一个零点. 反证法. 若不然, 存在 $z_2\in\Omega$ 使得 $g(z_2)=0$. 取 Ω 内的简单闭曲线 γ 使得

i) $z_1,z_2\in\mathrm{int}(\gamma)$;

ii) γ 之上没有 g 的其他零点.

令 $g_n(z)=f_n(z)-f_n(z_1)$. 由 g_n 为单射, 可知 g_n 在 γ 之上没有零点, 而且显然 g_n 在 Ω 的紧子集, 特别地, 在 γ 之上一致收敛到 g. 但是由 Weierstrass 定理, 得到

$$\lim_{n\to\infty}\frac{1}{2\pi\mathrm{i}}\int_\gamma\frac{g_n'(\zeta)}{g_n(\zeta)}\mathrm{d}\zeta=1=\frac{1}{2\pi\mathrm{i}}\int_\gamma\frac{g'(\zeta)}{g(\zeta)}\mathrm{d}\zeta\geqslant 2.$$

e. 综上所述, f 是从 Ω 到 $\mathbb{D}$ 中的单叶解析映射, 因此有 $f\in\mathfrak{F}$.

步骤 C: 我们将证明如果如上得到的函数 f 不是满射, 则一定存在 $F\in\mathfrak{F}$ 使得其在 0 点的导数值严格的比 $f'(0)$ 大.

a. 假设 $\alpha\notin f(\Omega)$, 考虑 Möbius 变换

$$\psi_\alpha(z)=\frac{\alpha-z}{1-\bar{\alpha}z}.$$

复合函数 $\psi_\alpha\circ f$ 将 Ω 映作 $\mathbb{D}$ 内不含 0 点的单连通区域 U. 考虑 U 上解析函数

$$g(w)=\sqrt{w}=\mathrm{e}^{\frac{1}{2}\ln w},$$

令

$$F=\psi_{g(\alpha)}\circ g\circ\psi_\alpha\circ f.$$

本步骤的值域变化可参考图 5.10~ 图 5.13.

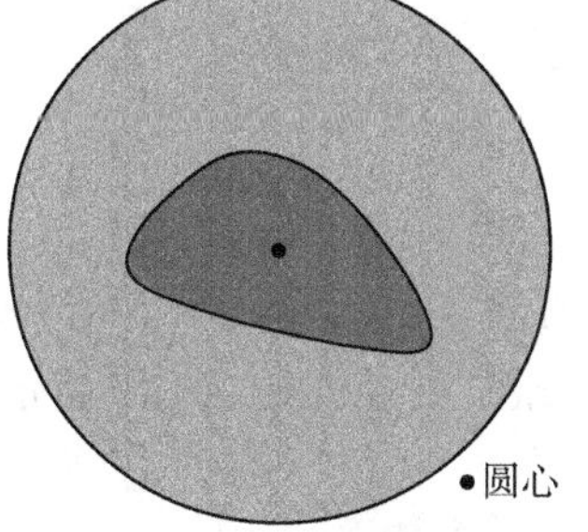

图 5.10 原始值域

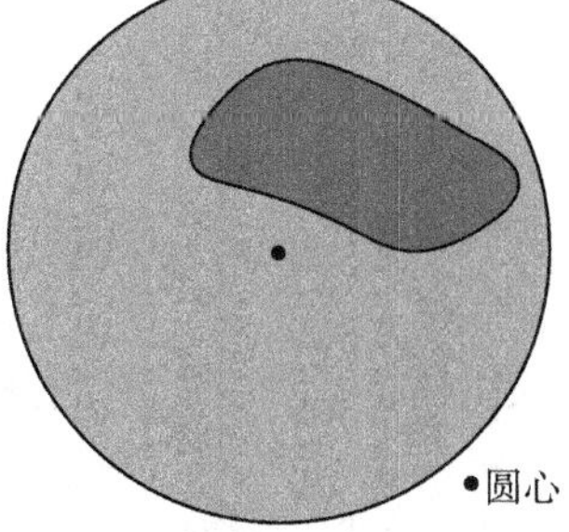

图 5.11 移除原点

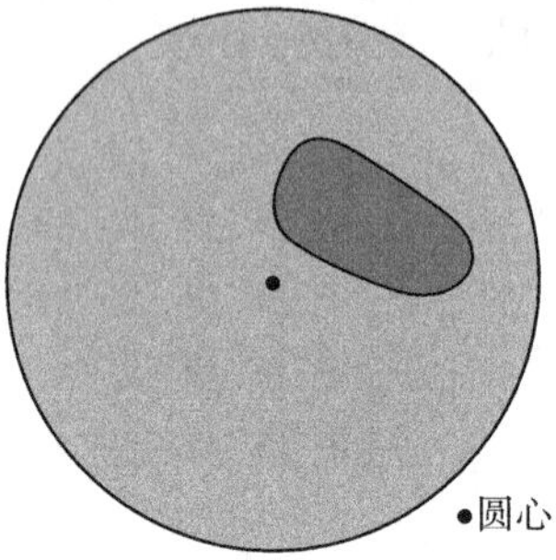

图 5.12　开根号

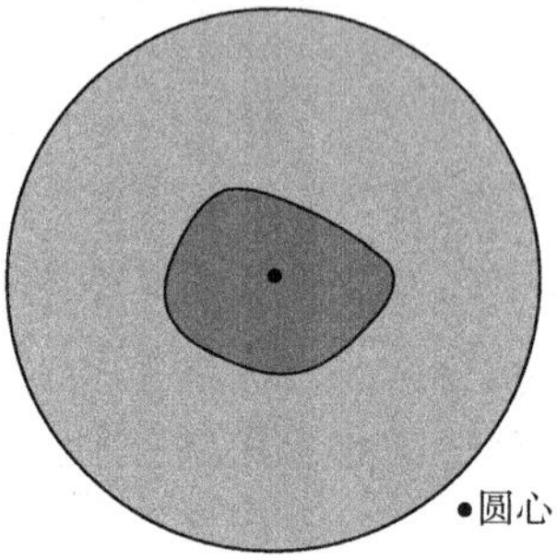

图 5.13　将像点移回原点

b. 断言有 $F \in \mathfrak{F}$. 事实上, 由 $\psi_{g(\alpha)}, g, \psi_\alpha, f$ 均为单射可知, F 为单射; 显然有 $F(z) \in \mathbb{D}$. 而 $F(0)=0$ 由 F 定义可以直接验证.

c. 记 $h(w)=w^2$, 则有

$$f=\psi_\alpha^{-1}\circ h\circ\psi_{g(\alpha)}^{-1}\circ F=\varPhi\circ F,$$

注意　i) $\varPhi(0)=0$, 而且 $\varPhi$ 是从开圆盘 D 到开圆盘 D 内的映射;

ii) 而且由于 h 作为 $\mathbb{D}$ 上映射不是单射, $\varPhi$ 作为 $\mathbb{D}$ 上映射也不是单射. 由 Schwarz 引理, 有 $|\varPhi'(0)|<1$.

由

$$f'(0)=\varPhi'(0)F'(0), \quad |\varPhi'(0)|<1$$

得到 $F'(0)>f'(0)$, 矛盾.

d. 最后将 f 乘以适当的模为一的常数, 即可保证 $f'(z_0)>0$.

例题 5.5.1　1. 在以上证明的 B 和 C 部分中考虑的 $f(z)$ 其实满足 $\partial f(\Omega)\cap\partial\mathbb{D}\neq\varnothing$, 想一想为什么会这样?

2. 你能寻找到其他的函数来代替证明步骤 C 中出现的 g 吗?

习　　题

1. 证明 $f(z)=\dfrac{z}{(1-z)^3}$ 在 $|z|<\dfrac{1}{2}$ 内单叶解析.

2. 设函数 $f(z)$ 在 $\mathrm{Im}z\geqslant 0$ 上解析, 并且在实轴上取实值且有界. 证明 $f(z)$ 恒为常数.

3. 求出将点 $-1, \infty, \mathrm{i}$ 分别变换成 (1) i, 1, $1+\mathrm{i}$; (2)∞, i, 1 ;(3)0, ∞, 1 的分式线性变换.

4. 证明若分式线性变换有两个不动点, 则其在此两点处导数的乘积为 1.

5. 证明下述结论.

(1) 四点 z_1, z_2, z_3, z_4 共圆 (有限圆或直线) 当且仅当 $(z_1,z_2,z_3,z_4)\in\mathbb{R}$.

(2) 设 z_1, z_2, z_3 是圆 C 上三个不同点, 则 z 与 z' 关于圆 C 对称当且仅当

$$(z_1, z_2, z, z_3) = \overline{(z_1, z_2, z', z_3)}.$$

(3) 设 z_1, z_2, z_3 是圆 C 上三个不同点, 则 z 位于圆 C 的左侧 (圆的定向为 z_1, z_2, z_3) 当且仅当 $\mathrm{Im}(z_1, z_2, z, z_3) < 0$; z 位于圆 C 的右侧当且仅当 $\mathrm{Im}(z_1, z_2, z, z_3) > 0$.

6. 证明托勒密定理, 即圆的内接四边形的两对对边乘积之和等于两对角线之乘积.

7. (最小模原理)　设函数 $f(z)$ 在区域 D 内解析, 不为常数且没有零点. 证明 $|f(z)|$ 不可能在 D 内达到最小值.

8. 设 $P(z)$ 为 z 的 n 次多项式, 且对 $r > 0$, 记 $M(r) = \max_{|z|=r} |P(z)|$. 证明 $\dfrac{M(r)}{r^n}$ 为递减函数.

9. 设函数 $f(z)$ 和 $g(z)$ 在 $|z| < 1$ 上解析且在 $|z| \leqslant 1$ 上连续, 证明 $|f(z)| + |g(z)|$ 在 $|z| = 1$ 上达到最大值.

10. 设在 $|z| < 1$ 内, $f(z)$ 解析且 $|f(z)| < 1$. 证明对任何常数 $|\alpha| \leqslant 1$,

$$\left|\frac{f(z) - f(\alpha)}{1 - \overline{f(\alpha)}f(z)}\right| \leqslant \left|\frac{z - \alpha}{1 - \overline{\alpha}z}\right|.$$

11. 设在 $|z| < 1$ 内, 函数 $f(z)$ 解析且 $|f(z)| < 1$, 0 是 $f(z)$ 的 k 阶零点. 证明对所有的 $|z| < 1$ 有 $|f(z)| \leqslant |z|^k$.

12. (1) 作一单叶解析函数把上半平面保形映射成上半平面且 $f(1+\mathrm{i}) = -1+\mathrm{i}$, $f'(\mathrm{i}) < 0$.

(2) 作一单叶解析函数把去掉半圆盘 $\{z \in \mathbb{C}; |z| \leqslant 1,\ \mathrm{Im}z > 0\}$ 的上半平面保形映射成上半平面;

(3) 作一单叶解析函数把去掉虚轴上的线段 $[0, \mathrm{i}h]$ $(h > 0)$ 的上半平面保形映射成上半平面.

13. 记 $D = \{z \in \mathbb{C}; |z| < 1\}$.

(1) 作一单叶解析函数把 $D \setminus [0, 1)$ 保形映射成 D .

(2) 作一单叶解析函数把带形区域 $0 < \mathrm{Im}z < \pi$ 保形映射成 D .

(3) 作一单叶解析函数把 $|z| < 1$ 和 $|z - 1| < 1$ 的公共部分保形映射成 D .

第 6 章　调和函数

6.1　调和函数

6.1.1　调和函数的定义及基本性质

设 Ω 是平面上的区域, 记 $C^2(\Omega)$ 是 Ω 之上具有连续的二阶偏导数的实值函数的集合.

定义 6.1.1　称 u 为区域 Ω 之上的调和函数, 若其满足 Laplace 方程:

$$\Delta u(x,y)=\frac{\partial^2 u}{\partial x^2}+\frac{\partial^2 u}{\partial y^2}=0,\quad \forall (x,y)\in\Omega.$$

例 6.1.1　函数 $u(x,y)=\ln|x^2+y^2|$ 是区域 $\mathbb{C}-\{0\}$ 之上的调和函数.

由 Cauchy-Riemann 条件立即有以下结论

定理 6.1.1　假设 $f(z)=u(x,y)+\mathrm{i}v(x,y)$ 在区域 Ω 之上解析, 则函数 $u(x,y)$ 和 $v(x,y)$ 均是区域 Ω 之上的调和函数.

证明　注意由二阶偏导数存在且连续的条件, 混合偏导数可以换序, 因此有

$$\frac{\partial^2 u}{\partial x^2}+\frac{\partial^2 u}{\partial y^2}=\frac{\partial\left(\dfrac{\partial v}{\partial y}\right)}{\partial x}-\frac{\partial\left(\dfrac{\partial v}{\partial x}\right)}{\partial y}=0.$$

6.1.2　调和共轭函数

定义 6.1.2　对区域 Ω 之上的调和函数 u, 若存在调和函数 v 使得 $u+\mathrm{i}v$ 为区域 Ω 之上的解析函数, 则称 v 为 u 的调和共轭函数.

一般地, 不是任何调和函数都有调和共轭, 例 6.1.1 即是一个反例. 但是对单连通区域而言, 我们有如下定理.

定理 6.1.2　假设 Ω 为 $\mathbb{C}$ 上的单连通区域, 则其上函数 $u(x,y)$ 是 Ω 上的调和函数当且仅当 u 是某个解析函数的实部.

证明　显然只需验证定理的必要性部分. 需要构造 u 在 Ω 之上的调和共轭函数 $v(x,y)$. 令

$$g(z)=U(x,y)+\mathrm{i}V(x,y)=\frac{\partial u}{\partial x}-\mathrm{i}\frac{\partial u}{\partial y}.$$

由 u 在 Ω 之上调和, 注意到

$$\frac{\partial U}{\partial x}=\frac{\partial V}{\partial y},\quad \text{由}\frac{\partial \frac{\partial u}{\partial x}}{\partial x}=-\frac{\partial \frac{\partial u}{\partial y}}{\partial y},$$

$$\frac{\partial U}{\partial y}=-\frac{\partial V}{\partial x},\quad \text{由}\frac{\partial \frac{\partial u}{\partial x}}{\partial y}=\frac{\partial \frac{\partial u}{\partial y}}{\partial x},$$

可以看出 g 是区域 Ω 之上的解析函数, 因此由 Ω 的单连通性, g 在 Ω 之上有原函数 $f(z)$, 使得 $f'(z)=g(z), \forall z\in\Omega$. 适当选取常数 α, 显然可以令 $\mathrm{Re}(f(z_0)+\alpha)=U(z_0)$. 令 $f(z)+\alpha=\tilde{u}+\mathrm{i}v$ 显然有

$$\tilde{u}_x-\mathrm{i}\tilde{u}_y=f'(x+\mathrm{i}y)=g(x+\mathrm{i}y)=u_x-\mathrm{i}u_y,$$

因此有

$$\tilde{u}_x-u_x=\mathrm{i}(\tilde{u}_y-u_y)=0.$$

因此有 $\tilde{u}(x,y)=u(x,y)$, 因此 v 即为 u 在区域 Ω 之上的调和共轭函数.

上述定理对判断二元实值函数的调和性很有用处, 如推论 6.1.1.

推论 6.1.1 假设 $f:\Omega_1\to\Omega$ 为解析函数, $u(z)$ 是区域 Ω 之上的调和函数. 则复合函数 $u\circ f$ 是区域 Ω_1 之上的调和函数.

6.1.3 均值公式

假设 $u(x,y)$ 是闭圆盘 $\overline{B}_{z_0,r}$ 之上的调和函数, 则存在其上的解析函数 $f(z)$ 使得 $f(z)=u(x,y)+\mathrm{i}v(x,y)$, 其中 $v(x,y)$ 是调和函数 $u(x,y)$ 的共轭调和函数.

由 Cauchy 积分公式, 有

$$f(z_0)=\frac{1}{2\pi\mathrm{i}}\int_{\partial\overline{B}_{z_0,r}}\frac{f(\eta)}{\eta-z_0}\mathrm{d}\eta,\quad \eta=z_0+r\mathrm{e}^{\mathrm{i}\theta}.$$

从复曲线积分的定义得到

$$f(z_0)=\frac{1}{2\pi\mathrm{i}}\int_0^{2\pi}\frac{f(\theta)}{r\mathrm{e}^{\mathrm{i}\theta}}r\mathrm{i}\mathrm{e}^{\mathrm{i}\theta}\mathrm{d}\theta=\frac{1}{2\pi}\int_0^{2\pi}f(\theta)\mathrm{d}\theta,$$

比较等式两边的实部, 得到以下定理.

定理 6.1.3 假设 $u(x,y)$ 是闭圆盘 $\overline{B}_{z_0,r}$ 之上的调和函数, 则

$$u(z_0)=\frac{1}{2\pi}\int_0^{2\pi}u(z_0+r\mathrm{e}^{\mathrm{i}\theta})\mathrm{d}\theta. \tag{6.1.1}$$

特别地, 对闭圆盘 $\overline{B}_{0,r}$ 上的调和函数 u, 有以下推论.

推论 6.1.2

$$u(0)=\frac{1}{2\pi}\int_0^{2\pi}u(r\mathrm{e}^{\mathrm{i}\theta})\mathrm{d}\theta. \tag{6.1.2}$$

这里值得指出的是, 调和函数的均值公式 (6.1.1) 和 (6.1.2) 其实蕴涵了调和函数的极大模和极小模性质 (定理 5.1.5 和定理 5.1.1). 事实上, 上面的讨论说明 $u(z)$ 的调和性蕴涵了开圆盘 $B_{z_0,r}$ 之上, 对任何正数 δ 都有 $u(z_0)=\dfrac{1}{2\pi}\displaystyle\int_0^{2\pi}u(z_0+\delta\mathrm{e}^{\mathrm{i}\theta})\mathrm{d}\theta$. 若 z_0 还是开圆盘 $B_{z_0,r}$ 之上调和函数 $z(z)$ 的极大值点, 则必有 $u(z_0+\delta\mathrm{e}^{\mathrm{i}\theta})\leqslant u(z_0)$. 而式 (6.1.1) 的右端显然可以解释为函数 $u(\theta)$ 在区间 $[0,2\pi]$ 的平均值, 这说明为了使等式 (6.1.1) 成立, 必须有 $u(\theta)\equiv u(z_0)$. 极小值点的讨论是完全类似的. 从这个观察出发, 给出下面定义.

定义 6.1.3　假设 $u(z)$ 是区域 Ω 之上的实值连续函数, 称其满足均值性质若对任何包含在 Ω 内的闭圆盘 $|z-z_0|\leqslant r$ 都有 $u(z_0)=\dfrac{1}{2\pi}\displaystyle\int_0^{2\pi}u(z_0+r\mathrm{e}^{\mathrm{i}\theta})\mathrm{d}\theta$.

6.1.4　Possion 积分公式

假设 $u(x,y)$ 是闭圆盘 $D_r=\overline{B}_{0,R}$ 之上的调和函数, $f(z)=u(x,y)+\mathrm{i}v(x,y)$, 其中 $v(x,y)$ 是调和函数 $u(x,y)$ 的共轭调和函数. 现在考察圆盘 D_R 内一点 z_0 处调和函数 u 的取值 $u(z_0)$ 关于 u 在边界 $C_R=\partial D_r$ 之上取值的表示. 我们将利用分式线性变换和上面得到的中值公式来实现这一目的.

1. 构造 D_R 上的分式线性变换 τ 将点 $z_0=r\mathrm{e}^{\mathrm{i}\theta_0}$ 映作 0 点.

a. 线性函数 $w(z)=\dfrac{1}{R}z$ 将 D_R 保形映照为开单位圆盘 $\mathbb{D}$, 特别地, 将 z_0 映作 $w_0=\dfrac{z_0}{R}$;

b. 分式线性变换 $\tau(z)=\dfrac{z-w_0}{1-\bar{w}_0z}$ 将 $\mathbb{D}$ 保形映照为 $\mathbb{D}$, 特别地, 将 w_0 映作 0;

c. 线性函数 $g(z)=Rz$ 将 $\mathbb{D}$ 保形映照为 D_R, 特别地, 将 0 点映作 0 点.

因此, $\sigma(z)=g\circ\tau\circ w(z)=\dfrac{R^2(z-z_0)}{R^2-\bar{z}_0z}$ 即为一个所求的分式线性变换.

2. $\tilde{u}=u\circ\sigma^{-1}$ 仍是 D_R 之上的调和函数. 事实上, 注意到 $f\circ\sigma^{-1}$ 是 D_R 之上的解析函数, 而 $u\circ\sigma^{-1}$ 是它的实部.

3. 由中值公式有 $\tilde{u}(0)=\dfrac{1}{2\pi}\displaystyle\int_0^{2\pi}\tilde{u}(R\mathrm{e}^{\mathrm{i}\psi})\mathrm{d}\psi$, 亦即

$$u(z_0)=\tilde{u}(0)=\frac{1}{2\pi}\int_0^{2\pi}\tilde{u}(R\mathrm{e}^{\mathrm{i}\psi})\mathrm{d}\psi=\frac{1}{2\pi}\int_0^{2\pi}u\circ\sigma^{-1}(R\mathrm{e}^{\mathrm{i}\theta})\mathrm{d}\psi.$$

4. 现在需要寻找 $\tilde{u}(\psi)$ 与 $u(\theta)$ 以及 $\mathrm{d}\psi$ 与 $\mathrm{d}\theta$ 之间的关系.

a. 将 ψ 视作 θ 的函数 $\psi(\theta)$, 则在上面的积分中有 $\tilde{u}(\psi)=\tilde{u}(\psi(\theta))=u\circ\sigma^{-1}(Re^{i\psi})=u(\theta)$;

b. 在圆周 C_R 之上, 有

$$\sigma: Re^{i\theta}\to Re^{i\psi}=\frac{R^2(Re^{i\theta}-z_0)}{R^2-\bar{z}_0Re^{i\theta}}.$$

或等价地, 有

$$e^{i\theta}\to e^{i\psi}=\frac{R(Re^{i\theta}-z_0)}{R^2-\bar{z}_0Re^{i\theta}}.$$

对等式两边求微分, 有

$$ie^{i\psi}d\psi=iRe^{i\theta}\cdot\frac{R^2-z_0\bar{z}_0}{(R-\bar{z}_0e^{i\theta})^2}\cdot d\theta. \tag{6.1.3}$$

将

$$e^{i\psi}=\frac{R(Re^{i\theta}-z_0)}{R^2-\bar{z}_0Re^{i\theta}}$$

代入式 (6.1.3), 整理得到

$$\begin{aligned}d\psi&=\frac{R^2-z_0\bar{z}_0}{(R-\bar{z}_0e^{i\theta})(Re^{i\theta}-z_0)}\cdot e^{i\theta}d\theta\\&=\frac{|R^2|-r^2}{|R-\bar{z}_0e^{i\theta}|^2}\cdot d\theta\\&=\frac{R^2-r^2}{R^2-2Rr\cos(\theta-\theta_0)+r^2}\cdot d\theta.\end{aligned}$$

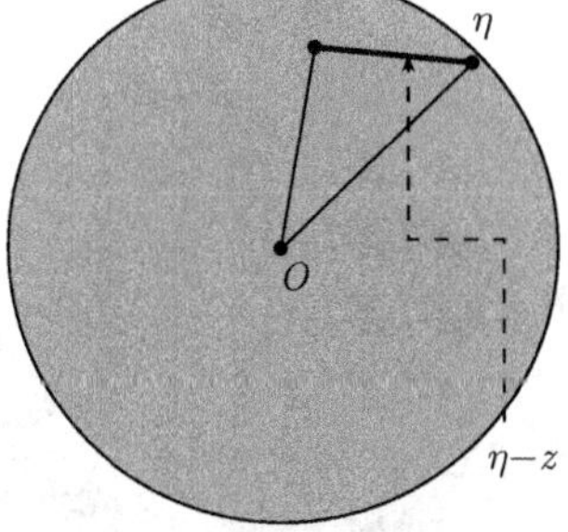

图 6.1 粗线表示 $\eta-z$

由余弦定理 (图 6.1) 得到

$$R^2-2Rr\cos(\theta-\theta_0)+r^2=|Re^{i\theta}-re^{i\theta_0}|^2=|\eta-z|^2,$$

我们有以下定理.

定理 6.1.4　设 $u(z)$ 是闭圆盘 $D_r = \overline{B}_{0,R}$ 之上的调和函数. 记 $\eta = Re^{i\theta}, z = re^{i\theta}$, 则有

$$\begin{aligned} u(z) &= \frac{1}{2\pi}\int_0^{2\pi} \frac{R^2 - r^2}{R^2 - 2Rr\cos(\theta - \theta_0) + r^2} \cdot u(\theta)d\theta \\ &= \frac{1}{2\pi}\int_0^{2\pi} \frac{R^2 - r^2}{|Re^{i\theta} - re^{i\theta_0}|^2} \cdot u(\theta)d\theta \\ &= \frac{1}{2\pi}\int_0^{2\pi} \frac{R^2 - r^2}{|\eta - z|^2} \cdot u(\theta)d\theta. \end{aligned} \tag{6.1.4}$$

式 (6.1.4) 中出现的函数

$$\frac{R^2 - r^2}{R^2 - 2Rr\cos(\theta - \theta_0) + r^2} = \frac{R^2 - r^2}{|Re^{i\theta} - re^{i\theta_0}|^2} = \frac{R^2 - r^2}{|\eta - z|^2}$$

称为 Possion 核①. 对定理 6.1.4 我们有以下注记.

注记 6.1.1　注意公式 (6.1.4) 中积分项可以分解为 Possion 核以及 $u(\theta)d\theta$ 两部分. Possion 核显然和具体的调和函数 $u(z)$ 没有关系, 因此决定 $u(z)$ 具体取值的是 $u(\theta)d\theta$ 这部分. 对实分析比较熟悉的读者可能已经注意到, 可以将其视作区间 $[0, 2\pi]$ 之上的某个正测度 (当然也可以看做是圆周上的正测度). 这样做的好处是, 我们可以借助实分析的工具研究调和函数进而研究解析函数.

注记 6.1.2　定理中的条件 "$u(z)$ 是闭圆盘 $D_r = \overline{B}_{0,R}$ 之上的调和函数" 可以减弱为 "$u(z)$ 是开圆盘 $D_r = B_{0,R}$ 之上的调和函数且在闭圆盘 $D_r = \overline{B}_{0,R}$ 之上连续". 证明相对简单请读者自行证明.

图 6.2　Siméon Denis Poisson (1781~1840)

① Possion 的图片 (图 6.2) 源自 Wiki.

6.2 Dirichlet 问题的解

6.2.1 Harnack 定理

定理 6.2.1 (Harnack 不等式) 假设函数 u 在闭圆盘 $\overline{D_{0,\rho}}$ 之上连续, 在 $D_{0,\rho}$ 之上调和, 且在边界 $\partial D_{0,\rho}$ 之上恒取非负值. 则对 $z=r\mathrm{e}^{\mathrm{i}\theta}$ 有

$$\frac{\rho-r}{\rho+r}u(0)\leqslant u(z)\leqslant\frac{\rho+r}{\rho-r}u(0). \tag{6.2.1}$$

证明 首先有下面不等式 (图 6.3 和图 6.4):

$$\frac{\rho-r}{\rho+r}\leqslant\frac{\rho^2-r^2}{|\rho\mathrm{e}^{\mathrm{i}\theta}-z|^2}\leqslant\frac{\rho+r}{\rho-r}.$$

由 Poisson 积分公式以及 $u(z)$ 在边界上恒取非负值 (注意这一点保证了不等式的方向), 定理得证.

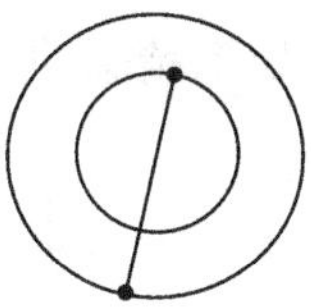

图 6.3 $\rho-r$ 最大值

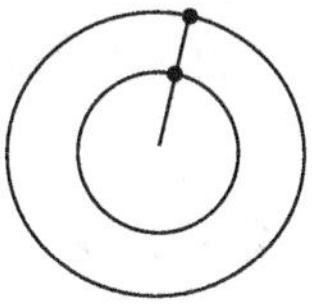

图 6.4 $\rho-r$ 最小值

定理 6.2.2(Harnack 原理) 设 u_n 是某个区域 Ω_n 上的调和函数. Ω 是复平面上的区域, 满足对任何 Ω 中的点 z, 存在其邻域 U_z 使得以下条件成立:

1. 除去有限多个 Ω_{n_k} 以外, U_z 总是包含在剩下的区域 Ω_n 中. 亦即存在 n_0 使得 $U_z\in\cap_{k=n}^{\infty}\Omega_k$ 当 $n\geqslant n_0$;

2. 当 n 充分大时, 有 $u_n(z)\leqslant u_{n+1}(z)$, 对所有的 $z\in U_z$.

则有 u_n 内闭一致收敛到某个调和函数 u 或内闭一致收敛至 ∞.

证明 利用 Harnack 不等式, 可以验证内闭一致收敛性质; 注意到 Poisson 积分保证了极限函数的调和性.

1. 假设存在某个点 $z_0\in\Omega$ 使得 $\lim\limits_{n\to\infty}u_n(z_0)=\infty$. 此时由定理假设, 存在某个正数 δ 和正整数 m 使得在圆盘 $B_{z_0,\delta}=|z-z_0|<\delta$ 之上, $u_n(z_0)$ 单调不减的收敛至 ∞. 由 Harnack 不等式, 我们得到在 $B_{z_0,\delta}$ 之上处处有 $\lim\limits_{n\to\infty}u_n(z)=\infty$. 由区域的连通性, 可以利用定理 4.2.3 证明中的方法将其推广到整个区域之上.

2. 现在假设极限 $\lim\limits_{n\to\infty}u_n(z)$ 在整个区域之上处处有限. 由 Harnack 不等式的后半部分, 显然极限在取定的一点 z_0 附近的开圆盘之上是内闭一致有界的. 容易看出由此可以推出 (利用紧性) $u_n(z)$ 在区域 Ω 之上是内闭一致有界的. 现在利用

定理 6.1.2 中的讨论, 可以给 $u_n(z)$ 搭配上合适的调和共轭函数从而得到局部上内部一致收敛的解析函数序列, 进而利用定理 6.1.2 验证极限函数的调和性 (验证它是解析函数的实部). 请读者自行补充证明的细节.

例题 6.2.1　Harnack 原理证明的第二部分也可以利用定理 A.1.1. 事实上显然由 u_n 的单调性和 Harnack 不等式, 在 z_0 附近的一个闭圆盘 $\overline{D_{z_0,r}}$ 之上其一致收敛到某个函数 $u(z)$. 由 u_n 的调和性, 其在 $D_{z_0,r}$ 上的取值可以由 Poisson 积分表示. 而后利用一致收敛性 (保证积分和极限能够换序) 可以证明 u 在 $D_{z_0,r}$ 上的取值可以由其在圆周 $\partial D_{z_0,r}$ 之上的 Poisson 积分表示. 请读者按照这个思路完成第二步的证明.

6.2.2　次调和函数

为了研究 Dirichlet 问题的解的性质, 还需要引入下面的定义.

定义 6.2.1　定义在区域 Ω 之上的连续实值函数 $v(z)$ 称为是在区域 Ω 之上次调和 (subharmonic) 的, 若对任何区域 $\Omega' \subset \Omega$ 之上的调和函数 $u(z)$ 函数 $v(z)-u(z)$ 在 Ω 之上满足极大模性质.

关于次调和函数的定义, Lars V. Ahlfors 教授有如下精彩的讲解 (参考文献 [2], 245 页)

…… 一维形式的Laplace 方程具有形式 $\dfrac{\mathrm{d}^2u}{\mathrm{d}^2x}=0$. 因此单变量的调和函数即是线性函数 $u(x)=sx+t, s,t\in\mathbb{R}$. 一个函数 $v(x)$ 称为是凸的, 若在任何区间 $I=[a,b]$ 上必有 $v(x)\leqslant v(a)+\dfrac{v(b)-v(a)}{b-a}\cdot(x-a)$. 如果这种观察推广到二维的情形, 我们就被引向次调和函数的定义. 线性函数对应调和函数, 区间对应区域, 区间的端点对应区域的边界. 进而称单复变函数实值函数或者是二个实变量的实值函数 $v(z)$ 是次调和的, 若调和函数 $u(z)$ 在一个区域 Ω 的边界上和 $v(z)$ 取值相同蕴涵在区域 Ω 的内部有 $v(z)\leqslant u(z)$. 为了这种提法更契合我们解决Dirichlet 问题的需要, 把这个条件简化为 "如果在区域的边界上对调和函数 $u(z)$ 有 $v(z)\leqslant u(z)$ 则在区域内部处处有 $v(z)\leqslant u(z)$". ……

例题 6.2.2　注意到常值函数自然是次调和函数, 验证次调和函数按照定义自动满足极大模性质.

定理 6.2.3　定义在区域 Ω 之上的连续实值函数 $v(z)$ 是次调和的当且仅当对任何包含在区域 Ω 中圆盘 $z;|z-z_0|\leqslant r$ 下面不等式成立:

$$v(z_0)\leqslant\int_0^{2\pi}v(z_0+r\mathrm{e}^{\mathrm{i}\theta})\mathrm{d}\theta. \tag{6.2.2}$$

证明　1. 必要性. 记 $z=\delta\mathrm{e}^{\mathrm{i}\theta_0}$, 注意到由定理 A.1.1 可知由 Poisson 积分定义的函数

$$u(z)=\frac{1}{2\pi}\int_0^{2\pi}\frac{r^2-\delta^2}{r^2-2\delta r\cos(\theta-\theta_0)+\delta^2}\cdot v(z_0+re^{i\theta})d\theta$$

是开圆盘 $D_{z_0,r}$ 之上的调和函数. 在边界圆周 $\partial D_{z_0,r}$ 之上处处有 $u(z)=v(z)$, 因此由均值公式有 $v(z_0)\leqslant u(z_0)=\int_0^{2\pi}v(z_0+re^{i\theta})d\theta$.

2. 充分性. 注意不等式 (6.2.2) 蕴涵了极大模性质. 而调和函数满足均值性质, 因此函数 $v(z)-u(z)$ 同样满足不等式 (6.2.2).

下面列出稍后我们需要用到的一些次调和函数的性质, 它们的详细证明见文献 [2] 的 246~247 页.

定理 6.2.4 1. 假设函数 $v(z)$ 是区域 Ω 之上的次调和函数, 则对任何常数 $k\geqslant 0$ 函数 $kv(z)$ 也是次调和的;

2. 假设函数 $v_1(z),v_2(z)$ 是区域 Ω 之上的次调和函数, 则函数 $v_1(z)+v_2(z)$ 也是次调和的;

3. 假设函数 $v_1(z),v_2(z)$ 是区域 Ω 之上的次调和函数, 则函数 $v(z)=\sup v_1(z)$, $v_2(z)$ 也是次调和的;

4. 假设开圆盘 $\Delta=\{z;|z-a|<R\}$ 的闭包包含在区域 Ω 中, 函数 $v(z)$ 是区域 Ω 之上的次调和函数. 若将开圆盘 Δ 内点 $z=re^{i\theta}$ 处 v 的取值 $v(z)$ 替换成

$$P_v(z)=\frac{1}{2\pi}\int_0^{2\pi}\frac{R^2-r^2}{R^2-2Rr\cos(\theta-\theta_0)+r^2}\cdot d\theta$$

且保持开圆盘外的点取值不变, 则如此得到的函数仍然是次调和函数.

定理 6.2.4 中的性质 4 非常重要, 在以下的证明中经常用它来构造合适的函数.

6.2.3 Dirichlet 问题的解

第一个利用次调和函数来研究 Dirichlet 问题的人是 O.Perron. 他的理论相当具有一般性, 也是非常初等的.

考虑有界区域 Ω 及其边界上的实值函数 $f(\zeta)$, 这里为了清楚, 总是用 ζ 来表示 Ω 的边界 Γ 之上的点. 开始的时候, 甚至不用要求 f 是连续的, 但是为简单起见, 假设 f 是有界的, $|f(\zeta)|\leqslant M$.

很类似于 Riemann 保形映照原理 (定理 5.5.1) 的证明, 我们将讨论分为三部分.

a. 对每个 f 可以按照 6.2.4 小节中介绍的程序, 构造一个相关的函数集合 $\mathfrak{B}(f)$ 进而利用指配一个调和函数 $u(z)$;

b. 假设 f 是连续的, 验证当 Ω 满足相当宽松的条件时 u 即是区域 Ω 之上以 f 为边值条件的 Dirichlet 问题的解;

c. 具体讨论条件的适用范围.

我们将每个步骤的讨论安排在一个独立的小节中.

6.2.4　定义集合类 $\mathfrak{B}(f)$

定义 $\mathfrak{B}(f)$ 是满足如下条件的函数族:

a. v 在 Ω 之上是次调和的;

b. 对所有的 $\zeta \in \Gamma$, 有 $\limsup\limits_{z\to\zeta} v(z) \leqslant f(\zeta)$.

条件 b 等价于如下条件:

b$'$. 给定 $\varepsilon > 0, \zeta \in \Gamma$, 存在 ζ 的邻域 Δ, 使得在 $\Delta \cap \Omega$ 之上, 恒有 $v(z) < f(z) + \varepsilon$.

集合类 $\mathfrak{B}(f)$ 显然是非空的, 因为常值函数 $f \equiv c$ 当 $c \leqslant -M$ 时属于 $\mathfrak{B}(f)$. 下面证明引理.

引理 6.2.1　函数 $u(z) = \sup_{v\in\mathfrak{B}}\{v(z)\}, z \in \Omega$, 是区域 Ω 之上的调和函数.

证明　将证明分为三个步骤.

1. 断言 $v(z) \leqslant M, \forall v \in \mathfrak{B}, z \in \Omega$. 这是极值原理的简单推论, 但是由于这一结果非常重要, 我们给它一个更为精细的解释. 取定 $\varepsilon > 0$, 记 $E = \{z \in \Omega; v(z) \geqslant M + \varepsilon\}$. 其余集 E^c 中的点可以分为三类:

(i) 区域 Ω 的外部的点;

(ii) Γ 之上的点; 以及

(iii) 区域 Ω 中, 满足 $v(z) < M + \varepsilon$ 的点.

注意到第一类点落在区域 Ω 的外部; 第两类点由性质 b' 保证了存在邻域 U 使得在 $U \cap \Omega$ 之上有 $v(z) < M + \varepsilon$ 而集合 $U - \Omega$ 中的点显然是属于 E^c 的第一类点, 因此 $U \subset E^c$. 特别地, 第二类点是 E^c 的内点; 第三类点由函数 $v(z)$ 的连续性可知是 E^c 的内点. 因此这三类点都是 E^c 的内点, 因此 E 是一个闭集. 又 Ω 为有界集, 可知 E 是一个紧集. 若 E 非空, 则 v 在 E 之上有极大值, 从而也是 v 在 Ω 之上的极大值, 这与性质 b 矛盾. 因此对任何 ε, E 都是空集. 由此可知在 Ω 之上有 $v(z) \leqslant M$.

2. 构造在开圆盘 $\Delta \subset \Omega$ 之上调和、在指定点 z_0 处取 $u(z_0) = \sup_{v\in\mathfrak{B}(f)} v(z_0)$ 的调和函数 $U(z)$(图 6.5).

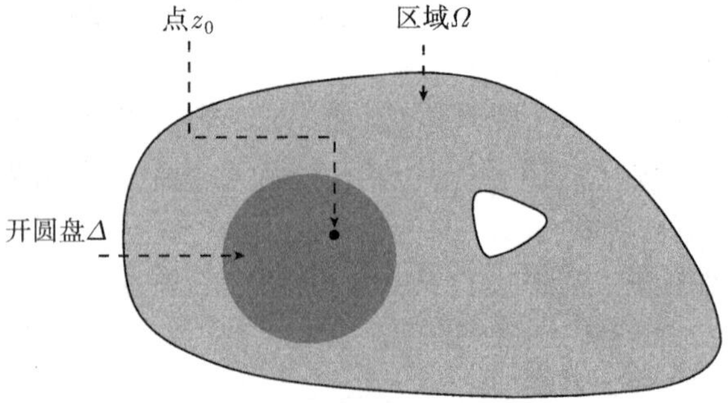

图 6.5　修订局部值

考虑包含在区域 Ω 中的开圆盘 Δ. 取定点 $z_0 \in \Delta$, 由函数 $u(z)$ 的定义存在一列 $v_n \in \mathfrak{B}(f)$ 使得 $\lim\limits_{n\to\infty} v_n(z_0) = u(z_0)$. 令 $V_n = \max(v_1, v_2, \cdots, v_n)$, 则 V_n 是 $\mathfrak{B}(f)$ 中的不减函数序列. 现在令 $V'(n)$ 在 Δ 外部等于 V_n, 在 Δ 之上等于 V_n 在 $\partial\Delta$ 之上的 Possion 积分. 由定理 6.2.4 可知 V_n' 仍然属于 $\mathfrak{B}(f)$. 注意在开圆盘 Δ 之上, 由定理 A.1.1 可知 $V'(n)$ 还都是调和函数. 现在 V_n' 是一个不减函数序列, 而且有不等式

$$v_n(z_0) \leqslant V_n(z_0) \leqslant V_n'(z_0) \leqslant u(z_0),$$

因此有 $\lim\limits_{n\to\infty} V_n'(z_0) = u(z_0)$. 由 Harnack 原理知, 序列 $\{V_n'\}$ 在 Δ 之上收敛到一个调和函数 $U(z)$, 且满足 $U \leqslant u, U(z_0) = u(z_0)$.

3. 断言：实际在开圆盘 Δ 之上, 处处有 $U(z) = u(z)$. 显然断言的结论蕴涵了 $u(z)$ 在 Δ 之上的调和性. 任取 Δ 中点 z_1, 现在对其重复在步骤 2 中的讨论. 首先选取 $w_n \in \mathfrak{B}(f)$ 使得 $\lim\limits_{n\to\infty} w_n(z_1) = u(z_1)$, 然后用 $\bar{w}_n = \max(w_n, v_n)$ 代替 w_n. $\bar{w}_n$ 的选取使得我们能够控制极限函数在 z_0 处的值不被干扰. 利用其类似的构造 W_n 和 W_n', 我们得到了 Δ 上的调和函数 U_1, 满足 $U(z) \leqslant U_1(z) \leqslant u(z), \forall z \in \Delta$ 且 $u(z_1) = U_1(z_1)$. 此时在点 z_0 处调和函数 $U_1 - U$ 取极小值 0, 因此其在 Δ 之上是一个常值函数. 从而在 Δ 之上有 $U = U_1$. 这意味着 $U(z) = u(z), \forall z \in \Delta$. 换言之, u 是 Δ 之上的调和函数.

6.2.5 解存在的条件

一般地, Dirichlet 问题的解不一定存在.

例 6.2.1 考虑圆环区域 $\Omega = \mathbb{D} - \{0\}$. 令

$$f(z) \equiv 1, z \in \partial\mathbb{D}, \quad f(0) = c, c \in \mathbb{C}.$$

假设 $u(z)$ 是对应的 Dirichlet 问题的解, 现在考虑 0 点附近 $u(z)$ 的取值情况. 假设 $c \neq 1$. 此时 $u(z) - 1$ 是在 $\mathbb{D} - \{0\}$ 上调和, 在 $\overline{\mathbb{D}}$ 之上连续的函数. 而且在 $\partial\mathbb{D}$ 上恒为 0. 0 点是 $u(z)$ 的可去奇点②因此 $u(z)$ 实际上是 $\mathbb{D}$ 上的调和函数, 这意味着有 $u(z) \equiv 0, z \in \mathbb{D}$ z_0 点是 $u(z)$ 的可去奇点, 因此 z_0 点的函数值不能随意取定.

但是, 当边界充分好的时候, 解是存在的.

---

② 证明留做习题. 提示：

1. 按照定理 6.1.2 证明中的办法, 利用偏导数 $U = \dfrac{\partial u}{\partial x}, V = \dfrac{\partial u}{\partial y}$ 可以构造 $\mathbb{D} - \{0\}$ 上的解析函数 $F(z) = U(z) + \mathrm{i}V(z)$;

2. 注意 0 点是解析函数 $F(z)$ 的孤立奇点. 利用 $u(z)$ 有界的条件证明 0 不可能是极点; 利用 Picard 大定理和 Hesse 矩阵 (注意由 Laplace 方程, 调和函数的 Hesse 矩阵具有特殊的形式) 以及极大模性质验证 0 点不可能是本性奇点.

首先, 可以看出若 Dirichlet 问题的解 U 存在时, 必定是上边所定义的 u. 事实上, $U \in \mathfrak{B}(f)$, 有 $U \leqslant u$. 此外, 由极大模原理, 对所有的 $v \in \mathfrak{B}(f)$, 有 $v \leqslant U$, 因此有 $u \leqslant U$.

粗略地说, 只要边界不是那么 "薄", Dirichlet 问题的解总是存在的. 我们仍然假设 Ω 是有界区域且 $f(\zeta) \leqslant M$.

我们的主要想法是利用 $w(\zeta)$ 来构造边界上的 $f(\zeta)$ 的调和控制 $W(\zeta)$(图 6.6), 进而得到 $f(z)$ 在 Ω 之上的调和控制 $W(z)$. 这里要注意三点.

a. 由 $\mathfrak{B}(f)$ 的构造, 事实上我们可以局部地考虑问题. 更准确地说, 我们的所谓控制在 ζ_0 点附近要精确, 但是在其他地方可以粗放一些 (只要控制得住就可以了).

b. 在引理 6.2.1 的讨论中, 我们只是从 $\mathfrak{B}(f)$ 中挑选了一个调和函数 $u(z)$, 而没有就其性质做细致的讨论. 虽然以下引理似乎说的是 "控制的好, $u(z)$ 的性质就好", 但是 6.2.6 小节中的讨论说明实际上把它几何的解释为 "边界好, $u(z)$ 的性质就好";

c. $w(\zeta)$ 在边界上的连续性和 f 在 ζ_0 处的连续性在引理的证明中都是必须的.

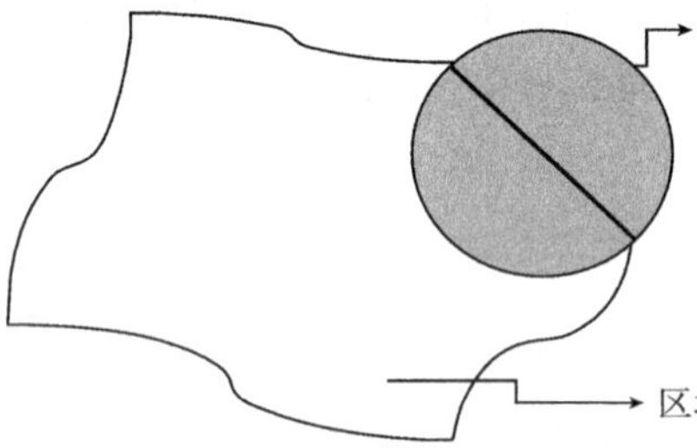

图 6.6　构造控制函数

引理 6.2.2　假设 $w(z)$ 是区域 Ω 之上以 $w(\zeta)$ 为连续边界值的 Dirichlet 问题的解, 而且在边界 $\partial\Omega$ 之上, 有 $w(\zeta_0) = 0$ 且 $w(\zeta) > 0, \forall\zeta \neq \zeta_0$. 假设 $f(\zeta)$ 在 ζ_0 点处连续, 则由 Perron 模型决定的 u 满足 $\lim\limits_{z\to\zeta_0} f(\zeta) = f(\zeta_0)$.

证明　首先注意有 $M - f(\zeta_0) \geqslant 0, M + f(\zeta_0) > 0$.

显然只需验证: 对任意取定的 $\varepsilon > 0$, 有以下两条性质:

1. $\lim\limits_{z\to\zeta_0} \sup u(z) \leqslant f(\zeta_0) + \varepsilon$;
2. $\lim\limits_{z\to\zeta_0} \inf u(z) \geqslant f(\zeta_0) + \varepsilon$.

性质 1 的证明. 由 f 连续, 可取 ζ_0 的邻域 Δ 使得对任何 $\zeta \in \Delta$ 有 $|f(\zeta) - f(\zeta_0)| < \varepsilon$. 在 $\Omega - \Delta \cap \Omega$ 之上函数 $w(z)$ 有正的极小值 w_0. 考察如下调和函数的边界值:

$$W(z) = f(\zeta_0) + \varepsilon + \frac{w(z)}{w_0}(M - f(\zeta_0)).$$

i. 对 $\zeta \in \Delta$, 注意到 $\dfrac{w(z)}{w_0} > 0, M - f(\zeta_0) \geqslant 0$, 有 $W(\zeta) \geqslant f(\zeta_0) + \varepsilon > f(\zeta)$;

ii. 对 Δ 外面的 ζ, 注意到 $\dfrac{w(z)}{w_0} \geqslant 1$, 有

$$W(z) = f(\zeta_0) + \varepsilon + \frac{w(z)}{w_0}(M - f(\zeta_0)) \geqslant f(\zeta_0) + \varepsilon + 1 \cdot (M - f(\zeta_0)),$$

得到 $W(\zeta) \geqslant M + \varepsilon > f(\zeta)$.

iii. 由 W 的构造, $W(z)$ 是区域 Ω 之上以 $W(\zeta)$ 为连续的边界值的调和函数. 而且特别地, 有 $\lim\limits_{z \to \zeta_0} W(z) = f(\zeta_0) + \varepsilon$.

由极大模原理, 对 $v \in \mathfrak{B}(f)$ 必有 $v(z) < W(z)$. 进而有 $u(z) \leqslant W(z)$, 因此

$$\lim_{z \to \zeta_0} \sup u(z) \leqslant \lim_{z \to \zeta_0} \sup W(z) = W(\zeta_0) = f(\zeta_0) + \varepsilon.$$

第一个不等式证毕.

性质 2 的证明. 为验证第二个不等式, 只需证明下面定义的函数也在 $\mathfrak{B}(f)$ 中:

$$V(z) = f(\zeta_0) - \varepsilon - \frac{w(z)}{w_0}(M + f(\zeta_0)).$$

对 $\zeta \in \Delta$ 有 $V(\zeta) \leqslant f(\zeta_0) - \varepsilon < f(\zeta)$, 在其他边界点处 $V(\zeta) \leqslant -M - \varepsilon < f(\zeta)$. 由 V 调和, 有 $V \in \mathfrak{B}(f)$, 进而有 $u(z) \geqslant V(z)$, $\lim\limits_{z \to \zeta_0} \inf u(z) \geqslant V(\zeta_0) = f(\zeta_0) - \varepsilon$. 引理证毕.

注记 6.2.1 注意性质 1 并不是平凡的, 因为

1. 一般而言, 确实可能存在 $z_0 \in \Omega$, 使得 $|f(z_0)| \geqslant |f(\zeta_0)|$.

2. $\mathfrak{B}(f)$ 的定义中只是对给定的函数要求了这一性质, 但是它们趋于边界点时的取值变化情况可能不同.

6.2.6 Barrier 的存在性

定义 6.2.2(Barrier) 假设 Ω 是复平面上的区域, $\Gamma = \partial\Omega$. 对点 ζ_0, 若存在 Ω 上的调和函数 $u(z)$ 使得其为具有连续的边界值 $u(\zeta)$ 的 Dirichlet 问题的解, 使得 $u(\zeta_0) = 0$ 且对任何的 $\zeta \neq \zeta_0, \zeta \in \Gamma$ 有 $u(\zeta) > 0$, 则称 u 是点 ζ_0 的一个 Barrier.

上面的讨论说明若点 ζ_0 有一个 Barrier, 则如上定义的 Ω 上的调和函数 u, 满足 $\lim\limits_{z \to \zeta_0} u(z) = f(\zeta_0)$. 因此, 若区域 Ω 的边界点都有一个 Barrier, 则其上的 Dirichlet 问题总是可解的.

若区域 Ω 及其边界 Γ 除去点 ζ_0 以外都位于上半平面, 则显然 ζ_0 有一个 Barrier $w(z) = y, \forall z = x + \mathrm{i}y$. 类似地, 如果区域 Ω 及其边界 Γ 除去点 ζ_0 以外都位于平面上直线 $l(t) = \zeta_0 + t\mathrm{e}^{\mathrm{i}\theta_0}$ 的一侧, 则函数 $w(z) = \mathrm{Im}\,\mathrm{e}^{-\mathrm{i}\theta_0}(z - \zeta_0)$ 或 $-w(z)$ 可以提供一个合适的 Barrier.

更一般地, 假设对 ζ_0 存在直线段 $\overline{z_0\zeta_0}$ 使得 $\overline{z_0\zeta_0}$ 上的点除了 ζ_0 以外都落在区域 Ω 的外部 (即 $\zeta_0-\{\zeta_0\}\cap\overline{\Omega}=\varnothing$), 则 ζ_0 有 Barrier. 事实上函数

$$h(z)=\sqrt{\frac{z-\zeta_0}{z-z_0}}, z\in\mathbb{C}-\overline{z_0\zeta_0}$$

可选取单值连续分支使得 $\arg h(z)\in\left(-\frac{\pi}{2},\frac{\pi}{2}\right)$(图 6.7). 由于 $\overline{z_0\zeta_0}\notin\overline{\Omega}$, 存在 $\delta>0$ 使得 $\arg h(z)\in\left(-\frac{\pi}{2}+\delta,\frac{\pi}{2}-\delta\right)$, 即属于右半平面. $w(z)=x$ 即是它的一个 Barrier.

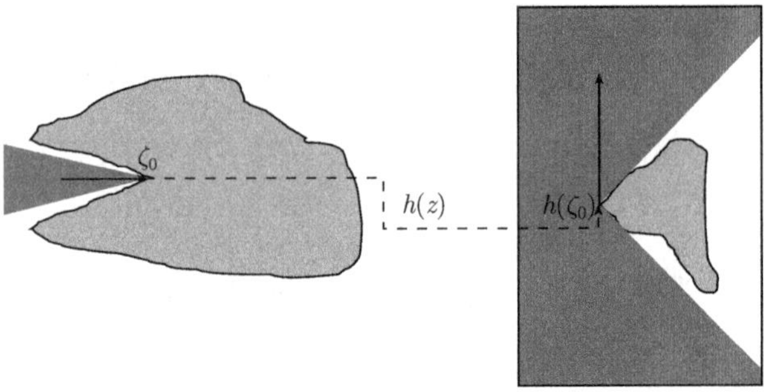

图 6.7　Barrier 的存在性

定理 6.2.5　Dirichlet 问题可解, 当每个边界点都存在一条直线段使得除去此点外线段完全落在区域的外部.

利用以上的 Perron 模型, 能够得到的最好结果是以下定理.

定理 6.2.6　Dirichlet 问题可解, 若区域 Ω 的余集没有任何退化为一点的连通分支.

习　　题

1. 试写出极坐标形式和用 $\frac{\partial}{\partial z},\frac{\partial}{\partial \bar{z}}$ 形式表述的 Laplace 方程.

2. 设 $f(z)$ 是区域 D 上的解析函数, 讨论 $|f(z)|$, $\arg f(z)$ 和 $\ln|f(z)|$ 是否是 D 上的调和函数.

3. 证明下列命题.

(1) 调和函数的线性组合 $\sum_{k=1}^{n}c_ku_k(x,y)$ 是调和函数;

(2) 若调和函数 $u(x,y)$ 的自变量替换成 $x=\frac{\xi}{\xi^2+\eta^2}$ 和 $y=\frac{\eta}{\xi^2+\eta^2}$, 则替换后的函数是调和函数.

4. 设 $u(x,y)=x^2-y^2+x$, 求 $u(x,y)$ 的共轭调和函数.

5. 设 $u(x,y)=\frac{x}{x^2+y^2}$, 求 $|z|>0$ 上 $u(x,y)$ 的共轭调和函数.

6. 设实值函数 $u(z)$ 在整个复平面 $\mathbb{C}$ 上调和, 证明如果 $u(z)$ 有界, 则其必恒为常数.

7. 如果一个复值函数满足 Laplace 方程, 则称之为复调和函数. 证明若 $f(z)$ 和 $zf(z)$ 是区域 D 上的复调和函数, 则 $f(z)$ 是区域 D 上的解析函数.

8. 对 $0 < r < R < +\infty$, 证明

$$\frac{1}{2\pi}\int_0^{2\pi}\frac{R^2-r^2}{R^2-2Rr\cos(\theta-\varphi)+r^2}\mathrm{d}\theta = 1.$$

9. 对 $-1 < r < 1$, 证明

$$\int_0^{\pi}\ln(1-2r\cos\theta+r^2)\mathrm{d}\theta = 0.$$

10. 试求一个单位圆盘内的调和函数, 使其在单位圆的一段弧上取值为 1, 而在圆上其余部分取值为 0.

11. 试求一个上半平面内的调和函数, 使其在实轴的一段区间上取值为 1, 而在实轴上其余部分取值为 0.

12. 设实值函数 $u(z)$ 在 $|z| \leqslant 1$ 上调和, 证明

$$f(z) = \frac{1}{2\pi}\int_0^{2\pi}\frac{\mathrm{e}^{\mathrm{i}t}+z}{\mathrm{e}^{\mathrm{i}t}-z}u(\mathrm{e}^{\mathrm{i}t})\mathrm{d}t$$

在 $|z| < 1$ 内解析, 并且在 $|z| < 1$ 内, $\mathrm{Re}f(z) = u(z)$.

13. 设复值函数 $f(z)$ 在 $|z| \leqslant 1$ 上解析, 证明在 $|z| < 1$ 内,

$$f(z) = \frac{1}{2\pi}\int_0^{2\pi}\mathrm{Re}\left(\frac{\mathrm{e}^{\mathrm{i}t}+z}{\mathrm{e}^{\mathrm{i}t}-z}\right)f(\mathrm{e}^{\mathrm{i}t})\mathrm{d}t.$$

14. 设 $\varphi(z)$ 是区域 D 上的次调和函数, 而 $g(z)$ 是 $\mathbb{R}$ 上的凸函数. 证明 $g\circ\varphi$ 是区域 D 上的次调和函数.

第 7 章　解析开拓

7.1　Schwarz 反射定理

7.1.1　对称区域

首先从最简单的情况入手. 假设 Ω 是上半复平面上的区域, 自然地, 可以定义它关于实直线的对称区域 (图 7.1) 如下:

$$\Omega' = \{\bar{z}; z \in \Omega\}.$$

显然 Ω' 是下半平面上的区域.

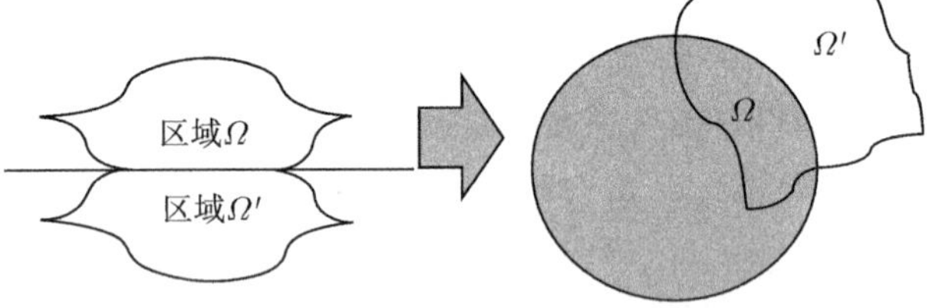

图 7.1　对称区域

假设 l 是复平面上的直线, 其方程为 $l(t) = at + b, a, b \in \mathbb{C}, t \in \mathbb{R}$. 记 τ 为分式线性变换 $\tau(z) = az + b$, 则 l 显然是实直线 $\mathbb{R}$ 关于 τ 的像. 对位于实直线 l 一侧的区域 Ω, 可以定义 Ω 关于 l 的对称区域为

$$\Omega' = \{\tau(\overline{\tau^{-1}(z)}); z \in \Omega\}.$$

假设 C 是平面上的有限圆周, 取定分式线性变换 τ, 使得 τ 将实直线 $\mathbb{R}$ 保形映照为 C, 对于位于圆周内 (外) 的区域 Ω, 类似地, 可以定义其关于圆周 C 的对称区域 (图 7.1) 为

$$\Omega' = \{\tau(\overline{\tau^{-1}(z)}); z \in \Omega\}.$$

现在给出并证明基本形式的 Schwarz 对称原理.

定理 7.1.1(Schwarz 反射原理)　假设 Ω 为平面之上关于实轴对称的区域, 记 Ω^+ 和 Ω^- 分别为其落在上半平面和下半平面的部分 $(a, b) \in \Omega, a < b$. 更设定义在 $\Omega^+ \cup (a, b)$ 之上的函数 f 满足以下条件:

1. f 在 Ω^+ 之上解析, 在 $\Omega \cup (a,b)$ 之上连续.

2. f 在 (a,b) 之上取实值.

则存在 Ω 上的解析函数 F 满足 $F(z)=f(z), \forall z \in \Omega^+ \cup (a,b)$.

证明 如图 7.2 所示, 定义

$$F(\bar{z})=\begin{cases} f(z), & z \in \Omega \cup (a,b) \\ \overline{f(\bar{z})}, & z \in \Omega^-. \end{cases}$$

显然 F 满足 $F(z)=f(z), \forall z \in \Omega \cup (a,b)$.

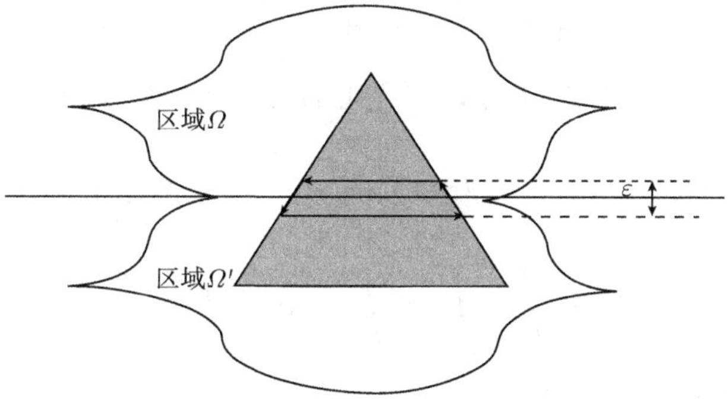

图 7.2 反射原理

1. 首先证明如上定义的函数 F 在区域 $\Omega^+ \cup (a,b) \cup \Omega^-$ 之上连续. 在区域 Ω^- 之上, F 的连续性是显然的. 对 $t \in (a,b)$, 任取点列 $z_n \to t, z_n \in \Omega \cup (a,b) \cup \Omega^-$. 将点列 $\{z_n\}$ 分为两部分, $\{z_k^+\}$ 由 $\{z_n\}$ 中所有位于集合 $\Omega^+ \cup (a,b)$ 中的点构成, 而 $\{z_k^-\}$ 由 $\{z_n\}$ 中所有位于集合 Ω^- 中的点构成. 由 f 在 $\Omega^+ \cup (a,b)$ 之上的连续性, 有 $f(z_k^+) \to f(t)$. 显然有 $\overline{z_k^-} \to t$, 因此由 f 在 Ω^+ 之上的连续性有 $f(\overline{z_k^-}) \to f(t)$, 由此得到

$$F(z_k^-)=\overline{f(\overline{z_k^-})} \to \overline{f(t)}=f(t).$$

进而有

$$\lim_{k\to\infty} f(z_k)=f(t),$$

因此函数 F 在区域 $\Omega^+ \cup (a,b) \cup \Omega^-$ 之上连续.

2. F 在区域 $\Omega^+ \cup \Omega^-$ 之上解析. 注意到对 $z_0 \in \Omega^-$, 有

$$\lim_{z\to z_0}\frac{F(z)-F(z_0)}{z-z_0}=\lim_{z\to z_0}\frac{\overline{f(\bar{z})}-\overline{f(\bar{z}_0)}}{z-z_0}=\lim_{\bar{z}\to\bar{z}_0}\overline{\left(\frac{f(\bar{z})-f(\bar{z}_0)}{\bar{z}-\bar{z}_0}\right)}=\overline{f'(\bar{z}_0)}.$$

3. 验证 F 在区间 (a,b) 之上解析. 任取 $t_0 \in (a,b)$, 显然存在 $\delta>0$ 使得 $B_{t_0,\delta} \subset \Omega$.

首先验证对任何 $B_{t_0,\delta}$ 中的三角形 $T=\Delta_{ABC}$, 有

$$\int_T F(\zeta)\mathrm{d}\zeta=0.$$

为此分情况讨论.

(a) $A,B\in(a,b), C\in\Omega^+$. 对给定的充分小的 $\varepsilon>0$, 取

$$A_\varepsilon=C+(1-\varepsilon)\overrightarrow{CA},$$
$$B_\varepsilon=C+(1-\varepsilon)\overrightarrow{CB},$$

记 $T_\varepsilon=\Delta_{A_\varepsilon B_\varepsilon C}$. 此时有 $T_\varepsilon\subset\Omega^+$, 由 $F=f$ 在 Ω^+ 之上的解析性, 得到 $\int_{T_\varepsilon}F(\zeta)\mathrm{d}\zeta=0$. 记 A_ε 和 B_ε 在 $[A,B]$ 之上的垂足分别为 $A'_\varepsilon, B'_\varepsilon$,

$$T_1=T_{AA_\varepsilon A'_\varepsilon},\quad T_2=T_{BB_\varepsilon B'_\varepsilon},\quad R=R_{A_\varepsilon B_\varepsilon B'_\varepsilon A'_\varepsilon},$$

则有

$$\int_T-\int_{T_\varepsilon}=\int_{T_1}+\int_{T_2}+\int_R.$$

由 F 在 $\overline{B_{t_0,\delta}}$ 之上有界, 显然有

$$\lim_{\varepsilon\to0}\int_{T_1}=\lim_{\varepsilon\to0}\int_{T_2}=0.$$

考察积分 $\int_R F(\zeta)\mathrm{d}\zeta$. 为简化记号, 记

$$l_+=\overrightarrow{B_\varepsilon A_\varepsilon}, l_+(t)=B_\varepsilon+t(B_\varepsilon-A_\varepsilon),\quad t\in[0,1]$$
$$l_-=\overrightarrow{B'_\varepsilon A'_\varepsilon}, l_-(t)=B'_\varepsilon+t(B'_\varepsilon-A'_\varepsilon),\quad t\in[0,1].$$

我们得到

$$\int_{l_+}-\int_{l_-}=\int_0^1(f(l_+(t))-f(l_-(t)))\mathrm{d}t.$$

F 在 $\overline{B_{t_0,\delta}}$ 之上一致连续, 得到

$$\lim_{\varepsilon\to0}\left(\int_{l_+}-\int_{l_-}\right)=0.$$

由 F 在 $\overline{B_{t_0,\delta}}$ 之上有界, 显然有

$$\lim_{\varepsilon\to0}\int_{A_\varepsilon A'_\varepsilon}=\lim_{\varepsilon\to0}\int_{A_\varepsilon A'_\varepsilon}=0.$$

因此有

$$\lim_{\varepsilon\to 0}\int_R = 0.$$

综上得到

$$\lim_{\varepsilon\to 0}\int_{T_\varepsilon} = \int_T = 0.$$

(b) $A, B \in (a,b), C \in \Omega^-$ 的情形同理可证.

(c) 一般情形. 均可转化为上面两种情况, 请读者补充证明.

4. 在圆盘 $\overline{B_{t_0,\delta}}$ 之上, 令

$$G(z) = \int_{z_0}^{z} F(\zeta)\mathrm{d}\zeta.$$

容易验证 G 是良定义的且满足 $G'(z) = F(z)$, 因此 G 是 F 在圆盘 $\overline{B_{t_0,\delta}}$ 之上的原函数, 证毕.

7.1.2 $\mathbb{H}$ 的解析自同构群

记 $\mathbb{H} = \{z \in \mathbb{C}; \mathrm{Im}(z) > 0\}$ 为上半平面. 考虑所有满足以下要求的函数:

1. $f : \overline{\mathbb{H}} \to \overline{\mathbb{H}}$ 是连续映射;
2. f 是 $\mathbb{H}$ 的解析自同构;
3. $f(\mathbb{R}) \subseteq \mathbb{R}$.

满足以上三条性质的函数显然满足对称原理的条件, 因此可以解析开拓到整个平面. 更进一步, 由其解析开拓 $\tilde{f}$ 的定义, $\tilde{f}$ 将下半平面映作下半平面. 容易验证其将实直线单、满的映作实直线, 因此 f 实际上是 $\mathbb{C}$ 的解析自同构. 由定理 5.3.2, 它具有形式 $f(z) = az + b$. 进一步讨论容易得到有 $a, b \in \mathbb{R}, a > 0$.

7.1.3 一般形式的 Schwarz 对称原理

假设 C 是复平面 $\mathbb{C}$ 之上的有限圆周或直线, τ 是将 $\mathbb{R}$ 映作 C 的分式线性变换. 若 Ω 是关于 C 对称的区域, 记 Ω^+ 和 Ω^- 分别是 Ω 落在圆周 C 内部和外部的两个部分, $I = \Omega \cap C$ 是落在圆周上的部分, 若定义在 $\Omega^+ \cup l$ 之上的函数 f 满足

1. f 在 Ω^+ 之上解析, 且在集合 $\Omega^+ \cup I$ 之上连续;
2. $f(\tau(z)) \in \mathbb{R}$.

记

$$\widetilde{\Omega}^+ = \tau^{-1}(\Omega^+), \quad \widetilde{\Omega}^- = \tau^{-1}(\Omega^-), \quad \widetilde{\Omega} = \tau^{-1}(\Omega), \quad \tilde{I} = \tau^{-1}(I).$$

显然, $\widetilde{\Omega} = \widetilde{\Omega}^+ \cup \tilde{I} \cup \tau^{-1}(I)\widetilde{\Omega}^-$ 是关于实直线对称的区域. 而复合函数

$$f \circ \tau : \widetilde{\Omega^+} \cup \tilde{I},$$
$$f \circ \tau(w) = f(\tau(w)),$$

满足

1. $f\circ\tau^{-1}$ 在 $\widetilde{\Omega}^{+}$ 之上解析, 且在集合 $\widetilde{\Omega}^{+}\cup\tilde{I}$ 之上连续;

2. $f\circ\tau^{-1}(\tilde{I})\in\mathbb{R}$.

由 Schwarz 反射原理, 存在 $\widetilde{\Omega}$ 之上的解析函数 F, 使得 F 是 $f\circ\tau^{-1}$ 在 $\widetilde{\Omega}$ 之上的扩张. 进而 $F\circ\tau$ 即是 f 在 Ω 之上的解析扩张.

此外, 假设条件 2, 换作

$2'$. $f(\tau(z))\in C$, C 是某个圆周.

则取分式线性变换 ρ, 使得 $\rho(C)=\mathbb{R}$. 此时复合函数 $\rho\circ f$ 满足上面讨论中的所有要求. 此时 $\rho^{-1}\circ F\circ\tau$ 即是所求的 f 在 Ω 之上的解析扩张.

综上, 有以下结论.

定理 7.1.2 假设 C 是复平面 $\mathbb{C}$ 之上的有限圆周或直线, τ 是将 $\mathbb{R}$ 映作 C 的分式线性变换. 若 Ω 是关于 C 对称的区域, 记 Ω^{+} 和 Ω^{-} 分别是 Ω 落在圆周 C 内部和外部的两个部分, $l=\Omega\cap C$ 是落在圆周上的部分, 若定义在 $\Omega^{+}\cup l$ 之上的函数 f 满足

1. f 在 Ω^{+} 之上解析, 且在集合 $\Omega^{+}\cup l$ 之上连续;

2. $f(\tau(z))\in C$, C 是某个圆周.

则存在 Ω 上的解析函数 G 满足 $G(z)=f(z),\forall z\in\Omega^{+}\cup l$, 使得 $G(z)=\rho^{-1}\circ F\circ\tau$. 其中 F 是 $\rho\circ f\circ\tau^{-1}$ 在 $\tau^{-1}\Omega$ 之上的扩张.

习　题

1. Joukowski 函数 $\omega=z+\dfrac{1}{z}$ 把去掉半圆盘 $\{z\in\mathbb{C};|z|<1,\ \mathrm{Im}z>0\}$ 的上半平面映射成上半平面. 试将此映射解析延拓到整个上半平面上, 并考察这个半平面的像是怎样的.

2. 在 z 平面上取实轴上的线段 $[-1,1]$ 及从原点出发的下半虚轴作为割线, 得到一区域, 作一单叶解析函数把此区域保形映射为 ω 平面的上半平面.

3. 作单叶解析函数把下列区域保形映射为单位圆的外区域.

(1) 在 z 平面上取实轴上的线段 $[-1,1]$ 及虚轴上的线段 $[-\mathrm{i},\mathrm{i}]$ 作为割线得到的区域;

(2) 在 z 平面上取实轴上的射线 $(-\infty,-1]$, $[1,+\infty)$ 及取虚轴上的射线 $(-\mathrm{i}\infty,-\mathrm{i}]$, $[\mathrm{i},+\mathrm{i}\infty)$ 作为割线得到的区域.

4. 设函数 $\omega=f(z)$ 在 $\mathrm{Im}z\geqslant 0$ 上单叶解析, 并且把 $\mathrm{Im}z>0$ 保形映射成 $|\omega|<1$, 把 $\mathrm{Im}z=0$ 映射成 $|\omega|=1$. 证明 $f(z)$ 一定是分式线性函数.

5. 设函数 $\omega=f(z)$ 在 $|z|<1$ 内解析, 在 $|z|\leqslant 1$ 上连续且无零点. 证明如果 $|z|=1$ 时, $|f(z)|=1$, 则 $f(z)$ 一定恒为常数.

第8章　无穷乘积

给定一个趋于 ∞ 的序列 $a_k\left(\text{如 } a_k=\frac{1}{k}\right)$是否存在一个整函数 $f(z)$ 使得 a_k 恰是其所有的零点呢？本小节将介绍整函数的无穷乘积展开进而来回答这个问题.

8.1　级数展开

8.1.1　部分积序列

假设 $\{p_k\}_{k=1}^{\infty}$ 是一列有限复数, $p_k\neq 0$. 令

$$P_n=\prod_{k=1}^{n}p_k,$$

若当 $n\to\infty$ 时, P_n 的极限存在且不等于零, 则记

$$\prod_{k=1}^{\infty}p_k=\lim_{n\to\infty}P_n.$$

这里的特殊要求 $p_k\neq 0$ 是有道理的. 如果某一项 $p_k=0$, 则此后的部分积序列总为 0, 而与以后的 p_k 的选取无关. 但是, 这样的要求也会带来一些不方便, 因此稍作变通.

定义 8.1.1　称部分积序列收敛, 若序列 $\{p_k\}_{k=1}^{\infty}$ 中只有有限多项等于 0, 而且当去掉这有限多个等于 0 的项以后, 部分积序列收敛到一个不等于 0 的有限复数.

显然, 注意到 $p_k=\dfrac{P_k}{P_{k-1}}$, 从以上的定义可以看出有如下结果.

命题 8.1.1　假设 $\{p_k\}_{k=1}^{\infty}$ 是一列有限复数, $p_k\neq 0$. 若其对应的部分积序列收敛, 则

$$\lim_{k\to\infty}p_k=1.$$

出于这个原因, 可以将无穷乘积改写作

$$\prod_{k=1}^{\infty}(1+a_k),$$

显然, 无穷乘积收敛的一个必要条件是 $\lim\limits_{k\to\infty} a_k = 0$.

记 $p_k = r_k e^{i\theta_k}, \theta_k \in (-\pi, \pi]$. 则显然有以下命题.

命题 8.1.2　假设 $\{p_k\}_{k=1}^{\infty}$ 是一列有限复数, $p_k \neq 0$. 若其对应的部分积序列收敛, 则序列

$$R_n = \prod_{k=1}^{n} r_k$$

收敛, 且 $\lim\limits_{n\to\infty} R_n \neq 0$.

下面给出另一个不那么显然的事实.

命题 8.1.3　假设 $\{p_k\}_{k=1}^{\infty}$ 是一列有限复数, $p_k \neq 0$. 若其对应的部分积序列收敛, 则序列

$$S_n = \sum_{k=1}^{n} \theta_k$$

收敛.

证明　首先注意到由 $\lim\limits_{k\to\infty} p_k = 1$, 以及特殊要求 $\theta_k \in (-\pi, \pi]$, 有

$$\lim_{k\to\infty} \theta_k = 0.$$

假设 S_n 不收敛, 则有以下三种可能:

1. 存在有限实数 $r_1, r_2, r_1 \neq r_2 \bmod(2\pi)$ 以及子列 m_k 和 n_k, 使得

$$\lim_{k\to\infty} S_{m_k} = r_1, \quad \lim_{k\to\infty} S_{n_k} = r_2.$$

2. 存在有限实数 r_1, r_2 满足 $r_1 \neq r_2, r_1 = r_2 \bmod(2\pi)$ 以及子列 m_k 和 n_k, 使得

$$\lim_{k\to\infty} S_{m_k} = r_1, \quad \lim_{k\to\infty} S_{n_k} = r_2.$$

3. 存在子列 m_l $\lim\limits_{l\to\infty} S_l = \infty$.

容易验证情形 1 不可能发生. 情形 2 和情形 3 可以用同样的方法证明. 在这里证明情形 3 不可能出现, 情形 2 的讨论留作练习.

条件 1 和 2 说明, 对取定的任意小的 $\varepsilon > 0$ 存在自然数序列 m_k 和 n_k 使得

$$S_{m_k} \bmod(2\pi) \in \left(\frac{\pi}{2} - \varepsilon, \frac{\pi}{2} + \varepsilon\right),$$
$$S_{n_k} \bmod(2\pi) \in \left(-\frac{\pi}{2} - \varepsilon, -\frac{\pi}{2} + \varepsilon\right).$$

但是此时 (图 8.1)

$$\begin{aligned} |P_{m_k} - P_{n_k}| &= |R_{m_k} e^{iS_{m_k}} - R_{n_k} e^{iS_{n_k}}| \\ &\geqslant |R_{m_k} \sin(S_{m_k}) - R_{n_k} \sin(S_{n_k})| \\ &\sim R|\sin(S_{m_k}) - \sin(S_{n_k})| \\ &\sim 2R\left|\sin\left(\frac{\pi}{2} - \varepsilon\right)\right|. \end{aligned}$$

式中 $R=\lim_{n\to\infty} R_n=1$, 这与 P_n 收敛矛盾.

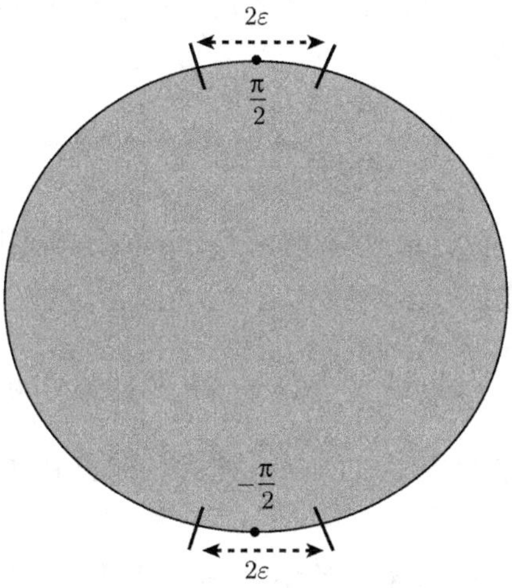

图 8.1 步子小脚印就要细密

8.1.2 无穷乘积与级数的关系

定理 8.1.1 无穷乘积 $\prod_{k=1}^{\infty}(1+a_k)$ 收敛当且仅当对应的复数项级数

$$\sum_{k=1}^{\infty}\ln(1+a_k)$$

收敛.

定理的叙述中有两个细节需要说明. 首先, 由无穷乘积收敛的定义可以要求有 $\mathrm{i}+a_k\neq 0,\forall k\in\mathbb{N}$. 其次, 由于对数函数的多值性, 需要指定其一个单值分支. 这里取辐角在 $(-\pi,\pi]$ 上的分支.

证明 我们首先验证充分性. 为此, 记 $S_n=\sum_{k=1}^{n}\ln(1+a_k)$. $\mathrm{e}^{S_n}=P_n$, 因此由 $S_n\to S\in\mathbb{C}$, 可知 $P_n\to\mathrm{e}^S\neq 0$. 注意从下面证明的细节可以看出, 这个选择并不是任意的.

为验证必要性, 假设 $P_n\to P\neq 0$. 一般地, 对应的复数项级数的虚部未必收敛到我们取定的对数函数的虚部的取值区间 $(-\pi,\pi]$. 但是 8.1.1 小节中的命题说明有

$$\mathrm{Re}S_n=\sum_{k=1}^{n}\ln|1+a_k|\to\ln R,$$

$$\mathrm{Im}S_n=\sum_{k=1}^{n}\theta_k,$$

因此对应的复数项级数收敛.

8.1.3 无穷乘积的绝对收敛

定义 8.1.2 称无穷乘积 $\prod_{k=1}^{\infty}(1+a_k)$ 是绝对收敛的若对应的复数项级数 $\sum_{k=1}^{\infty}\ln(1+a_k)$ 绝对收敛.

考察下面极限

$$\lim_{z\to 0}\frac{\ln(1+z)}{z}=1.$$

当 $\sum_{k=1}^{\infty}\ln(1+a_k)$ 或 $\sum_{k=1}^{\infty}|a_k|$ 收敛时, 有 $\lim\limits_{k\to\infty}a_k=0$, 因此对给定的 $\varepsilon>0$, 当 k 充分大时, 有下面不等式:

$$(1-\varepsilon)|a_k|<|\ln(1+a_k)|<(1+\varepsilon)|a_k|.$$

定理 8.1.2 无穷乘积 $\prod_{k=1}^{\infty}(1+a_k)$ 绝对收敛当且仅当 $\sum_{k=1}^{\infty}|a_k|$ 收敛.

8.2 整函数的无穷乘积展开

为了讨论简便, 本小节假设所考虑的整函数都是非常值的.

8.2.1 整函数的零点个数

引理 8.2.1 在任何紧集上, 非常值整函数至多有有限多个零点.

证明 注意非常值的整函数的零点都是孤立的, 利用 Bolzano-Wierstrass 聚点原理即可证明引理.

推论 8.2.1 非常值的整函数至多有可数多个零点.

若整函数 f 有可数多个零点, 记作 $a_k, k=1,2,\cdots$, 则显然有 $\lim\limits_{k\to\infty}a_k=\infty$. 很自然, 有下面问题.

问题 8.2.1 对复平面上序列 a_k, $\lim\limits_{k\to\infty}a_k=\infty$, 是否存在整函数 f 恰以 a_k 为它的零点?

本小节将对这个问题给一个肯定的答案. 事实上, 我们可以 "写出" 一个具体的函数.

例 8.2.1 整函数 $f(z)=\mathrm{e}^z$ 在复平面上没有零点.

例 8.2.2 整函数 $f(z)=(z-a_1)(z-a_a)\cdots(z-a_n)$ 在复平面上恰以 $a_1,a_2,\cdots,a_n$ 为其零点.

引理 8.2.2 任何在复平面上恒不为 0 的整函数 f 都可以写作 $f=\mathrm{e}^g$ 之形式, 其中 g 为整函数.

证明 考察整函数 $h(z)=\dfrac{f'(z)}{f(z)}$, 令 $g(z)$ 为其在复平面上的原函数, 则有 $f(z)=\mathrm{e}^{g(z)+c}$.

引理 8.2.1 和引理 8.2.2 说明, 复平面上具有有限多个零点的函数应当具有下面形式

$$f(z)=z^m\mathrm{e}^{g(z)}\prod_{k=1}^{n}\left(1-\frac{z}{a_k}\right).$$

受此启发, 假设无穷乘积

$$\prod_{k=1}^{\infty}\left(1-\frac{z}{a_k}\right)$$

内闭一致收敛, 自然地, 就得到了恰以 $\{a_k\}_{k=1}^{\infty}$ 为零点的整函数. 但是这里有一个困难, 读者很容易构造出例子说明, 一般地, 上面的无穷乘积并不是对任何的序列 $\{a_k\}_{k=1}^{\infty}$ 都是内闭一致收敛的.

为解决这个难题, 我们可以考虑修改乘积项 $\left(1-\dfrac{z}{a_k}\right)$, 代之以

$$\left(1-\frac{z}{a_k}\right)\mathrm{e}^{p_k(z)},$$

注意如此的修改既保持了原有的零点, 又不会带来新的零点.

总而言之, 下面构造无穷乘积

$$\prod_{k=1}^{\infty}\left(1-\frac{z}{a_k}\right)\mathrm{e}^{p_k(z)},$$

使得其在整个复平面之上内闭一致收敛. 8.1.2 小节的讨论说明, 如上的无穷乘积收敛等价于如下级数的收敛:

$$\sum_{k=1}^{\infty}r_k, r_k=\ln\left(1-\frac{z}{a_k}\right)+p_k(z).$$

而且对给定的 $R>0$, 由于 $\lim\limits_{k\to\infty}a_k=\infty$ 可知只有有限多个 a_k 落在闭圆盘 $\overline{B_{0,R}}$ 之上! 因此只需考虑 $|a_n|>R$ 的项. 在圆盘 $|z|\leqslant R$ 之上, $\ln\left(1-\dfrac{z}{a_k}\right)$ 有 Taylor 展式

$$\ln\left(1-\frac{z}{a_k}\right)=-\frac{z}{a_k}-\frac{1}{2}\left(\frac{z}{a_k}\right)^2-\frac{1}{3}\left(\frac{z}{a_k}\right)^3-\cdots.$$

因此, 若令

$$p_k(z)=\frac{z}{a_k}+\frac{1}{2}\left(\frac{z}{a_k}\right)^2+\cdots+\frac{1}{m_n}\left(\frac{z}{a_k}\right)^{m_k},$$

则有

$$r_k(z)=-\frac{1}{m_k+1}\left(\frac{z}{a_k}\right)^{m_k+1}-\frac{1}{m_k+2}\left(\frac{z}{a_k}\right)^{m_k+2}-\cdots,$$

进而有如下估计：

$$|r_k(z)| \leqslant \frac{1}{m_k+1}\left(\frac{R}{|a_k|}\right)^{m_k+1}\left(1-\frac{R}{|a_k|}\right)^{-1}.$$

现在假设级数

$$\sum_{k=1}^{\infty}\frac{1}{m_k+1}\left(\frac{R}{|a_k|}\right)^{m_k+1} \tag{8.2.1}$$

收敛, 容易验证 $\sum_{k=1}^{\infty} r_k$ 在圆盘 $|z| \leqslant R$ 之上绝对而且一致收敛. 因此适当的选取 m_k 自然就可以保证对应的无穷乘积收敛到一个解析函数. 但是使得级数 (8.2.1) 收敛的序列 m_k 显然有很多的选择, 如我们可以取 $m_k = k$.

综上, 我们证明了下面定理.

定理 8.2.1 (Weierstrass)　对任何复平面上序列 a_k, $\lim\limits_{k\to\infty} a_k = \infty$, 存在如下形式的整函数

$$f(z) = z^m \mathrm{e}^{g(z)} \prod_{k=1}^{\infty}\left(1-\frac{z}{a_k}\right)\mathrm{e}^{\frac{z}{a_k}+\frac{1}{2}(\frac{z}{a_k})^2+\cdots+\frac{1}{m_k}(\frac{z}{a_k})^{m_k}}, \tag{8.2.2}$$

使得 f 恰以 a_k 为其零点, 式 (8.2.2) 中的无穷乘积在 $\mathbb{C}-\{a_k\}_{k=1}^{\infty}$ 上处处收敛, m_k 为整数, g 为整函数.

习　题

1. 证明下述无穷乘积展式.

(1) $\sin z = z\prod\limits_{n=1}^{\infty}\left(1-\dfrac{z^2}{n^2\pi^2}\right)$;

(2) $\cos z = z\prod\limits_{n=1}^{\infty}\left(1-\dfrac{4z^2}{(2n-1)^2\pi^2}\right)$;

(3) $\sinh z = z\prod\limits_{n=1}^{\infty}\left(1+\dfrac{z^2}{n^2\pi^2}\right)$;

(4) $\cosh z = z\prod\limits_{n=1}^{\infty}\left(1+\dfrac{4z^2}{(2n-1)^2\pi^2}\right)$;

(5) $\mathrm{e}^z - 1 = z\mathrm{e}^{\frac{z}{2}}\prod\limits_{n=1}^{\infty}\left(1+\dfrac{z^2}{4n^2\pi^2}\right)$.

2. 证明 Wallis 乘积公式

$$\frac{\pi}{2} = \frac{2\cdot 2}{1\cdot 3}\frac{4\cdot 4}{3\cdot 5}\cdots\frac{2m\cdot 2m}{(2m-1)\cdot(2m+1)}\cdots.$$

3. 证明下面的无穷乘积收敛且等式成立

$$\prod_{n=1}^{\infty}\cos\left(\frac{z}{2^n}\right) = \frac{\sin z}{z}.$$

4. 证明任何亚纯函数是两个整函数的商.

5. (Mittag-Leffler 定理) 设 $f(z)$ 是亚纯函数, a_n $(n=1,2,\cdots)$ 为 $f(z)$ 的极点且 $|a_n|\leqslant|a_{n+1}|$, $\lim\limits_{n\to+\infty}|a_n|=+\infty$. 证明 $f(z)$ 可写成 (亚纯函数的部分分式展式)

$$f(z)=g(z)+\sum_{n=1}^{+\infty}\left(P_n\left(\frac{1}{z-a_n}\right)-Q_n(z)\right),$$

这里 $P_n\left(\dfrac{1}{z-a_n}\right)$ 为 $f(z)$ 在极点 $z=a_n$ 处的主要部分, $Q_n(z)$ 是多项式, $g(z)$ 为整函数.

6. 证明 $\dfrac{1}{\sin^2(\pi z)}=\dfrac{1}{\pi^2}\displaystyle\sum_{n=-\infty}^{+\infty}\dfrac{1}{(z-n)^2}$.

7. (插值定理) 若 $z_1,z_2,\cdots$ 为 $\mathbb{C}$ 中的一个离散点集, $n_1,n_2,\cdots$ 为一个正整数序列, $a_{j,k}$ $(j\geqslant1,\ 0\leqslant k\leqslant n_j-1)$ 为复数序列. 证明一定存在整函数 $g(z)$ 使得

$$g^{(k)}(z_j)=k!a_{j,k},\quad 对所有的\ j\geqslant1,\ 0\leqslant k\leqslant n_j-1.$$

也就是说, 如果预先给定一个点列 $\{z_j\}$ 及每一点 z_j 上 Taylor 展式的开始 n_j 项, 则一定存在一个整函数使其在这些点上有如此的泰勒展式.

8. (Blaschke 乘积) 设复数序列 $\{a_k\}_{k=1}^{+\infty}$ 满足 $0<|a_k|<1$, $\sum_{k=1}^{+\infty}(1-|a_k|)<+\infty$. 证明无穷乘积

$$f(z)=\prod_{k=1}^{+\infty}\left(\frac{a_k-z}{1-\overline{a_k}z}\cdot\frac{|a_k|}{a_k}\right)$$

在单位圆盘 $|z|<1$ 上内闭一致收敛, 因而 $f(z)$ 在单位圆盘上解析, $|f(z)|\leqslant1$ 且 $f(z)$ 的所有零点为 $\{a_k\}_{k=1}^{+\infty}$.

第 9 章　保形映照在边界点的行为

假设 Ω 是复平面上的有界单连通区域. 由 Riemann 保形映照原理, 可知存在从 Ω 到开单位圆盘 $\mathbb{D}$ 之上的保形映照 f. 很自然地, 我们有下面问题.

问题 9.0.1　保形映照何时可以连续地延拓至边界点上?

具体地说, 对 Ω 的边界 $\partial\Omega$ 上一点 ζ_0, 能否补充 f 在点 ζ_0 的定义, 使得如此得到的函数在集合 $\Omega \cup \{\zeta_0\}$ 之上是连续的?

问题的困难之处, 在于从 Ω 内部收敛到点 ζ_0 的途径的多样性, 这一点从下面的讨论中, 请读者仔细体会.

9.0.1　简单边界点

首先将 $\partial\Omega$ 中的点做一个简单的分类.

定义 9.0.1　称 $\zeta_0 \in \partial\Omega$ 是区域 Ω 的一个简单边界点, 如果对任何以 ζ_0 为极限点的 Ω 中点列 $\{z_k\}_{k=1}^{\infty}$, 都存在连续曲线

$$\begin{aligned}&\gamma : [0,1] \to \Omega,\\&\gamma(t) \in \Omega, \quad \forall t \in [0,1), \gamma(1) = \zeta_0,\end{aligned}$$

以及 $[0,1)$ 上的点列 $0 = t_1 < t_2 < \cdots < t_k < t_{k+1} < \cdots, k \to \infty$, 使得 $\gamma(t_k) = z_k$.

注记 9.0.1　1. 注意在定义中, 一般地并不要求曲线 γ 是可求长的或具有某种光滑性质.

2. γ 的连续性蕴涵了 $\lim\limits_{k\to\infty} \gamma(t_k) = \lim\limits_{t\to 1} \gamma(t) = \zeta_0$ 这一事实.

显然, 简单边界点是容易得到的. 下面考察两个非简单边界点的具体的例子.

例 9.0.1　令 $\Omega = \mathbb{D} - [0,1)$. 则线段 $(0,1] \subset \partial\Omega$, 其上的点都不是 $\partial\Omega$ 的简单边界点 (图 9.1).

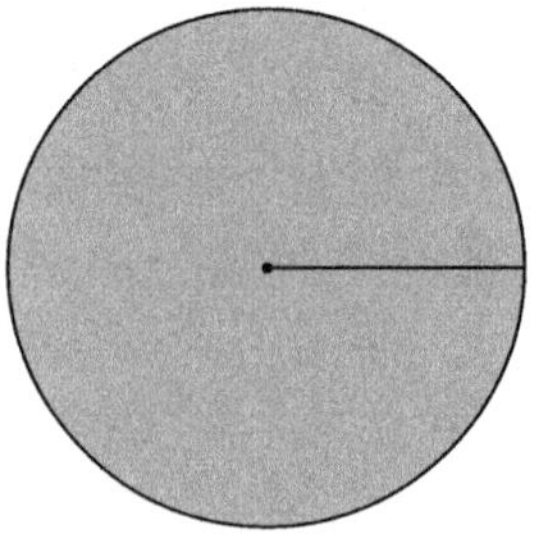

图 9.1　直线段上的点不是简单边界点

例 9.0.2 记 R 为复平面上以 $0,1,1+\mathrm{i},\mathrm{i}$ 为顶点的正方形区域. 从 R 中去掉如下区间:

$$I_{2k}=\left(\frac{1}{2k},\frac{1}{2k}+\left(\frac{1}{2}+\varepsilon\right)\mathrm{i}\right],I_{2k+1}=\left(\frac{1}{2k+1}+\left(\frac{1}{2}-\varepsilon\right)\mathrm{i},\frac{1}{2k+1}+\mathrm{i}\right],$$

记 $\Omega=R-\cup_{k\geqslant 1}I_k$. 此时, 直线段 $I=[0,\mathrm{i}]$ 上的点都不是 $\partial\Omega$ 的简单边界点 (图 9.2).

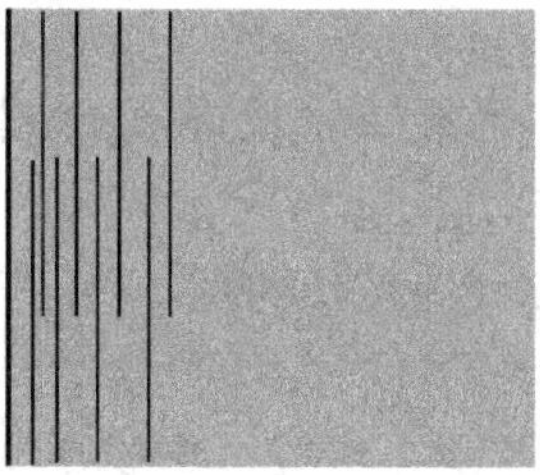

图 9.2 红色线段上的点不是简单边界点

9.0.2 径向极限

定义 9.0.2 假设 g 是开单位圆盘 $\mathbb{D}$ 内的解析函数, 若 $\lim\limits_{r\to 1}g(r\mathrm{e}^{\mathrm{i}\theta})$ 存在, 则称其为 g 沿 $\mathrm{e}^{\mathrm{i}\theta}$ 方向的径向极限.

定义 9.0.3 假设 g 是开单位圆盘 $\mathbb{D}$ 内的解析函数, 若存在某个正数 $K>0$, 使得 $|g(z)|<\infty$, 则称其为开圆盘 $\mathbb{D}$ 之上的有界解析函数. 记开圆盘 $\mathbb{D}$ 之上的有界解析函数的集合为 $H^\infty(\mathbb{D})$.

定理 9.0.1 (Lindelof 定理) 设 $\gamma:[0,1]\to\mathbb{D}$ 是一条曲线, 满足 $\gamma(1)=1$, $g\in H^\infty(\mathbb{D})$ 且

$$\lim_{t\to 1}g(\gamma(t))=L,$$

则 g 在 1 处有径向极限 L.

下面的两个定理我们不在这里给出它们的证明, 有兴趣的读者可以参考文献 [8] 一书. 但是两个定理都用到了 "几乎处处" 这一概念, 我们做一个简短的介绍以帮助读者理解下面两个定理的内容.

将单位圆周看做是闭区间 $[0,2\pi]$ 关于映射 $\gamma:t\to\mathrm{e}^{\mathrm{i}t}$ 的像. 称闭区间 $[0,2\pi]$ 的开子区间 I 关于映射 $\gamma:t\to\mathrm{e}^{\mathrm{i}t}$ 的像 $J=\gamma(I)$ 为开圆弧.

定义 9.0.4 闭区间 $[0,2\pi]$ 的子集合 E 称为是零测集, 若对任何正数 ε, 存在一列闭区间 $[0,2\pi]$ 的开子区间 $\{I_k\}_{k=1}^\infty$ 使得:

1. $E\subseteq\cup_{k=1}^\infty I_k$;
2. $\sum_{k=1}^\infty|I_k|<\varepsilon$.

这里用 $|I|$ 表示区间 I 的长度. 称单位圆周 $\partial\mathbb{D}$ 的子集合 E 为零测集, 如果它是闭区间 $[0,2\pi]$ 的某个零测集关于映射 $\gamma: t \to \mathrm{e}^{\mathrm{i}t}$ 的像. 粗略地说, 单位圆周 $\partial\mathbb{D}$ 的零测子集就是可以用总体积任意小的一些开圆弧盖住的子集.

例 9.0.3　令 $E = \mathbb{Q} \cap [0,2\pi]$, 则 E 是闭区间 $[0,2\pi]$ 的零测子集. 事实上, 可以首先将 E 排成序列 $\{q_k\}_{k=1}^{\infty}$. 任取 $\varepsilon > 0$, 对 q_k 显然存在闭区间 $[0,2\pi]$ 的开子区间 I_k 使得 $q_k \in I_k$ 且满足 $|I_k| < \dfrac{\varepsilon}{2^k}$. 显然开区间序列 $\{I_k\}_{k=1}^{\infty}$ 满足定义 9.0.4 的要求.

定义 9.0.5　称某个性质 $p(x)$ 是在单位圆周 $\partial\mathbb{D}$ 之上几乎处处成立的, 如果存在某个单位圆周 $\partial\mathbb{D}$ 的零测子集 E, 使得 $p(x)$ 对单位圆周上任意点 $x \notin E$ 都成立.

我们将使用以下两个结果, 它们的证明都可以在文献 [8] 一书中找到.

定理 9.0.2　假设 $f \in H^{\infty}(\mathbb{D})$, 则其径向极限①几乎处处存在.

定理 9.0.3　假设 $f \in H^{\infty}(\mathbb{D})$, 若其径向极限在 ∂D 的一段圆弧 J 之上几乎处处等于 0, 则 $f \equiv 0$.

9.0.3　保形映照在边界的连续延拓

定理 9.0.4　假设 Ω 是复平面上的有界单连通区域, f 是从 Ω 到开单位圆盘 $\mathbb{D}$ 之上的保形映照. 则

a. 若 ζ_0 是 Ω 的简单边界点, 则 f 可以连续地延拓至 $\Omega \cup \{\zeta_0\}$. 且其在点 ζ_0 处的补充定义 $f(\zeta_0)$ 满足 $|f(\zeta_0)| = 1$.

b. 对 Ω 的两个不同的简单边界点 ζ_1, ζ_2, f 在 $\Omega \cup \{\zeta_1\} \cup \{\zeta_2\}$ 上的连续延拓满足 $f(\zeta_1) \neq f(\zeta_2)$.

证明　记 $g = f^{-1}$, 显然 g 是从 $\mathbb{D}$ 到开单位圆盘 Ω 之上的保形映照. 而且由 Ω 的有界性, 可知 $g \in H^{\infty}(\mathbb{D})$. 首先利用反证法来证明性质 a. 假设 ζ_0 是 $\partial\Omega$ 的一个简单边界点.

1. 若不然, 则存在点列 z_k, 使得 $\lim\limits_{k\to\infty} z_k = \zeta_0$, 且满足

$$\lim_{k\to\infty} f(z_{2k}) = w_1, \lim_{k\to\infty} f(z_{2k+1}) = w_2, \quad w_1 \neq w_2.$$

由 ζ_0 是区域 Ω 的简单边界点, 存在曲线 γ 和区间 $[0,1]$ 内点列 $\{t_k\}$ 使得 $\gamma(t_k) = z_k$. 此时复合映射

$$\varGamma : [0,1) \to \mathbb{D},$$
$$\varGamma(t) = f(\gamma(t))$$

是 $\mathbb{D}$ 内的一条连续曲线. 显然由定义, $g(\varGamma(t)) = \gamma(t)$.

① 径向极限的定义参考文献 [8] 的 239 页.

2. 断言有 $\lim\limits_{t\to 1}|\Gamma(t)|=1$. 为此, 考察闭圆盘 $\overline{D_r}=\{z,|z|\leqslant r\}$. 记 $K_r=g(\overline{D_r})$, 则 K_r 为包含在 Ω 内部的紧集. 由 $\lim\limits_{t\to 1}\gamma(t)=\zeta_0,|\zeta_0|=1$, 可知存在 $t^*\in(0,1)$, 使得 $\gamma(t)\notin K_r$ 当 $t>t^*$. 因此有 $|\Gamma(t)|>r$ 当 $t>t^*$. 换言之, 有 $\lim\limits_{t\to 1}|\Gamma(t)|=1$. 注意结合假设 $\lim\limits_{k\to\infty}f(z_{2k})=w_1$, $\lim\limits_{k\to\infty}f(z_{2k+1})=w_2, w_1\neq w_2$, 还得到 $|w_1|=|w_2|=1$.

3. 由假设 $w_1\neq w_2$, 这两个点将单位圆周分解为两段开圆弧 J_1,J_2. 取定两点 $\zeta_1\in J_1,\zeta_2\in J_2$, 记 $l_1=\overline{0\zeta_1}, l_2=\overline{0\zeta_2}$, 由于 $\lim\limits_{t\to 1}|\Gamma(t)|=1$, 曲线 Γ 必与某个线段, 比方说 l_1 相交无穷多次. 这说明对任何的 $\zeta\in J_1$, 曲线 Γ 与线段 $\overline{0\zeta}$ 都相交无穷多次 (图 9.3).

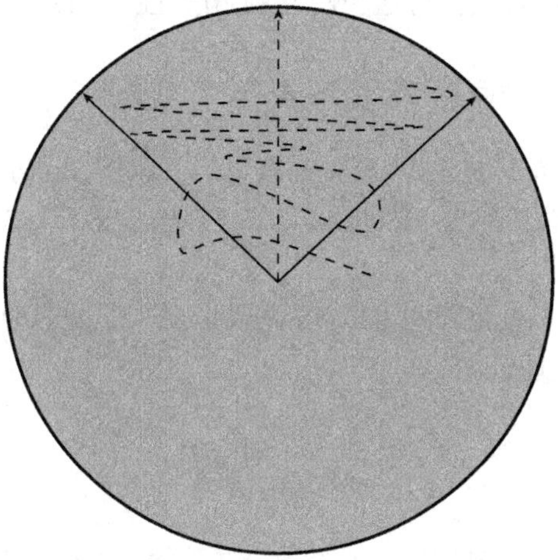

图 9.3　曲线与指定线段相交无穷多次

4. 断言有

$$\lim_{r\to 1}g(re^{i\theta})=\zeta_0,\quad e^{i\theta}\in J_1 \text{ a.e..}$$

首先由定理 9.0.2, 我们知道 $\lim\limits_{r\to 1}g(re^{i\theta})$ 是几乎处处存在的, 此外, 3 中的讨论告诉我们, 对任何的 $\zeta\in J_1$, 存在子列 $\{z_k\}_{k=1}^{\infty}\in\overline{0\zeta}$ 使得 $\lim\limits_{k\to\infty}g(z_k)=\zeta_0$, 因此断言成立.

5. 定理 9.0.3 说明, 有 $g(z)\equiv\zeta_0$, 这与 g 为保形映照矛盾.

下面验证 b. 反证法. 设 ζ_1,ζ_2 满足 $f(\zeta_1)=f(\zeta_2)=1$. 由 ζ_1,ζ_2 为简单边界点, 令

$$\gamma_1:[0,1]\to\Omega\cup\{\zeta_1\},\quad \gamma_1(t)\in\Omega\ \text{对} t\in[0,1),\gamma_1(1)=\zeta_1,$$
$$\gamma_2:[0,1]\to\Omega\cup\{\zeta_2\},\quad \gamma_2(t)\in\Omega\ \text{对} t\in[0,1).\gamma_2(1)=\zeta_2.$$

令 $\Gamma_i=f(\gamma_i), i=1,2$. 我们有

$$\Gamma_i([0,1))\in\mathbb{D},\quad \Gamma_1(1)=\Gamma_2(1)=1.$$

$g(\Gamma_i(t)) = \gamma(t), t \in [0,1)$, 得到

$$\lim_{t\to 1} g(\Gamma_i(t)) = \zeta_i, \quad i = 1, 2.$$

由 Lindelöf 定理, 得到 $\zeta_1 = \zeta_2$, 矛盾.

定理 9.0.5 假设 Ω 是复平面上的有界单连通区域, $\partial\Omega$ 中的每个点都是简单边界点, 则任何从 Ω 到开单位圆盘 $\mathbb{D}$ 上的保形映照都可以连续延拓为 $\overline{\Omega}$ 到 $\overline{\mathbb{D}}$ 之上的同胚.

证明 首先从定理 9.0.4, 这样的延拓存在, 但是还需要验证其在边界点上的连续性. 为此假设 $\zeta_k \to \zeta_0, \zeta_k, \zeta_0 \in \partial\Omega$. 由延拓的性质, 存在点列 $z_k \in \Omega$, 同时满足

$$|z_k - \zeta_k| < \frac{1}{k}, \quad |f(z_k) - f(\zeta_k)| < \frac{1}{k},$$

因此在 Ω 内有 $z_k \to \zeta_0$, 从而有 $f(z_k) \to f(\zeta_0)$, 这说明 $f(\zeta_k) \to f(\zeta_0)$. 连续性得证.

连续函数将紧集映作紧集, 因此从 $\mathbb{D} \subset f(\Omega) \subseteq f(\overline{\Omega}) \subset \overline{\mathbb{D}}$ 可知 f 是满射. 由定理 9.0.4, f 还是单射.

只需验证 $g = f^{-1}$ 是连续映射即可完成证明. 但是任何紧集上的单射的连续映射都有连续的逆, 定理证毕.

习　　题

1. 设 $f: D \to \Omega$ 是一个保形双射. 证明 $f(z)$ 可连续延拓到 D 的边界上使其为闭区域 $\overline{D}$ 到闭区域 $\overline{\Omega}$ 的一个同胚映射.

2. 举例说明定理 9.0.6 中把“保形映射”的条件换成“同胚映射”或不要求 $\partial\Omega$ 中的点是简单边界点, 定理的结论不成立.

附录A　Cauchy 核与 Poisson 核

A.1　Poisson 积分的一些性质

A.1.1　进一步考察 Poisson 核

记开圆盘 $B_{0,R} = \{z; |z| < R\}$. 假设 $u(z)$ 是闭圆盘 $\overline{B_{0,R}}$ 之上的调和函数. 令分式线性变换

$$S(w) = \frac{R(Rw + a)}{R + \bar{a}w}, \quad w \in \mathbb{D}.$$

容易验证 S 将 $\overline{\mathbb{D}}$ 保形映照为 $\overline{B_{0,R}}$ 而且特别地有 $S(0) = a$. 复合函数 $u(S(\zeta))$ 是闭单位圆盘之上的调和函数. 由均值公式 (6.1.2), 有

$$u(a) = \frac{1}{2\pi} \int_{|\zeta|=1} u(S(\zeta)) \mathrm{d} \arg \zeta.$$

记分式线性变换

$$\zeta(z) = \frac{R(z - a)}{R^2 - \bar{a}z},$$

则其是从 B_R 到 $\mathbb{D}$ 之上的保形映照 (图 A.1). 特别地, 将 $C_R = \partial B_{0,R}$ 保形映照作单位圆周 C_1.

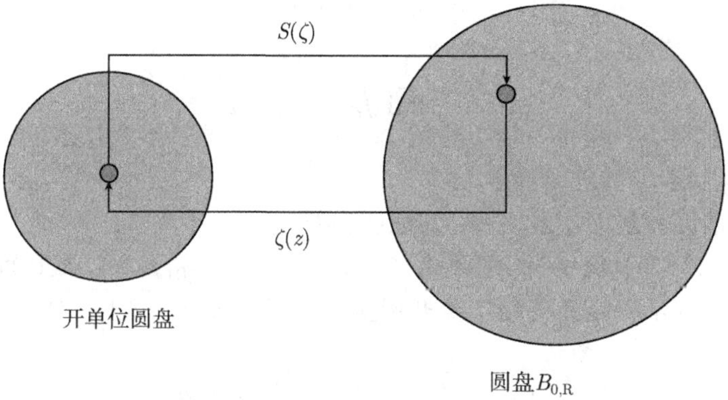

图 A.1　保形映照 $\zeta(z)$ 与 $S(\zeta)$

对单位圆周上的点 $\zeta = \mathrm{e}^{\mathrm{i} \arg \zeta}$ 以及圆周 C_R 上的点 $z = R\mathrm{e}^{\mathrm{i}\theta}$, 从下面两个等式

$$\mathrm{d} \arg \zeta = -\mathrm{i} \frac{\mathrm{d}\zeta}{\zeta}, \quad \mathrm{d}\theta = -\mathrm{i} \frac{\mathrm{d}z}{z},$$

得到

$$\mathrm{d}\arg\zeta = -\mathrm{i}\left(\frac{1}{z-a}+\frac{\bar{a}}{R^2-\bar{a}z}\right)\mathrm{d}z = \left(\frac{z}{z-a}+\frac{\bar{a}z}{R^2-\bar{a}z}\right)\mathrm{d}\theta.$$

在 C_R 之上, 有 $z\bar{z}=R^2$. 上式可以重新写作

$$\frac{z}{z-a}+\frac{\bar{a}z}{R^2-\bar{a}z} = \frac{z}{z-a}+\frac{\bar{a}}{\bar{z}-\bar{a}} = \frac{R^2-|a|^2}{|z-a|^2},$$

或等价地, 有

$$\frac{R^2-|a|^2}{|z-a|^2} = \frac{1}{2}\left(\frac{z+a}{z-a}+\frac{\bar{z}+\bar{a}}{\bar{z}-\bar{a}}\right) = \mathrm{Re}\frac{z+a}{z-a}.$$

以上的讨论说明, 定理 6.1.4 中的 Poisson 积分公式可以重新写作

$$u(a) = \frac{1}{2\pi}\int_0^{2\pi}\mathrm{Re}\frac{z+a}{z-a}u(z)\mathrm{d}\theta, \tag{A.1.1}$$

或者等价的

$$u(a) = \frac{1}{2\pi}\int_0^{2\pi}\left(\frac{z}{z-a}+\frac{\bar{a}}{\bar{z}-\bar{a}}\right)u(z)\mathrm{d}\theta,$$

式中 $z=R\mathrm{e}^{\mathrm{i}\theta}\in C_R$.

A.1.2 由 Poisson 积分定义的函数

引理 A.1.1 假设 $f(\eta)$ 是圆周 $C_{z_0,r}=\{z;|z-z_0|=r\}$ 之上的连续函数①, 则如下定义的开圆盘 $B_{z_0,r}=\{z;|z-z_0|<r\}$ 上的函数

$$f(z) = \frac{1}{2\pi\mathrm{i}}\int_{C_{z_0,r}}\frac{f(\eta)\mathrm{d}\eta}{\eta-z}$$

是开圆盘 $B_{z_0,r}$ 之上的解析函数.

证明 请读者仿照定理 3.6.1 的证明自行完成.

定理 A.1.1 假设 $u(\eta)$ 是圆周 $C_{z_0,r}=\{z;|z-z_0|=r\}$ 之上的连续实值函数②, 则由 Poisson 积分定义的下述开圆盘 $B_{z_0,r}=\{z;|z-z_0|<r\}$ 上的实值函数

$$u(a) = \frac{1}{2\pi}\int_0^{2\pi}\mathrm{Re}\frac{z+a}{z-a}u(z)\mathrm{d}\theta$$

是开圆盘 $B_{z_0,r}$ 之上的调和函数.

① 这里连续性的假设是为了保证积分的存在性, 可以推广至更一般的情况.

② 和引理 A.1.1 的情形相同这里连续性的假设是为了保证积分的存在性, 可以推广至更一般的情况.

证明 注意积分项 $\mathrm{Re}\dfrac{z+a}{z-a}u(z)\mathrm{d}\theta$ 可以改写作 $\mathrm{Re}\dfrac{z+a}{z-a}u(z)\dfrac{\mathrm{d}z}{\mathrm{i}z}$. 立即看出 Poisson 积分定义的函数恰是函数

$$f(a)=\frac{1}{2\pi}\int_0^{2\pi\mathrm{i}}\frac{(z+a)u(z)}{z}\cdot\frac{1}{z-a}\mathrm{d}z$$

的实部. 但是由引理 A.1.1 可知, $f(a)$ 是开圆盘 $B_{z_0,r}$ 之上的解析函数. 由此可见 $u(a)$ 是解析函数的实部, 定理 6.1.2 保证了 $u(a)$ 的调和性质.

现在可以证明均值性质实际上也蕴涵了调和性.

定理 A.1.2 假设 $u(z)$ 是区域 Ω 之上的实值连续函数, 则其其满足均值性质当且仅当 $u(z)$ 是区域 Ω 之上的调和函数.

证明 定理的必要性是定理 6.1.3 的结果. 现在往证定理的充分性. 对任意点 $z_0\in\Omega$, 取开圆盘 $B_{z_0,r}$ 使得 $\overline{B_{z_0,r}}\subset\Omega$. 考虑函数

$$v(z)==\frac{1}{2\pi}\int_0^{2\pi}\frac{R^2-r^2}{R^2-2Rr\cos(\theta-\theta_0)+r^2}\cdot u(\theta)\mathrm{d}\theta,$$

定理 A.1.1 说明 $v(z)$ 是闭圆盘 $\overline{B_{z_0,r}}$ 之上的调和函数③. 现在 $u(z)$ 和 $v(z)$ 都满足极大模和极小模性质. 前者是因为均值性质蕴涵极大模、极小模性质, 后者是因为调和性. 自然的函数 $u(z)-v(z)$ 也满足极小模性质. 但是在边界 $\partial B_{z_0,r}$ 之上, 处处有 $v(z)=u(z)$④. 因此有 $u(z)=v(z),\forall B_{z_0,r}$.

A.2 Cauchy 积分和 Poisson 积分的关系

A.2.1 Cauchy 核和 Poisson 核的比较

令 $f(a)=u(a)+\mathrm{i}v(a)$, 有

$$f(a)=\frac{1}{2\pi}\int_0^{2\pi}\frac{R^2-r^2}{|z-a|^2}f(z)\mathrm{d}\theta=\frac{1}{2\pi}\int_0^{2\pi}\mathrm{Re}\frac{z+a}{z-a}f(z)\mathrm{d}\theta.$$

此外, 从 Cauchy 积分公式有

$$f(a)=\frac{1}{2\pi\mathrm{i}}\int_{C_R}\frac{f(\zeta)}{\zeta-a}\mathrm{d}\zeta=\frac{1}{2\pi\mathrm{i}}\int_0^{2\pi}\frac{f(R\mathrm{e}^{\mathrm{i}t})}{R\mathrm{e}^{\mathrm{i}t}-a}\mathrm{i}R\mathrm{e}^{\mathrm{i}t}\mathrm{d}t,$$

③ 为使用定理 A.1.1 出于技术上的考虑, 可能要取稍小一些的开圆盘. 但是其实只要求 $u(z)$ 在 $B_{z_0,r}$ 之上调和, 在闭圆盘 $\overline{B_{z_0,r}}$ 之上连续就已经足够了.

④ 这里我们用到了性质: 当 ζ 在边界 $\partial B_{z_0,r}$ 之上时有 $\lim\limits_{z\to\zeta,z\in\Omega}v(z)=u(\zeta)$. 这一点几乎可以从 $u(z)$ 的连续性和 Poisson 核的定义直接看出. 也可以利用更强的 Schwarz 定理 (参考文献 [2], Theorem 23, 169 页) 直接得到.

比较上面两个等式, 得到

$$\frac{f(R\mathrm{e}^{\mathrm{i}t})}{R\mathrm{e}^{\mathrm{i}t}-a}R\mathrm{e}^{\mathrm{i}t}=\left(\frac{z}{z-a}+\frac{\bar{a}}{\bar{z}-\bar{a}}\right)f(z),$$

即

$$\frac{z}{z-a}\leftrightarrow\frac{z}{z-a}+\frac{\bar{a}}{\bar{z}-\bar{a}}.$$

显然, 一般地, 有

$$\frac{z}{z-a}\neq\frac{z}{z-a}+\frac{\bar{a}}{\bar{z}-\bar{a}},$$

因此, 若 f 只是 C_R 上的连续函数, 或更一般地, $f\in L^1(\partial C_R,\mathrm{d}\theta)$ 时, Cauchy 积分和 Possion 积分并不相等. 很自然的, 我们有下面问题:

问题 A.2.1　f 满足什么条件的时候, Cauchy 积分 I_{C} 和 Possion 积分 I_{P} 对应相同的解析函数呢?

这个问题的答案就是著名的 F. Riesz-M. Riesz 定理.

首先回忆 $L^1[0,2\pi]$ 中函数的 Fourier 展开: 令 $\hat{f}_n=\dfrac{1}{2\pi}\displaystyle\int_0^{2\pi}f(t)\mathrm{e}^{-\mathrm{i}nt}\mathrm{d}t$, 则形式级数

$$\sum_{n=-\infty}^{\infty}\hat{f}^n\mathrm{e}^{int}$$

在 $[0,2\pi]$ 之上几乎处处收敛到函数 f. (Lusin 猜想, 1966 年由 Carleson 证明, Acta, Math,1966, vol(116), pp135-157.)

为了简化记号, 令

$$f_+(t)=\sum_{n=0}^{\infty}\hat{f}_n\mathrm{e}^{\mathrm{i}nt},\qquad f_+(a)=\sum_{n=0}^{\infty}\hat{f}_na^n$$
$$f_-(t)=\sum_{n=-\infty}^{-1}\hat{f}_n\mathrm{e}^{\mathrm{i}nt},\quad f_-(a)=\sum_{n=-\infty}^{-1}\hat{f}_na^n$$

在如上的记号下, 有

$$I_{\mathrm{C}}(a)=\frac{1}{2\pi\mathrm{i}}\int_{C_{\mathrm{R}}}\frac{f(z)}{z-a}\mathrm{d}z=\frac{1}{2\pi}\int_0^{2\pi}\frac{f(z)\cdot z}{z-a}\frac{\mathrm{d}z}{\mathrm{i}z}=\frac{1}{2\pi}\int_0^{2\pi}\frac{f(z)\cdot z}{z-a}\mathrm{d}\theta=f_+(a).$$

而

$$I_{\mathrm{P}}(a)=\frac{1}{2\pi}\int_0^{2\pi}\left(\frac{z}{z-a}+\frac{\bar{a}}{\bar{z}-\bar{a}}\right)f(z)\mathrm{d}\theta.$$

进而有

$$\begin{aligned}I_C(a) &= \frac{1}{2\pi}\int_0^{2\pi}\left(\sum_{k=0}^{\infty}\frac{a^k}{z^k}\right)f(\theta)\mathrm{d}\theta\\ &= \sum_{k=0}^{\infty}a^k\frac{1}{2\pi}\int_0^{2\pi}\frac{f(\theta)}{z^k}\mathrm{d}\theta\\ &= \sum_{k=0}^{\infty}\hat{f}_k a^k.\end{aligned}$$

类似的有

$$\begin{aligned}\frac{1}{2\pi}\int_0^{2\pi}\left(\frac{\bar{a}}{\bar{z}-\bar{a}}\right)f(z)\mathrm{d}\theta &= \frac{1}{2\pi}\int_0^{2\pi}\frac{\bar{a}}{\bar{z}}\cdot\left(\sum_{k=0}^{\infty}\frac{\bar{a}^k}{\bar{z}^k}\right)f(z)\mathrm{d}\theta\\ &= \sum_{k=1}^{\infty}\frac{1}{2\pi}\bar{a}^k\cdot\int_0^{2\pi}\frac{1}{\bar{z}^k}f(z)\mathrm{d}\theta\\ &= \sum_{k=1}^{\infty}\frac{1}{2\pi}\bar{a}^k\cdot\int_0^{2\pi}\frac{\mathrm{e}^{\mathrm{i}k\theta}}{R^k}f(R\mathrm{e}^{\mathrm{i}\theta})\mathrm{d}\theta\\ &= \sum_{k=1}^{\infty}\bar{a}^k\cdot\hat{f}_{-k}\cdot\frac{1}{R^k}.\end{aligned}$$

命题 A.2.1 $I_C = I_P$ 当且仅当有

$$\frac{1}{2\pi}\int_0^{2\pi}\left(\frac{\bar{a}}{\bar{z}-\bar{a}}\right)f(z)\mathrm{d}\theta = 0, \quad z = R\mathrm{e}^{\mathrm{i}\theta}.$$

注意到

$$\frac{\bar{a}}{\bar{z}-\bar{a}} = \sum_{k=1}^{\infty}\frac{\bar{a}^k}{\bar{z}^k},$$

因此有以下结论.

定理 A.2.1(F. Riesz and M. Riesz) $I_{\mathrm{C}} = I_{\mathrm{P}}$ 当且仅当有 $f_- = 0$, 或等价地, 有 $\hat{f}_{-k} = 0, \forall k = 1, 2, \cdots$.

推论 A.2.1(F. Riesz and M. Riesz) 由 Possion 积分定义的函数为解析函数当且仅当 $f_- = 0$.

参 考 文 献

[1] Alhford Lars V. Lecture on Complex Analysis.

[2] Alhford Lars V. Complex Analysis. 3rd. Beijing: China Machine Press, 2004.

[3] Lang S. Complex Analysis. 5th. New York: Spring, 1999.

[4] 余家荣. 复变函数. 4 版. 北京：高等教育出版社, 2008.

[5] 马富明, 高文杰. 数学分析 (第二册). 北京：高等教育出版社, 2005.

[6] 江泽坚, 吴智泉, 纪友清. 实变函数论. 3 版. 北京：高等教育出版社, 2007.

[7] Bredon G E. Topology and Geometry. New York: Springer-Verlag, 1993: 67-68.

[8] Walter R. Real and Complex Analysis. 3rd. New York: McGraw-Hill Book Co., 1987.

[9] Porcelli P, Connell E H. A proof of the power series expansion without Cauchy's formula. Bull. Amer. Math. Soc., 1961, 67: 177-181.

[10] Kelley J L. General Topology. New York: Springer-Verlag, 1955.

[11] Gu X F D, Yau S T. Computational Conformal Geometry. Beijing: Higher Education Press, 2008.

索　　引

M

N

T

W

Y

Z

其 他